本书为 2017 年度教育部人文社会科学研究一般项目"新媒体语境下公共危机的多元话语构建与互动研究"（青年项目）（项目编号：17YJC860018）成果

新媒体背景下
公共舆论的多元建构

宋琳琳◎著

黑龙江教育出版社

图书在版编目（CIP）数据

新媒体背景下公共舆论的多元建构 / 宋琳琳著 . ——
哈尔滨 : 黑龙江教育出版社 , 2021.8
ISBN 978-7-5709-2636-7

Ⅰ . ①新… Ⅱ . ①宋… Ⅲ . ①传播媒介—舆论—研究
Ⅳ . ① G206.2

中国版本图书馆 CIP 数据核字 (2021) 第 171548 号

新媒体背景下公共舆论的多元建构
Xinmeiti Beijing Xia Gonggong Yulun De Duoyuan Jiangou
宋琳琳　著

责任编辑	黄　倩
封面设计	贺　迪
责任校对	黄　超
出版发行	黑龙江教育出版社
	（哈尔滨市道里区群力第六大道1313号）
印　　刷	河北盛世彩捷印刷有限公司
开　　本	710毫米×1000毫米　1/16
印　　张	14.5
字　　数	250千字
版　　次	2021年8月第1版
印　　次	2021年8月第1次印刷

书　　号	ISBN 978-7-5709-2636-7	**定　价**	45.00元

黑龙江教育出版社网址：www.hljep.com.cn

目 录
CONTENTS

第一章 绪论

第一节 舆论引导力理论

一、"最后 7 分钟"

威尔伯·施拉姆有一个"最后7分钟"的比喻，假如把人类的一百万年用一天来表示，那么，1秒代表11.57年，人类文明的进展可以被描述为：一天当中的晚上9点33分才出现原始语言；晚上11点53分出现了文字；午夜前46秒，发明了近代印刷术；午夜前5秒，电视首次公开展出；午夜前3秒，电子计算机、晶体管、人造卫星问世。我们发现，这一天的前23个小时，在人类传播史上几乎全部是空白，人类经过了漫长的沉寂，而一切重大的发展都集中在这一天的最后7分钟。

在人类发展的最后7分钟的最后几秒，舆论引导力研究重新被提上日程。随着科技的发展与其在社会生活中影响的不断增大，尤其是新媒体的出现，使现代新闻传播领域的传播方式、传播社会效果等都发生了巨大变化，已经催生出新的舆论格局。

首先，新媒体在传统媒介格局中已经占有一席之地。目前，媒体布局已然由广播、电视、报纸、杂志所构建的传统舆论场，演变为加入了手机新媒体与互联网共同交织的新型舆论场。每一种媒体形式在各自的领域独擅专长，并共同协作。传统媒体与新媒体在社会生活的舆论领导中共同发挥着作用。

其次，新媒体又具有自己的传播特性与舆论引导特点。新媒体的现代信息传播技术迅猛发展，形成各种信息资讯和各种利益诉求等新的集散地。人人成为了"麦克风",传播互动秩序产生了重大的变革。在此背景下,一系列负面效果逐渐体现,"网络推手"幕后黑手的横行、手机媒体谣言的肆虐、媒介审判与网络暴力的舆论雪崩不断出现,为舆论场的引导与管理带来了巨大困境,提出了更高要求。

随着社会舆论格局日趋多层次,从学界到业界,如何引导新媒体与传统媒体交织下的公共舆论成了一个迫不及待的问题。我们应研究新媒体舆论的本质与形成机制,分析新媒体舆论的结构、功能,分析不同类型新媒体的不同规则与要求,回答如何纠"负"引"正",如何避免新媒体舆论引导力偏差。

在社会舆论格局发生变化的今天,中国媒体面临难得的历史机遇与挑战。社会舆论格局的剧烈变化,导致舆论引导更趋复杂,对媒体的舆论引导能力提出了更高的要求。新媒体舆论格局形成,呼唤新的舆论引导格局。在新媒体舆论引导方面,对传统的传播理论进行适度的拓展与突破将具有深远影响。

二、国内外研究

(一)国内外新媒体研究

1.关于新媒体的定义研究

(1)以时间为纬度

新媒体永远是个相对的概念。广播相对于报刊是新媒体;电视相对于广播是新媒体。在一定的意义上来说,"新媒体"是不断变化的概念。

因此,我们当下所谓的"新媒体"可以被定义为:报刊、电视等传统媒体后发展的新媒体形态。或者,我们再加入其数字化特征,可以将"新媒体"称为"数字化新媒体",用以强调新媒体时间上的"最新出现"和特征上的变化。因此新媒体还可以被定义为"在计算机信息处理技术上出现的媒体形态"。

(2)从新媒体技术角度

对新媒体的定义还可以从传播技术的角度来入手,如:新媒体是信息科技与媒体产品的紧密结合的媒体。这种定义方式意在说明新媒体技术手段的区别与优势,是一种依托数字技术、移动通信技术等新技术的新型媒体形式或信息服务方式。

（3）从表现出来的新特征定义

如果从新媒体的具体特征出发进行界定，我们还可以将新媒体定义为：新媒体是数字化的、具有高度的互动性的新型媒介。有的学者还把新媒体定义为"互动式数字化复合媒体"。

（4）从产生的社会作用定义

从新媒体所产生的社会作用层面来看，新媒体又是一个内容生产要参与、话语权力要分享、接收平台要无缝的平台。相对于旧媒体，新媒体所产生的最重要社会作用就是它的消解力量，消解传统媒体间的边界，消解国家间、社群间的边界，消解信息发送者与接收者之间的边界等。

（5）从传播学角度定义

新媒体是利用数字、网络技术，通过互联网、无线通信网等渠道，及电脑、数字电视机等，向用户提供信息和娱乐服务的传播形态。这一定义将新媒体的整个传播过程清晰展现。传播本是一个"过程的集合体"，那么对其传播媒介的定义，必然是一个过程的描述。

（6）国外新媒体定义的相关研究

"新媒体"最早见于1967年P.Goldmark发表的关于开发电子录像商品的计划书。E.Rostow1969年在一份报告书中也多处提到"新媒体"这一概念。于是，"新媒体"一词正式问世。

国外对新媒体的定义多聚焦于新媒体的媒体形态和技术特性。同时，部分定义受"社会形成观"的影响，对新媒体的理解超越对技术形态的关注，继而转向社会层面。

美国《连线》对"新媒体"如下定义："新媒体促成了所有人对所有人的传播。"

美国学者凡·克劳思贝认为：新媒体不再可能是任何特殊意义上的媒体形式，意义上已经演变成了数字信息，融合了人际传播和大众传播的特点。

美国学者Vin Crosbie也提出了对新媒体的定义：新媒体是能对大众同时提供个性化内容的媒体。他指明了新媒体的传播模式可能包括"一对一"和"一对多"等多种传播模式。表述具体明确得多，但传播渠道、传播范围等区别于传统媒体的特质没有明确的涉及与界定。

2.新媒体发展阶段研究

《视听教育在新媒体时代的地位》是中国新媒体研究的第一篇文章，揭开了中国新媒体研究的序幕。

第一阶段：1986—1999年是新媒体研究的初始期。研究始于对国外新媒体的引介。研究的第一篇文章是对冈村二郎《视听教育在新媒体时代的地位》的翻译。林青华1991年在《南风窗》发表了《日美新媒体争夺战》，1999年《国际新闻界》杂志发表了《新媒体技术对美国华文媒体的影响》。

第二阶段：2000—2005年是新媒体研究的成长期。新媒体研究数量增长，新媒体对传统媒体的冲击成为业界关注的焦点；另外，手机成了这一阶段研究的重点，2004年《数字通信》杂志发表了《新时代、新媒体、新手机——手机媒体建成新兴势力》一文，呼吁中国"大媒体"时代的来临。

第三阶段：2006—2008年是新媒体研究的凸现期。这一时期，研究数量激增，由第二阶段的年平均研究数量的39篇，激增至2008年523篇，大量新思想、新思路、新理论涌入人们的视野。同时，新媒体形式不断翻新，手机报、手机电视、网络电视等成为这一时期新媒体研究的重点偏向，融合与发展成为新媒体研究的关键词。

3.关于新媒体的特征研究

关于新媒体的特征研究非常多，大致有以下几类特征分析。

从传播角度来概括，新媒体的特征是：复合型的传播；全员性的传播；无边界的传播；综合性的传播；多元化的传播；时间固化的传播。

从传播功能来概括，新媒体的特征是：新媒体打破了媒介间的壁垒；消融了地域、行政间传播与接受者间的边界；新媒体加速了个性化发展；新媒体提供了检索功能；新媒体实现较低成本的实时发布；新媒体促成了社会互动模式。

从社会控制角度出发，新媒体又具有以下特征：从业者结构更加复杂；新媒体技术多元相关；法律制度、法规的差异；市场结构独特；涉及很多管理部门，因而利益关系复杂，协调困难。

（二）关于公共舆情的研究

其一，多围绕危机传播理论进行本土化研究。如学者胡百精所著的《危机传播管理》，提出危机舆论的"事实-价值"二分法传播模式；学者汤景泰所著的《危机传播管理》，通过议题管理、修辞管理、舆情管理、社交媒体管理等方面对公共舆情的传播管理进行了阐述。这些成果从危机传播理论的角度对公共舆情管理进行了有益探索。

其二，多围绕政府的舆论引导策略进行研究。如《突发公共事件政府舆情应对策略——以"深圳天价小黄鱼事件为例"》(吕佳晟，2018)一文以当下热点事件为案例，对比其他突发事件中政府的舆情应对方式，分析了深圳市政府的舆情应对亮点，并提出策略优化的四点建议。《突发公共事件网络舆情演化及政府应对能力研究》（崔鹏，2018）则借助了危机管理的生命周期阶段论，研究了政府应对能力指标在网络舆情生命周期中的演化态势，借此提升政府对网络舆情的引导能力。《媒介化政务模式的纠偏与创新》(肖永辉，2017)则对我国政务与新媒体的黏性不足、影响力弱化、互动效率问题以及舆论危机引导滞后问题提出了创新性见解。统观这些文章及论点可以看出目前的公共舆情研究多围绕政府干预的特点、舆论引导、问题与经验进行分享与总结。

其三，舆论生态研究。如《突发事件中的舆论生态及其影响：新媒体事件的视角》（周葆华，2010），探讨了新媒体语境下对舆论载体、作用过程及其影响，指出了公共舆论生态是传统媒体和新媒体结合而成的整体媒体生态系统运作的产物。这方面的研究旨在宏观的视角，对扩展研究视野具有一定的启示作用。

（三）关于新媒体舆论引导力的研究

新媒体以其独特的传播特征和舆论力量改变着传者、受者的思维方式，可引发民意聚集、舆情爆发。因此，应趋利避害，加强网络内容把关和舆论引导，使新媒体成为畅通信息、构建和谐的通道。

国内多数学者认为，加强新媒体舆论引导力，应推进政府信息公开、主张谣言止于公开、政府信息公开工作进一步完善、加强主流媒体建设、加强新型媒体的建设。政府要拥有创新意识，懂得积极利用传统新闻媒体人才和技术的优势，实现新闻网站间的信息共享，做强主流网站。另外，建立政府新媒体新闻发言人制度、加强新媒体管理保障体制、推进行业自律、加强舆论引导艺术也是新媒体舆论引导力研究的主要观点。

新媒体与传统媒体引导舆论的新格局已形成。新媒体与传统媒体通力合作的同时要有各自的专业分工，吸取新媒体提供的信源披露等支援的同时，传统主流媒体应坚守专业主义守则，为新媒体的意见及时提供理性引导。

面对新媒体时代政府的舆情危机，坚持勇于承担责任原则、信息及时公开原则。政府"舆情危机"治理方式应是，不仅要做好潜伏期的预防预警工作，还要在持续期进行精准的舆情信息分析与研判。

三、理论视野与研究方法

（一）理论视野

1.媒介生态学

媒介生态学最早起源于北美，自1960年以来，媒介生态学已经发展成为媒介研究的学术领域之一。媒介生态学的兴起，体现了思考技术和文化关系的到来。

媒介生态学创始人麦克卢汉认为：应让许多感官交织地参与，以免失去平衡。提出"媒介放大律、过时律、再现律和逆转律"，四定律合在一起，构成可循环的生态系统。

媒介生态学的使用者波兹曼在此基础上，提出了媒介环境论。尼尔·波兹曼在《教学是一种保存性行为》等论述中，看到了新媒介与旧媒介相比的明显优势；看到了新媒介对环境带来的改变以及对环境的破坏和伤害。波兹曼：媒介生态学观照媒介传播之实质——传播是如何影响人类的感知、情感和价值判断。"生态学"意味着对环境的研究：结构、内容和对人的影响。

梅罗维茨提出了媒介情境论，其研究范围包括，媒介研究与社会研究有机结合；将受众的概念纳入媒介情境的分析之中，突出受众在整个传播过程中的重要性。

鲍尔-洛基奇的媒介依赖论认为，在个人生活中，媒介所扮演的角色越重要，媒介的影响力也就越大。必须把社会看作有机的结构，把媒介系统设想为现代社会结构的重要部分。这种关系表现在大众传播中就是媒介依赖关系，必须依赖其他的人或系统控制的资源。

媒介生态学认为媒介是具有"生命"特征的生机勃勃的开放系统。通过生命活力及其与社会大"生命"系统的信号和相对的动态平衡,重建了人与自然、人与社会间的亲和关系。

崔保国教授认为媒介生态学,应以媒介为中心展开,研究与生存发展环境问题的;以人类为中心展开,研究人与媒介环境问题。

媒介生态学是处理"人—媒介—社会—自然系统"的生态智慧的结晶。建立符合中国国情、告别西方研究范式的绿色媒介生态理论体系,是中国媒介生态学的使命。

2.媒介环境学

(1)英尼斯的媒介偏向理论

按哈罗德·英尼斯的观点,信息时代的数字新媒体是兼具时间和空间偏向的媒介。新媒体可以突破空间和空间的界限,实现全球间的无障碍沟通和交流。

比如,报纸培养了"阅读"的一代;广播催生了"收听"的一代;而电视则促进了"容器人"的诞生;数字新媒体的产生,开创了人们交往的新形式,使国家对知识的控制更加困难,网络传播的海量信息、信息检索的便利性及及时互动通信使人们更方便地获取信息。

(2)麦克卢汉的"媒介四元说"

"媒介四元说"对理解新媒体的属性具有前瞻性的指导。理论提出媒介提升和放大了什么?它再现了过去的什么?这一理论提供了新旧媒介交接的方法并指导关注新媒介的极限潜能。

(3)莱文森的补救性媒介理论

保罗·莱文森认为,媒介演化进程可以被看成是补救措施。"互联网看成是补救性媒介,它是对报纸、书籍、电台等的改进。"这个理论可以帮助我们理解媒介的发展和融合。

(4)梅罗维茨的情景理论

乔书亚·梅罗维茨提出了情境理论,他认为,电子媒介倾向于打破隔离,模糊角色,消解权威。互联网以多点状分布带来的高度表达自由瓦解了权威和经典,加速了权威和经典意识的瓦解。把情境视为信息系统,电子传媒促成许多旧的情境的合并。理论将媒介研究与社会研究相结合,传播媒介须根据受众的需求来设计信息内容。

3.传播学理论

（1）麦克卢汉的基本理论

麦克卢汉的主要传播理论包括：

媒介是人的延伸。印刷媒介是视觉的延伸，电视是视、听觉的综合的延伸。媒介的使用都会改变人的感觉平衡状态，改变对外部世界的认知和反应方式。

"热媒介"和"冷媒介"。"热媒介"传递的信息清晰明确。"冷媒介"传递的信息少而模糊。

媒介即讯息。"技术的影响改变人的感觉比率。""任何新媒介都是进化的过程，它为人类打开了通向感知的大门"。

这些理论强调了媒介技术对社会的压倒性影响，忽视了社会历史因素的作用，陷入技术决定论。将媒介的影响片面地归结为媒介对人的行为、思维和感官的塑造，忽视了更为广阔的社会内涵。

（2）"把关人"理论

科特·卢因在《群体生活渠道》提出"把关人"概念。就大众传播而言，信息的"把关人"包括信息收集者和信息加工者。

而后，卢因的学生怀特将社会学中的概念引入新闻传播，传媒组织成为实际中的"把关人"，对新闻信息进行取舍。新闻选择的"把关人"理论成为大众传媒组织的有意操作，影响新闻实践。

4.舆论学理论

李普曼的《公众舆论》是传播学领域的奠基之作，提出："虚拟环境""刻板成见"，开创"议程设置"，对公众舆论做出全景式的生动描述。

我国舆论学的理论体系包括：舆论的起源和发展；舆论的特征；舆论的形态；舆论的功能；舆论监督等范畴。我国学者先后提出的"舆论形态""舆论场""群体舆论""舆论波"等概念，形成了中国舆论学的特有概念群。

（二）研究方法

坚持基础研究和应用研究并重与定性研究结合，通过搜集与调研，获取新媒体研究资料；用访谈形式对学界人士访谈，了解业内人士对新媒体舆论引导力的建议。运用文献分析回溯历史，通过历史的联系性和现实的更新性反思新媒体舆论，建构较为完备的新媒体舆论引导力理论与应用框架。

用内容分析法对新媒体舆论的传播特性进行研究。内容分析法是分析信息内容的系统方法。个案研究法检查的是单一个体的更多特性。归纳法用观察到的特定例子得出一般性结论。运用个性与共性相统一的方法，总结出新媒体所具有的共性特征。了解新媒体发展过程中的具体细节。用比较方法分析新媒体形式的独特规律，总结归纳出有效、积极引导新媒体舆论的途径与机制。

在对公共舆论空间的多元构建研究中，将采用量化与质化结合的方法。首先，通过问卷调查法与访谈法获取第一手基本资料，对公众话语中潜意识价值观进行探寻，在心理学、社会学的理论基础上为"标准叙事"结构的描述提供数据支撑。通过调查访问，获得文字、数据、图片等资料并运用统计分析法对资料进行整理分析，为开展项目研究奠定基础。同时，通过咨询有关专家和研究学者了解信息。其次，通过对政府公文、媒介报道、自媒体中帖子与流行语的内容分析，对各方话语主体的"话语"与"行为仪式"等进行深探。另外，将对典型的3—5个公共危机事件进行内容分析，探寻各方"标准叙事"结构与互动的方式特征等。

将民间社区舆论场解构：民间意见聚合场；社会思维冲击场。系统分析了新媒体问世后，对传统新闻和传播理论的挑战、质疑或突破，如对传统"媒体社会责任"理论提出更高的要求，如对传统新闻生产理论的突破与拓展等。

第二节　新媒体传播理论

一、新媒体发展现状

（一）新媒体发展速度快、规模大

1.新媒体用户越来越多

2019年，中国互联网络信息中心发布了第44次互联网络发展状况报告。截至2019年6月，网民规模达8.54亿。互联网普及率为61.2%。移动互联网的使用持续深化。

其中，手机上网比例达8.47亿，我国网民使用手机上网的比例高达99.1%，手机作为第一大上网终端设备的地位更加巩固。在跨境电商、网络视频运营、在线教育、在线政务方面有了更加深入的扩展与应用。

2.新媒体技术更加成熟

计算机成为新媒体传播的中心环节，移动互联网普及，在通信领域、技术上不但与国际发展水平相当，有几十项技术能够领先于发达国家。

3.新媒体终端相当普及

我国网民中使用手机上网比例继续保持增长，通过台式电脑和笔记本电脑上网的网民比例略有下降，手机、阅读器、移动电视等新媒体终端已普及。这是在市场发展过程中自动形成的，代表了新媒体越来越宽阔的发展空间。

4.新媒体传播的内容日益丰富

新媒体内容生产领域越来越开阔，内容生产软件越来越多。传播内容伴随着搜索引擎技术不断更新，文字、音频等搜索功能的不断创新和扩充，使公众获取所需信息更快捷方便。

（二）新媒体成为中国民主建设的新通道

新媒体改变了公众的话语表达方式和途径，在参与社会事务，在立法、科学和民主化决策等方面显示出能量。由互联网引爆的纯民间力量前所未有。

71.9%的公众认为网络表达将成中国民主建设的新通道，57.3%的公众认为这有助于拉近政府与民众之间的距离。在新媒体传播中，平民声音第一次全方位地得以呈现，与精英文化相对抗。新媒体成为惠及草根阶层的一种"长尾"力量，涉及原有传播格局的重构及社会话语权力的争夺，削弱了大众传媒的垄断地位。

（三）中国新媒体发展走在世界前列

新媒体发展进程中，中国与美国等强国处在同等的起跑线上，从模仿、改造步入自主创新的阶段。

5G标准的制定和实行，物联网展示着我国占据新媒体发展的制高点，被正式列为国家新兴战略性产业之一，全面覆盖所有移动终端系统。

国家十分重视新媒体公共平台的建设，我国已在新媒体方面采取了重要的措施，组织实施重大工程推动广播、数字出版等新媒体平台的建设。

二、新媒体传播理论对传统理论的"扬弃"

（一）部分传统传播理论和新闻理论有待深化

1.对"把关人"理论的思考

纸质媒体从采编到刊印经过层层把关。信息采编中，记者对信息的采集在保持真实性上进行了过滤，编辑和主编按照政治政策等要求对信息加工。体现了传媒"把关人"的功能和作用，对信息筛选和加工并决定信息的流动和停滞。在新媒体背景下，"把关人"理论受到了质疑。

我国学者吴风认为：互联网的兴起使每个人可以成为信息发布者，使传统的"把关人"已"无关可把"。网络使人们成了"信息人"，也使网民处于迷茫的境地。

然而，世界上只要存在媒体，就存在"把关人"。传统的大众传媒在新媒体条件下，正在利用新媒体传播信息，"把关人"仍然存在，只是把关难度更大。新媒体并没有使"把关人"理论失效，只是提出了新问题和新挑战：

（1）传统媒体"把关"的范围缩小，"把关"的尺度宽松，效果也更加难以预料。由于新媒体信息传播的快速性，编辑在信息中没有时间和精力去严格地做出把关行为。大量的信息无须经过新媒体编辑的筛选，甚至直接由个体传播者借助网络平台传播给其他的受众者，传播过程中传授双方的角色也在不断地转变。直接弱化了"把关人"的角色功能。

（2）随着新媒体的崛起，"把关人"出现了多元化、行业化、自由化等趋势。"把关人"有专业的记者编辑、商业网站的网络编辑、自媒体中的论坛版主、网民，共同构建大的新媒体"把关人"的角色。"把关人"呈现全民化趋势。其中，专业的记者编辑还是按传统媒体的把关原则进行；而商业网站的编辑集采编于一体，按市场因素进行把关；网民参与的把关行为由于个人的人生观、价值观、文化素养等的不同使得把关行动更为宽松和自由。

（3）"把关人"组成的多元化使得把关的标准较传统媒介有了变化。传统媒体要把握信息传播的新闻价值，要考虑到政治、宗教等因素。新媒体弱化了政治因素的影响力量，市场经济因素成为主导因素。

因此，对新媒体舆论进行引导的过程中，重新探讨"把关人"理论与舆论的契合点，将"把关人"理论深化拓展。

2.对"议程设置"理论的思考

我国传统媒体针对宏观传播效果的研究中，比较著名的是"议程设置"理论。"议程设置"理论强调传统媒体的新闻发布，可帮助公众确定"社会大事"，并形成重要性与显著性的排序，从而实现新闻策划。

然而，新媒体促使"议程设置"理论不得不进行新的探索。我国学者李黎丹就此提出如下观点：

（1）新媒体情境下新媒体自主设置议程凸显

新媒体时代公众地位的增强使得其拥有相对独立的议程设置自主权，并影响了媒介议程、甚至政策议程的设置。意见领袖的兴起凸显了个人声音的作用，特别是专业人士科学理性的分析能够纠偏对事件的认知，将舆论关注方向引入新的阶段。在新媒体情境下，不论议题的发起，还是信息的扩散以及流向，都与新媒体平台密不可分，自主设置议程成为新媒体区别于传统媒体时代的突出特征。

（2）新媒体情境下媒介间议程设置的"共鸣效果""溢散效果"合力引爆舆论

媒介间存在着互相影响议程设置"共鸣效果"和"溢散效果"两种议程流向方式。在传统媒体时代，"共鸣效果"在媒介间的议程设置中起着主导作用，而在新媒体时代，"共鸣效果"不再是主导性的议程流向方式，而是"共鸣"与"溢散"二者共同作用，传统媒体、网络媒体、自媒体三大媒介交互推进引爆舆论。

（3）新媒体情境下议程融合对现实的"倒逼"

随着互联网的普及，传统媒体的议程设置能力在下降，影响议程设置过程的中介因素也在增多。新媒体的出现使传统媒体时代"原子化"存在的大众有重归"部落化"的趋势，新媒体、特别是社交媒体的使用对社会关系的重要变革之一，便是使基丁地域存在的社会关系转变为以兴趣或共同爱好为基础的"圈子"，不同圈子之间的信息流动存在着"壁垒"，而在有一定群体规模的"圈子"中信息的扩散以及意见的表达都能以更快的速度进行。

（4）自媒体议程设置铺垫作用强化网民认知图式

大众传媒被认为不仅能进行显在的议程设置，还能进行潜在的议程设置，它将知识和观念构建在大脑中，形成铺垫，一旦出现诱因，就可以激活受众的记忆，从而达到议程设置的作用。利益维权博弈是人类永恒的社会矛盾，而在中国类似的事件"闹大再说""一闹就停"的反应几乎成了一种模式，而民众在对这类事件加以解读时，往往民意会一边倒地倾向于通常意义上的弱势群体，随自媒体的发展而越来越受关注的动迁和环境污染事件，或许本身就承载着社会结构失衡压力下受损群体的怨愤，体现出"程式化"的认知框架。

3.对"使用与满足"理论的思考

（1）"使用与满足"理论的现实缺憾

"使用与满足"理论把能否满足受众的需求作为传播的动力。1974年，卡兹等发表《个人对大众传播的使用》，提出了"使用与满足"的模式。竹内郁郎1977年对模式做了补充。其主要观点是，人们接触媒介的目的是满足自己的特定需求，该需求具有社会和个人心理起源。

需要强调的是"使用与满足"理论需要具备以下的条件，即媒介接触的可能性，也就是说受众的身边要有广播、电视等媒体的物质条件，如不具备，人们会转向其他代替性的满足手段。人们会根据媒介印象，选择媒介或内容进行接触行为。接触行为实施后，其需求可能得到满足或未得到满足。

但"使用与满足"理论假设受众知道自己需要什么，知道如何在使用媒介，显然，这个条件是不能成立的。"使用与满足"实现前提是受众可以随心所欲地选择讯息，但从社会背景和媒介环境来看，受众并没有选择余地。

（2）新媒体提供了新的"使用与满足"形成

第一，满足"平等参与"的需求。"平等参与"实现多对多的传播，是新媒介重要的特性之一。无论是发表微博、使用手机上网，还是加入圈子，都满足了受众"平等参与"信息传播基本需求。

第二，满足"贡献与共享"的需求。交互技术的密集反馈性满足受众"贡献与共享"的需求。比如，有着相同兴趣爱好的人汇聚到一起，受众可以把身边事情记录、录制下来，借助新媒体与他人共享。

第三，满足"个性化"的需求。新媒体传播可满足用户DIY"微内容"的需求。"微内容"强调用户可根据个性生产任何数据与信息内容。满足用户个性化搜索、订阅的需求，搜索本身也是个性化控制，新媒介搜索引擎帮助用户以"我"的标准重组信息。基于互联网RSS技术，受众订阅自己喜爱的个性化内容。

第四，满足"交往与表达的自我满足"的需求。互动特征在于通过数据传输网络进行的人与人之间的有益互动。受众与论坛内的网友相互交流，得到自我的认识和评价的满足。社区、P2P等互联网业务的繁盛，帮助受众满足"交往与表达的自我满足"需求。现代人需要感情的温暖与慰藉，工作压力过大使现代人需要释放，现代人并不想向认识的人倾诉，于是，他们选择了新媒体，将负面的情感展露在新媒体社交体系之中，这在极大的程度上满足了现代人表达私人情感的需求。

（二）部分传统传播理念的"更新"

1.传播主体多元化

传统媒体一统天下时，传播者多为专业的传媒机构，以大众为对象，进行信息生产与传播。新媒体颠覆了传播者对传播过程的垄断控制，大量的普通受众都可以加入信息的生产加工和传输过程，传播主体多元化趋势日益凸显。新媒体的传播主义有以下几类：

第一，网民、手机用户。网民、手机用户主动性部分替代了传播者的功能，可以发布信息，主动决定接收信息时间、主题，随时反馈其态度，通过发送短信、发起网络群聊等，在任何时候、地点，进行大众传播。有些意见领袖的态度可以形成舆论力量。

第二，专业信息机构。如经济与技术领域的专业信息机构，在专业范围内运用先进的技术手段进行信息的采集、加工和深入挖掘，为客户提供信息服务。

第三，电信运营商。电信运营商成为信息传播的主体，朝着信息服务提供商角色实施转型。

第四，民营传媒产品生产商。我国民营传媒产品生产公司，以内容制作为主，生产多种传媒产品，是社会生活中重要的传播主体之一。

2.传播内容与形态多媒体化

新媒体传播的内容丰富，数字媒体为新闻信息产品提供了技术支持，提供广大的需求。许多新闻信息产品实现了多媒体化。打开网络，受众可以看到文字、视频、音频等全方位的信息提供。

3.传播渠道复合化

新媒体环境下，传播渠道越来越多。如网络媒体、地铁报纸、航空杂志、移动多媒体、数字杂志、数字广播等新媒体传播渠道不胜枚举。这些传播渠道互相融合，形成立体化的传播网络。

4.受众和市场碎片化

数字化媒体时代，受众的个性化需求强烈，新媒体的受众有大众、分众与小众层面，受众是分裂成基于不同需求或兴趣的"碎片"。传媒市场从全国市场转变为面向不同地区、行业、年龄的受众细分市场。

(三) 对传统新闻理论提出更高要求

1.对传统"媒体社会责任"理论提出要求

（1）对国家、社会、公众履行职责

社会责任观认为，大众传播媒介应承担社会责任。新媒体具备大众传播媒介的属性，因此，新媒体依然要担负相应的社会责任，并且对其承担的社会责任应提出更高、更多层次的要求。

如：新媒体作为公众言论的表达机构，应将公众的普遍意见反映出来，实现公众表达自由的权利；新闻媒体应将政府及其相关人员的活动公之于众；新媒体还应承担起社会慎议的责任等。

新媒体是奇特的"聚集"，聚集产生的力量是无比巨大的。新媒体强大不取决于技术，取决于它是否能成为社会的责任者。新媒体已经迈向责任时代，传播新秩序因此得以重建，这一切依赖于新媒体及其使用者，应勇于担任责任者。

（2）传递客观、真实的信息

任何媒体形式都有发布的基本功能，这一基本功能有沉重的色彩。由于网络等新媒体的匿名性，网络"把关人"功能的缺失，谣言与恶意攻击，造成诸多不稳定因素。因此，新媒体应采取有力措施，保证社会责任的完成。

（3）有效引导新媒体舆论

新媒体舆论的复杂性、易变性之快捷、传播效果之不可遏制，要求对新媒体舆论进行有效的引导。引导新媒体舆论的有序发展，引领公众共同进步是新媒体的责任。许多重大社会事件发生后，新华网、新浪网等网络媒体向海内外播发了文字和图片稿件，引导社会形成主流价值观。新媒体运用互动性和信息发布的高度开放性特征，成为公众与政府、信息传播的积极交流平台。

2.对传统新闻生产理论的突破

（1）新闻现场

传统媒体新闻生产与发布有时间限制，新媒体传播克服了时间、空间的限制，能第一时间发布新闻。新媒体获取突发性事件的信息素材是传统媒体无法企及的。

（2）新闻发布者

当重大事件发生后，第一时间发布新闻，可能是在场的普通公民，他可以马上用手机拍摄照片、视频后发布到网上。专业机构的工作者可能不知道事件已发生，可能正在路上，可能采访结束还在敲打稿件。因此，新媒体的新闻发布者可能不再仅仅是记者，网民成了重要的新闻来源，他们可以第一时间利用手机等新媒体技术在把身边正在发生的事件和新闻及时传播。

（3）新闻写作

新媒体催生"新新闻文体"，即用新技术手段进行的信息交互性写作，以不同写作手法传播信息的写作。"新新闻文体"不是标准的倒金字塔结构，算不上合格的消息和通讯，以传递信息为目的。传统的新闻文体写作格式被突破，内容为王得到最充分的重视。新媒体写作成为活动，参与性成为活动的核心，产生了推动社会变革与进步的"微动力"。

（4）新闻报道

在全球化时代，信息传递突破了疆域与国界，每条新闻都可能被全世界的读者获取，"地球村"里人人都在平台上展开对话、竞争与交锋，可以说，新媒体将新闻报道搬上了"国际频道"，将每条新闻放到"世界"视野中。

三、新媒体传播理论

（一）新媒体传播理论——"合众传播"理论

1.辩证地肯定

"前媒体时代"是靠人际传播来进行的。人际传播是指人们面对面地亲身传播，又称面对面传播。人际传播在于人们经由符号而结成关系。用施拉姆的话说，"两个人由于共同感兴趣的信息符号聚集在一起"。人际传播需要在相同的经验范围内进行，需要通过语言、非语言符号等实现信息的传递，具有明显的自发性、隐私性和双向性等特点。

在人际传播时代，大众传播只是存在的范围较小。

2.辩证地否定

我们现在所处的时代是大众传播的时代。所谓传统大众传播是从19世纪末到20世纪60年代，报纸、电台使得大规模生产和传播信息成为可能，受众没有选择信息的机会和可能，并被动接受同样的信息。到了90年代末，随着人类社会和传播技术的迅猛发展，媒介形态、媒介内容都产生了变化，这是大众传播的鼎盛时期。

大众传播的载体，即现代报刊、电视等，它们和人际传播是分开的。大众传媒是传统社会向现代社会转变的归为特征，报纸杂志、电视节目反映了人们的生存方式和思想变迁，这些传播媒体通过自身的文化传播，改变着人们的观念。

大众传播具有明显的特点。如：大众传播是大规模的传播与接受，体现出不对等的关系、非个人匿名的或是市场性的关系；其信息传递体现的是集体的、国家的意志；受众想实现媒介的接近权比以往更难；信息传播以传者为中心，受者是被动的；大众传播是典型的"点对面"模式，是完全组织化的社会传播；大众传播又具有公开性和传播对象的广泛性；其反馈比较迟缓、微弱。

从人际传播到大众传播的拓展是传媒的进步。

3.否定之否定

纵观媒介发展的历史，新的媒体形态的出现不会消灭旧有的媒体，技术革新与进步带来的是媒介形态间的融合，达到媒介生态的空前繁荣。网络、手机等新媒体的迅猛发展，没有使人际传播与大众传播就此消失，它只是开拓了人际传播与大众传播的传播范围，呈现出更加深刻的内涵以及更加多元的渠道。

（1）融合传播时代

人际传播是哲学意义上的肯定阶段，大众传播的出现是实现哲学上的"否定"，是传播技术与形式上的超越与包容。而新媒体的快速发展没有对人际传播进行简单的摧毁式的否定，是实现高度的融合与促进，相互作用、相互影响，构成"大众+人际"融合传播时代。传播过程由过去以传者为中心变为受者积极主动，以"大众+分众+小众+人际传播"的全面细化和全面互动为传播特征。

（2）融合传播的特点

第一，新媒体技术强化了大众传播的范围、效果。新媒体体现了大众传播属性，只要有网线，能够上网，你就是网络传播的大众传播对象。网络传播可以轻易实现一对多的传播及多对多的星状传播。网络从目的性极强的自主搜索信息到分享交流信息，内涵被深度挖掘。小众传播亦可借助网络，形成大众传播。可以说，新媒体技术极大强化了大众传播的范围、效果，大众传播能力空前加强。

第二，促进分众和小众传播。首先，从1990年以来，传统大众传播媒体的分众化传播趋势明显，各种大众传播媒体实施市场细分和分众化策略。我国学者熊澄宇认为，分众传播是指不同的传播主体对不同的对象传递不同的信息。可见，分众传播具有明确的目的性，受众可获得较准确的信息，更多地参与到信息的制作过程中，是信息的接收者。其次，小众传播着眼于特定的受众群，为其提供符合口味的信息和服务，小众传播时代，会出现"数字化的生活改变新闻选择的经济模式，兴趣将扮演更重要的角色"。传者与受众之间的鸿沟被填平了，人人都是传者，又是受众。

如果从人际到大众传播的转化是社会发展的第一次进步，从大众到分众传播的转化是媒体发展的第二次进步。

第三，新媒体技术打破了人际传播进入大众传播的门槛。手机传播可以实现人际传播，手机QQ等聊天工具具有私人交流的性质，传播的"反馈"加强，参与者既给别人发送信息，也接受发来的信息。角色的转换和信息的反馈使传播方向呈现出"双向"和"多向"的特征。可以说，新媒体技术降低了人际传播进入大众传播的门槛，推动了大众与人际传播的融合。

大众传播的特点是信息传递，体现集体的、国家的意志。分众传播的特点是信息传递多点对多点，尊重个性。小众传播具有实用性、专业性，它不仅是早期传播特点的回归，还赋予了更深的内涵。现代新闻传播事业比传统新闻事业发达，其中很重要的原因就是它能够通过大众传播、小众传播和人际传播的融合，提供有关生活世界最新变动的信息，让人们快速而方便地接受。

合众传播时代的融合性传播生态，创造了多种传播形态共生共存。这是今天的媒体生态和传播环境，是文化的进步，是更高意义上的哲学上的回归与进步。

（二）新媒体传播受众理论

1.传统媒体受众理论

（1）魔弹论

魔弹论，又称靶子论，这是有关媒介具有强大效果的一种观点。该观点认为，传播媒介拥有不可抵抗的强大力量，像"皮下注射"一样引起直接的反应，大众传媒直接支配他们的行动。受众是消极的，传播什么，受众就接受什么。理论基础包括：弗洛伊德的精神分析理论、"刺激—反应"模式和行为主义心理学。魔弹论流行于第一次世界大战至20世纪30年代，随着社会调查法和心理实验法的广泛应用，40年代之后，魔弹论受到否定。

（2）传受互动论

随着商业竞争及其发展，受众研究理论模式不断涌现。主要观点是，媒体发出信号，受众对内容进行筛选，接受赞同观点。传播学者发现受众并不是单纯的接受者，不同的受众对于传播信息会产生不同的反应。实现从传者中心论到受众中心论的转变是在1960年。"适度效果论"等理论使受众研究的结论质疑了媒介"强大"的效果，如"适度效果论"认为媒介效果很少能改变态度，只能强化态度，人们不得不把受众视为有选择性的主体。在这一理论提下之下，受众是传播的主动者，媒介是被动者。受众积极地寻求信息为自己所用，是所谓的受众本位意识论。

2.新媒体受众理论——"传受合一"论

传受合一论主张，新媒体的使用者也可以是新闻内容生产者，强调受众不再是单纯的受众，是"传"与"受"的合一。由于新媒体的崛起，受众从"魔弹论"中被动的信息接受者转变为主动的信息寻求者，按照兴趣对外来信息进行接触和记忆，对信息传播的过程具有制约作用。在新媒体环境下，传受合一论受到学界与业界的认可，认为提法较全面地概括出了新媒体受众的特点。这种传与受间的关系使新媒体中的舆论环境更加复杂，如受众中有知名人士，他们所传播的信息可能形成轰动性大新闻，这影响到了舆论格局的改变。

（三）新媒体传播模式

1."长尾理论"

"长尾理论"成立的基础是互联网空间的无限性。传统媒体时代，主流媒体主导社会舆论，众多的"草根"群体加入到网络的报道中，成为舆论报道的尾部，受到主流媒体越来越多的关注。在论坛内部会存在"长尾"，忽视那些"潜水"者，起到舆论催化作用的可能是潜伏在论坛里的"长尾"。

2."短板理论"

"短板理论"是指水桶无论有多高，盛水的高度取决于最低的那块板。无论是报刊还是电视，在传统媒体时代都在克服影响竞争的短板，以提高整体传播功效。对"短板理论"反向思考可以发现，在互联网发展的成熟期，决定用户多少的关键是用户进入某个网站或群组的门槛，像用水桶盛水，虽然最短的那块板是不利的，但互联网的底部是无限大的，形成的用户力量巨大，网络购物网站实行简洁注册扩大用户资源，体现了"短板"的作用。

3.蜂巢式节点结构

如果给微博的传播途径画一张图，是蜂巢式地占据了空间，落脚点都是节点，是信息源的接收和发布员，每个节点相互间构成的网状结构传播途径。每个微博的用户会形成以自我为中心的信息源，根据"被关注"的数量形成传播圈。

微博作为新的互联网应用模式，更像开放的QQ群，有兴趣的可以共享信息的获取，不需要被设置门槛，构成了微博传播的网状结构。每个节点是金字塔式的传播结构，每一个又相互关联形成了蜂窝状传播途径。

4.新媒体传播效果

在IT业中，有一个"梅特卡夫定律"，是指网络的价值等于网络节点数的平方，网络价值不在于技术价值，互联网的用户越多，网络的价值越大，每个新上网用户因为联网获得了信息交流机会。新媒介的传播效果，来自携带者信息、技术的关系网络。关系网络在社会学领域发展成为被认可的"社会资本理论"，关系网络是具有生产力性质的资源要素，能力在于节点与节点间的"关系"本身。由于新媒介是传播与反馈进行的交互性媒介，网上资源可以边消费边生产，包含的信息和知识，被网络用户生产出更多的信息和感受。是关系本身所携带的信息、情感，构成的具有资源配置性质的网络，成为生产力要素。

（四）舆论场理论

皮埃尔·布尔迪厄提出的场域理论给研究新闻生产提供了全新范式。一个场域可被定义为在各种位置间存在的客观关系的一个网络。"场是力量关系的场所，而且也是无止境的变化的场所"。

1.三大舆论场

在场域理论的基础上，国内学者提出了舆论场理论。舆论场，包括若干相互刺激因素，使许多人形成共同意见的时空环境。所谓舆论场，指包括若干相互刺激的因素。同一空间的人们的相邻密度较高、空间的开放度较大，便可能在这一空间形成舆论场。要素共同为舆论的产生起了聚合外力的作用。要素在新媒体时代的网络等个人化媒介上得到了呈现。舆论场的划分方式非常多，典型的划分有以下三大舆论场。

第一，政府舆论场。

政府舆论场是各级党通过权威发布等方式，主动释放信息而形成的"官方舆论场"，网络等新媒体只是传播载体。政府舆论场具有明显的特征，政府舆论场的舆论主体具有权威性；政府舆论场的舆论客体具有全局性；政府舆论场的舆论本身具有理性。

第二，主流媒体舆论场。

主流媒体舆论场通过广播、报纸等主流媒体的手段所形成的舆论场。主流媒体舆论场的特征包括：主流媒体舆论场的主体具有权威性，具有较大的公正性；媒体舆论场的舆论客体具有聚合性；舆论本身具有兼容性。"主流媒体舆论场"能比其他意识形态传播更加迅速、直接地影响政府的活动和社会舆论。

第三，民间社区舆论场。

民间社区舆论场是由互联网等新媒介发端，就现实问题引发网络帖文、跟帖量增高，传统媒体随之跟进，生成舆论场。网络是构建民间舆论场的主体力量，依靠网民自下而上的"发帖、灌水、加精、置顶"等形成，推动力量主要来自网络日志、论坛。民间社区舆论场具有很多明显特点，如：主体有零散性、客体具有复杂性、舆论本身具有情感倾向、民间社区舆论场具有更广舆论空间等。

2.网络"舆论场"的形成模式

第一，议题产生。

网络议题的来源广泛，矛盾与冲突和人们的生活密切相关。有时是新闻机构的报道，对事件的陈述与公布，有时是对"内幕"的披露，对弱者受到伤害的事件鸣不平，对社会阴暗面曝光，这些都可以引发网络受众的参与和讨论并形成议题。

第二，"马太效应"产生。

网络上议题的存活呈现出马太效应。罗伯特·莫顿将"马太效应"阐述为任何个体或地区在某方面获得成功和进步，会产生积累优势，有更多的机会取得更大的成功。由于论坛上帖子众多，网民的注意力喜欢投向受关注度高的事件。迅速聚集的人气会吸引更多的人参与对事件的关注。关注达到一定程度时，吸引更多的力量参与进来，如此循环反复。

第三，意见领袖的出现。

网络舆论形成的最后阶段需要言论有整体性的提升，意见领袖便可以完成科学性和深刻性意见的引导。"反CNN"事件中的意见领袖的代表者，通过自己创建反CNN网站，发帖搜集歪曲报道的证据来进行舆论的引导。这些意见领袖的帖子被网友转载至其他论坛，志愿者以签名等方式为网站宣传，获得了网民的积极响应，推动了整个网络舆论的发展。

第四，各种合力的形成。

网络舆论场的形成并非只是单纯的网络传播，传统媒体和网络媒体的参与是互动的。网络媒体更快速迅捷，形成的网上的舆论热度最终会反馈到网下，成为推动主流媒体报道的潜在力量。交互作用为更多的传统媒体提供新闻线索，影响事件的进程，众多力量整体的合力促使网络舆论场的形成，体现了网络舆论场本身是和互联网乃至社会系统互通互联的。

3.民间社区舆论场结构

第一，民间意见聚合场。

网络舆论会促成全球的声浪交互，构成舆论场的因素是人们相邻的密度与交往频率。在各大网站、论坛等网络公共空间，公众关注的热帖的点击率短时间内可达上百万，跟帖数成几十万、上百万，虚拟的民间社区舆论场将来自不同阶层、持有不同观点的人的意见陈列出来，提供给信息交流平台。

第二，社会关系折射场。

按照马克思主义哲学观点，事物和现象都表现为各种关系场的形态，每个意见都在复杂交错的社会关系中活动，反映网络意见空间的群体意见表现为有关认知和利益的关系场。

网民群体是舆论场的基本组织结构，网民人数越增加，组织结构关系越复杂。从舆论主体看，有关社会问题是由网络群体中个体行为与群体行为相互作用关系形成；从客体看，民间舆论场的意见与党和政府以及领导干部发生关系；主体和舆论客体间的关系是围绕权利和权力形成经济利益关系场，表现为切身的政治经济利益诉求。

民间社区舆论场是社会关系的折射场，影响社会关系的变化。

第三，社会思维冲击场。

从社会思维学角度分析，民间社区舆论场本质上是集体思维场。作为反映群体思维观念和群体信念的途径，思维观念和信念汇集于网络，集体观念相互交织，形成反应不同社会思维冲击波和全球辐射力的巨大的思维场。民间社区舆论场中存在着不同思维力量，力量在场中所形成的辐射力有正向的，也有负向的，这些力量在民间社区舆论场中碰撞、冲突。

第四，公众情绪宣泄场。

当一些重大事件发生后，民间社区舆论场还是公众情绪的宣泄场。许多跟帖是情绪性的直抒胸臆，对社会不公正的抗议，对社会阴暗面的牢骚与批判，社区舆论场是负面情绪的宣泄场。

总结以上民间社区舆论场的机构，可见，意见场是外在的征象，是表现形态；集体思维是内在的动力；情绪宣泄是情感的疏通与表达。民间社区舆论场集中反映公众的情绪、要求和动机，形成总体的精神力量和价值取向。

第三节　新媒体改变传统舆论格局

一、传统舆论格局

舆论格局是一定时期内社会生活中各种舆论力量相互联系形成的结构状态。

传统舆论格局中可以包含以下几种力量，即政府舆论力量、传统新闻媒体力量（指传统媒体）、民间舆论力量。各个舆论力量起着不同的作用，通过不同的形式发出声音，相互作用、相互制约，构建起传统舆论格局。我国是以集体主义文化价值观念为主的国家，舆论格局是三方力量共同博弈的结果，其中，政府舆论力量与主流媒体舆论两方起主要作用。

（一）政府舆论力量

政府舆论力量在传统舆论格局中，占绝对的地位，是传统媒体话语的主导者。政府管理媒体，舆论发布通过主流媒体实现。政府舆论力量具有较为强势的话语权。政府确定舆论导向，通过传统媒体来影响、控制舆论，由于政治地位和身份的限制，政府掌控传统社会的话语权。

在我国传统舆论格局中，执政党和政府要求新闻媒体重视民意，通过发表群众来信或调查报告等反映利益诉求。政府部门还通过指导新闻机构设立专门的部门或机构，听取群众心声，促进问题的解决。

（二）传统主流媒体舆论力量

传统主流媒体的舆论力量是三方格局中的另一个重要主体，它具有以下特征。

第一，传统主流媒体力量是国家与少数精英阶层掌握的话语权。传统舆论格局下，传统媒体凭借权威性设置公众议题，推动、掌控舆论。主导权是集中在少数精英的手中，官方是传统媒体话语的主导者。传统传媒是国家的宣传舆论机构，在受众中享有较高的信誉。

第二，传统主流媒体是国家的喉舌。我国传统媒体被定为"国家的喉舌"，它们发出的唯一声音就成为最强音。传统媒体具有内容优势，新闻来源可靠。传统媒体是比较权威的受众阅读与获取信息平台，受众对传统媒体具有"路径依赖"。传统媒体最强大的武器是"公信力优势"，因为它传递党和国家的路线、方针、政策、法律、法规。

第三，传统主流媒体以单向度信息传递为特征，强调新闻宣传，信息是由上向下地灌输与传达。

第四，对传播规律认识有局限性。受现实或思想条件的限制，在传统舆论各句中的传统主流媒体对新闻认识有局限性，导致了宣传方式的生硬。自改革开放来，我国传统主流媒体在探索新的新闻传播方式方面付出了艰辛的努力，做出贡献。

（三）民间舆论力量

广大群众在传统舆论格局中，拥有的民间舆论力量较微弱，相比传统主流媒体舆论力量，民间舆论力量拥有较弱的话语权，不能引起公众足够的注意；受众获取信息的途径单一。改革开放后，增强了民间舆论的地位；随着新媒体的崛起，民间舆论力量影响不断上升，推动传统舆论格局与时俱进。

二、新媒体舆论格局

（一）现阶段我国新媒体舆论格局

1.政府舆论力量

第一，政府引导舆论的制度更科学，更透明化。

在数字化新媒体时代，我国政府对待媒体的态度正在转变。我国政府官员在新媒体传播环境下，正在学习如何和媒体打交道；政府在发布消息方面也越来越透明化。同时，我国政府还建立了新闻发布制度，建立了较成熟的新闻发布机制。但目前我国新闻发布工作还有不少硬伤，如新闻发布会上发布的内容不符合国内外传媒的需要等。在这个大背景下，我们要看到新闻发布制度日渐完善的进步，它是民主化进程中跨出的一大步；在未来的几年内，政府应继续完善新闻发布制度，坚持对象化，把中国政府的声音通过有效的方式发出去。

第二，政府充分利用新媒体，引导舆论。现代舆论格局中，党和政府尊重新闻传播规律，改变舆论引导方式，已经开始通过新媒体进行舆论引导。

第三，政府对媒体管理方式正发生着变化。近些年来，我国政府对媒体的管理方式发生变化，强调以引导为主，管理手段更加灵活，主要抓主流媒体的舆论导向。

第四，政府更加重视民间舆论力量。我国政府现在重视民间舆论力量，借助多种途径更多地听取来自群众的呼声，对重大事件因势利导，表现出民主的舆论管理理念。

2.主流媒体舆论力量

第一，舆论主导地位遭遇新机遇。现代传媒格局中，社会结构发生演变，媒体技术革新换代频繁，媒体发展方式、结构、工作方式等发生变化，对主流媒体的舆论地位产生影响。我国传统主流媒体积极改变，抓住机遇，努力形成多媒体乃至全媒体集团。传统媒体与新媒体实现深度融合，很难区分哪家属于绝对的传统媒体或新兴媒体。报纸、电台依托互联网创办了新兴媒体，报纸、杂志等的网络版内容越来越丰富。媒体固有的版面正在被打破。传播空间无限扩大，地域性被全球性取代。

第二，传统主流媒体遭遇新挑战。互联网等新媒体成为科学技术创新的新手段、政治有序参与的新渠道、大众文化传播的新途径，新媒体的影响力越大，传统主流媒体舆论力量下降，传统主流媒体的大众传播能力遭遇严峻挑战。

第三，传统主流媒体发挥重要作用。新媒体发展虽然对传统主流媒体的传播能力有削弱，但传统主流媒体的固有优势，在我国仍起着重要作用，在维护社会和谐方面发挥着职能。

3.民间舆论力量

在中国社会的舆论场中，发挥重要作用的是民间社区舆论场，它体现着公众话语权。传统舆论格局在新媒体技术的冲击下，新舆论格局在悄然重建。

第一，民间舆论力量越来越强。作为新兴媒体，网络媒体在舆论宣传领域已完成了主角转换，主流化初步完成。作为重要的力量，民间社区舆论力量加入到舆论格局的博弈中。随着网络、手机等新媒体的兴起，民间显示出对话语的主导权。来自民间的舆论力量通过互联网绵延不绝，成为强大内生力量。

第二，新的信息传递方式。信息的传递在新媒体环境中，呈现出多向度的姿态，信息的流向在新的舆论格局中，是双向、多向的。现在的新媒体扮演着话题的组织者，建设聚合人群的根据地。新媒体改变了对"宣传"概念的认识，以"传播"代替。新媒体在合众传播时代，是人际交流也是大众、分众、小众媒体，形成巨大的社会舆论场。

第三，主动设置议程。新媒体在设置议题、报道模式等方面打破了被动局面。现代传媒格局中，传统媒体与新媒体的博弈出现了新的变化。新媒体地位不断变迁，开始向传统媒体的既有优势发起挑战。新媒体体现在技术、机制优势，现在我国的舆论格局是政府、媒体、民间间相互互动的结果。通过新媒体信息传播方式，民间社区舆论力量改变了传统舆论格局。

（二）我国新"五边"式媒体布局

1.网络媒体

网络媒体具有随时反应的传播功能，是海量、便于检索的大众传播媒介。优势来自于新科技的支撑，特点是信息数字化、多媒体、全球传播和查询功能。网络信息采集和发布可以即时完成，在信息挖掘能力上，微博等颠覆了传统的信息创造方式，网络的多渠道信息反馈机制等特点，使网络媒体的影响力迅速扩张。

2.报纸媒体

虽然我国传媒界的媒介融合进入了"实战"阶段。党报集团锐意推进全媒体融合建设，完成了向纸媒、网站、网络电视等复合型的转型。虽然网络的优势十分凸显，但党报党刊仍然具有整合其他媒体的优势，在新闻传播系统发挥着作用。

主流纸质媒体是最权威的大众传播媒介，作为最早出现的大众传播方式，纸质媒体最大功能是权威新闻内容的提供商。报业采集新闻的能力和效率，为整个传媒行业确立了规范。马丁在《报纸的力量》中提到：报纸的历史，是出版报纸的国家的历史；报纸是国家文化的日记。对报纸散发着油墨香的传统信息表达方式，人类形成了文化情结与阅读快感。但不得不说，报纸的不足也非常突出，其传播速度慢、内容传递单向、制作成本较高等影响着其与时俱进的发展态势。

3.电视媒体

当下电视媒体仍然深入百姓家。电视媒体的特点是直观性，现场直播能在让观众第一时间耳闻目睹新闻，娱乐节目给普通观众带来休闲。

4.广播

广播是听觉媒体，成本低、覆盖面广，有针对性地选择适当的地区等。可伴随性使其成为最利于移动接收的媒体。在我国，广播复苏的势头非常强劲。在播报速度上，电视是"直快"，报纸是"普快"，广播是"特快"。

5.手机媒体

手机媒体解决了传递过程中"最后一公里"的难题。

目前我国不同媒体呈现不同的参与方法，几种主要的媒体形式间是共同协作的关系。"五边"格局犹如"并行线"系统，其中一个要素的得与失并不会影响到另一要素的发挥。"五边"间相对独立，在各自的领域独擅专长。传统主流媒体起到主导作用，网络媒体成为舆论的发端，手机媒体实现迅速传播，"五边"相互联手，形成稳定格局。

多种传媒形态并存状态符合多样化的选择，因为未来将是观念多元、和而不同的社会。信息传播渠道的多样化符合多样化选择，公众获得信息渠道的选择余地更加开阔。

（三）新媒体舆论格局的特征

1.舆论传播全球化

互联网打破了信息沟通的时空限制，全球化进程的不断加速，对外与对内传播日益趋同，在全世界范围内，其发展势头得到越来越多的印证。西方发达国家拓展新兴舆论阵地，巩固传统舆论堡垒，国际舆论格局尚未完全扭转。

2.舆论主体碎片化

伴随着传播技术的革新，信息的生产手段及获取信息的渠道正在发生变化。网民数量超过报纸读者数量。随着互联网等新媒体逐步成熟，网络新闻得到快速发展，成为舆论宣传阵地。交互式的传播方式及数据存储的高质量，使受众摆脱了单纯接受信息的模式，信息的制造者和媒介的"使用者"都可以成为媒介中心的时候，主体"碎片化"时代来临。

3.舆论传播机制变化

随着传播技术的发展，网络宽频、手机报纸等传播渠道层出不穷，网络媒体造成的舆论影响越来越大，社会舆论场，汇聚成不同的声音，微博、微信等在对传统的主流媒体形成冲击。新媒体发展、传播方式个性化，舆论生成与传播机制发生深刻变化。

4.舆论内容多元化

由于新媒体的自由性、个性化，网络和手机媒体实现了对民众话语权限的解放，舆论主体获得了安全感和自由。很多网络言论，如农民工"讨工钱""三农"问题、学术腐败等，已经囊括了社会生活的方方面面，影响到政府的相关决策。

5.舆论场重心转移

互联网等新媒体显示出舆论能量，新媒体舆论形成的舆论场纷繁复杂，转变为新媒体舆论场，民间舆论声势渐大。

6.舆论管理方式改变

管理舆论的方式在新的舆论格局中，要疏多于堵，让普通网民的话语被党和政府听到，政府决策能被更多人的智慧所审视。不因强调主旋律而强求舆论一律；不因为尊重差异而放弃宣传社会主义核心价值体系的任务，形成既有统一意志又有个人心情舒畅的生动局面。

（四）新媒体对舆论环境的改变

1.互联网舆论力量声势浩大

第一，新媒体改变舆论环境。网络成为民意表达与专业判断的平台与公共空间，成为传统媒体的放大器。在传统媒体时代，受众间少有联系；新媒体时代信息传递是即时、海量的，人人都可以是传播者。网络传播的自由性和开放性，使更多人有机会参与到网络舆论构建中来。

第二，网络成为社会情绪的释放口。我国正处在经济社会转型期，处于突发事件高发期。面对突发事件或热点问题，如果处置不当，容易使网民产生非理性的情绪，互联网为社会情绪的释放与宣泄找到出口。

第三，网络成为意识形态前沿阵地。随着互联网的普及，网络已成为各种意识形态交流、交融、交锋的重要平台，谁能让自己的信息最大限度地进入网民的头脑，谁就容易掌握话语主导权并引导网民的价值取向。各种思想观点都建立了自己的"阵地"，通过各种方式扩大影响，使相同或相近立场的受众形成各自的"圈子"。

第四，网络成为网络问政平台。确保主流文化、媒体在舆论引导中占据权威地位的必要性在增加。2010年，人民网地方领导留言板开通县级平台，针对中央和国家机关各部委的留言板也已开通。人民网组建了专业的舆情监测室，接受中央机关、地方政府、大型央企的委托，开展舆情监测服务。

第五，网络改变政治生态。社会舆论的产生和发展，取决于社会互动的场域性，网络传播的场域影响了意见的发布形式和社会关注的政治生态环境。新媒体对我国政治、文化生态的改变巨大而深刻。

2.微博力量的形成

微博在信息传播速度和便捷性等方面的优势，迅速成为极具影响力的媒体，改变了传统网络舆论格局，无论是对世博会等重大事件的报道，还是日常的公民权益保障等各领域的参与，微博都成为重要的信息发布载体。

人们选择不同的传播途径，是根据传播媒介的综合因素进行的。人们总是选择最能满足需要的途径。同传统媒体相比，手机媒体具有更多值得人们选择的特点。

第一，手机是真正的多媒体。手机已具备了"多媒体"具备的条件，文字、音频、电子邮件、实时影像等传播；凡是互联网所能传播的内容，可以通过手机媒体传载。

第二，手机真正实现了"人际+分众+小众+大众"传播。从实现大众传播功能而言，移动互联网使手机具备了大众传播的基本属性。从实现分众传播功能而言，手机媒体拥有的技术平台保证未来发展，包括用户需求分析、信息分类、用户反馈等在内的信息服务。从实现小众传播功能而言，手机订制服务满足不同小众的需求。受众按照需要向网站订阅信息，如新闻、股票信息等，凭借手机实现电视节目点播。从实现人际传播功能而言，手机短信作为全新的交互模式，在任意时间、地点可以展开交流，交流速度加快，内容扩大，传播效果立即得到反馈，有助于形成牢固的交流关系。手机微博、微信具备人际传播的属性，但手机用微博传播的特殊性，可能在极短时间内重大信息传播极广。在手机媒体传递信息过程中，能实现多种功能的互动融合。

第三，手机信息传播带有某种强制性。对手机媒体的一点特性是不能忽视的，那就是基于公众对手机依赖，形成了手机传播的强制性。手机媒体和用户的密切程度超过任何媒体。依赖性迫使人们和手机形影不离，使携带手机具有强制性，强制性演变为集体无意识的社会习惯。手机媒体的信息传播带有强制性，如垃圾短信，手机以外的其他媒体需要受众主动去选择，受众有可能被动接收信息，形成不必要的强阅性。

第四，手机媒体成为舆论载体。新媒体舆论已经成为社会舆论的主体。在新媒体上传播的公众对公共问题发表的有影响力、代表公众的意见，也就是新媒体舆论，在生活中发挥作用。新媒体使得人们获得了表达空间，提供了自由的言论平台。随着纸质媒体的消亡，新媒体将成为舆论的主要载体。

以网络、手机媒体为代表的新媒体的信任度不低。事例证明，在突发与敏感事件的报道方面，新媒体具有更高的即时性与真实性，如手机拍摄的画面具有真实性。智能手机的普及，使手机成为最重要的新媒体，甚至有人认为，手机媒体加速埋葬了纸质媒体。

3.微信的特点与影响力

微信是腾讯公司推出的为智能终端提供即时通信服务的程序，支持跨通信运营商，通过网络快速发送免费语音短信、视频、图片和文字，使用通过共享流媒体内容的资料等服务插件。

微信提供公众平台、消息推送等功能，可以通过"摇一摇""附近的人""扫二维码"等添加好友和关注公众平台，将内容分享给好友及将精彩内容分享到朋友圈。

随着新媒体革命的兴起，微信符合人们想"逃离"传统媒体控制的愿望。产生了不可小视的影响力，对传统媒体产生着极大的冲击。这与微信的传播特点密不可分。

第一，微信的整合性强。戴尔·帕斯金认为，自媒体通过数字技术链接全球知识，提供了解普通大众如何分享自身经历的途径。"朋友圈"功能实现了这一特点。

第二，微信实现"使用与满足"。如"摇一摇"等功能，为用户提供弱关系链接，增加社交范围，满足用户在社交方面的需求。微信实现了大众传播与人际传播的融合，媒体向"人"自己做"把关人"模式的转变。

第三，微信传播体现传播的双向性和互动性，传播主体呈现出年轻化特点。微信传播内容具有私密性，微信整合了QQ和微博的功能，只要用户在线，就能对信息进行快速接收和反馈，讯息传达上较迅捷。微信可通过语音及视频等传播信息，在智能手机上可直接视频通话，在媒介融合背景下，微信引领了信息传播的潮流。语音对讲对应麦克风和扬声器，二维码和图片分享对应高清摄像头，摇一摇对应重力感应器，查看附近的人对应GPS定位。

第四，除对基本功能的最大化利用外，微信实现了传播渠道的拓展。微信还有二维码等功能，是身份认同。系统插件打通了手机通信录，QQ邮箱等产品，表现移动互联网时代成为平台型产品的潜质。微信形成了全方位社交网络，新的信息传播媒介的产生改变了生活方式。在媒介融合下，微信的信息传播模式代表了社交平台发展。

第四节　新媒体舆论引导的必要性

一、民主政治发展需要新媒体舆论引导

（一）争取和发展中国舆论中的主导权

1.让世界各国更好地了解中国

我国改革开放以来，经济实力和综合国力不断增强。在应对国际金融危机等全球性问题方面，我国采取的有效措施、表现出负责任的态度，受到国际社会的认可。

在社会转型期，深层次矛盾和问题仍然存在，"两难"问题增多，不平衡、不可持续问题突出地表现出来，引发大量社会矛盾，社会矛盾的关联性、复杂性明显增强。故对势力借机大肆鼓吹"中国威胁论""中国崩溃论"等，极大地损害了我国家利益和国家形象。这都有赖我国新闻媒体发出自己的声音，将客观情况真实反映，打破敌对势力的"谎言"。

2.国际形象需要媒体舆论

当今世界多极化，世界经济格局发生新变化，全球思想文化的交流、交融与交锋日趋频繁，国际金融危机深层次影响尚未消除，如何更加积极主动地抢夺话语权，阐述我国政府的立场、诉求，回应国际社会关切、维护国家文化安全，成为重大考验。

在与国际社会的交流过程中，要求我国的媒体向世界展示客观现状，纠正我国的负面形象，真实地展示我国人民的精神风貌。

3.建立国际传播新秩序

传媒全球化是传媒凭借高新通信技术，在全球范围内向潜在目标受众进行的超时空资讯传播理念。世界各地媒体都把运用最新信息传播技术作为提高市场竞争力的重要手段，抢先引进或占领最新的传播平台和终端，全力抢占新的新闻信息市场。

我国在国际舆论格局中，要建立国际传播新秩序，掌握国际舆论主导权，必须把握高新技术迅速发展的契机，参与国际竞争，在全球传媒领域占据制高点。

中国的新闻媒体要想融入世界，必须以服务于公共利益为导向，以客观、公正、独立的报道，来获取全世界受众的信任和尊重。

（二）加快建设国内民主政治需要新媒体舆论引导

1.知情权的保障

"知情权"是由美国合众社总经理肯特·库珀提出的，指民众享有通过新闻媒体了解政府工作情况的权利。知情权代表了现代社会成员对信息资源的利益需求，成为现代公民权利的内容。

新媒体在保障知情权方面提供了高效的社会平台。互联网是社会思潮多样化的助推器，满足广大受众的知情权需求。新闻媒体是专业的社会信息收集、传播机构，力量相对于单个公民要强大得多，能够将广泛的信息迅速传递给公民。新闻媒体作为社会的交流中枢，是公众知情权得以实现的重要保障。

我国社会生活中存在着信息透明度低的问题，媒体一味地回避社会上出现的某些负面的突发事件，回避热点、难点问题，使事态恶化。危机发生后，有关部门会认为公布事件的真实情况会引起社会骚乱，殊不知公民的信息需求是客观存在的，与他的关系越密切，需求也就越强烈。在社会危机发生时，媒体的不作为不能使需求消失，谣言满天飞也就难以避免了。国家的权威和执政的合法性会被公众舆论所弱化。国家和主流媒体利用新媒体手段，可以提高国家施政的透明性，利于在广大民众中产生一致的认知性舆论，弘扬以社会主义核心价值观的多元化的观念性舆论。

信息的传播之于社会，一旦社会的血液流通受阻，引发社会运行机制的危机，新媒体就可以发挥媒体的告知功能，使公众能及时知悉社会上的重大信息，保障人民的知情权。

2.参与权的保障

新媒体为公众参与权的实现提供了开放网络平台。

如每年两会召开期间，网络成为中国公民问政的重要渠道，网络问政使公众意见转化为代表委员的提案。公众的参与权充分体现。网络问政还有助于消除社会的消极，发挥媒体的社会减压阀作用。

我国政府由管理型向服务转型转变。中国社会的转型，重要特征是公共治理转向多元共治。尊重公众的主体地位，保障公众有序参与是当下中国社会建设所面临的重大问题，是新媒体在新形势下要探讨的新课题，更好地为公众有序参与政治搭建有效平台。

3.表达权的保障

社会的民主、政治表现在舆论上是政府主导社会意识的走向，在法律允许范围内的言论自由是网络舆论应有之义。

言论自由是法律允许范围、符合人民利益的思想表达自由。新媒体在很大程度可以实现这种公民的表达权。通过网络等表达平台，公众对不公不义、不讲诚信等社会现象，对教育、社会保障等与人民利益关系问题上的失误，可以实现表达权，进行旗帜鲜明地批评和揭露。当然，需要对网络舆论应加以引导，因为网络舆论不能直接等同于民情，要进行必要的调控。网络舆论能保证民意表达，须注意将此与非理性言论、有害信息等负面现象区别开来，不能因噎废食，阻碍人民表达权的实行。

4.监督权的保障

舆论监督是人民群众行使民主权利的有效形式，没有任何工具和手段能像它那样动员亿万群众关注和参与国家管理。国家的力量在于群众的觉悟，当群众知道一切，自觉捍卫国家利益时，国家才有力量。

大众传媒通过传播活动对权力进行监督。在现代社会中公民没有时间去关注政府的举动。媒体就成为公众的代理人，他们关注政府行为。

民主是人民群众能成为国家主人，不是说每个公民都能运用国家权力，成为国家政策的决策者，而是人民群众可通过行使舆论监督权参与到民主政治中来。要在深层次上改变新闻舆论监督难的境况，新媒体可以起到一定的作用。新媒体对权力的监督可以增加公共事务的透明度，让公众知道政府做了什么，与公民有什么利害关系。这种媒体监督是最有效的方式，起到未雨绸缪的作用；对权力的掌握者，即官员和政府部门的腐败行为的揭发，形成问责和追究的公共舆论压力。

二、经济、社会转型需要新媒体舆论引导

（一）中国社会转型的特征

1.社会转型是由政府主导的经济改革所推动

在中国的改革当中，政府是改革的倡导者和组织者。由于政府掌握着大部分的社会资源，因而在改革进程中占据了绝对的优势。经济转型拉动了社会整体转型。从经济领域起步，改革开放向市场经济体制的变迁，改变了社会资源的配置方式和大众的生活方式，诱发了整个社会形态的变迁。

2.渐进式改革

中国的社会转型是在长期的"大一统"、政治上高度集权的历史背景下进行的。在当今条件下，采用的是渐进式的改革推动社会转型，不是采用"休克式"方法，否则可能过犹不及。传媒体系向公共利益的迈进也是如此。

3."压缩"与"层叠"

中国正处于急剧的社会转型时期。它必须顺应世界性的现代化发展浪潮，还必须加快经济社会体制的变革，是由结构转型和体制转型相互交织的过程。中国社会转型中的结构转型和体制转型同步进行，使转型和发展中的稳定机制变得更加重要。但不是所有的经济增长都能带来社会持续的稳定，只有公平的经济增长才会带来社会政治的稳定。

（二）社会转型期媒体舆论的作用

由于制度变迁的规模巨大，在转型社会中，社会对媒体变革更加迫切。由于转型期所涌现的社会风险与社会震荡，媒体功能的发挥才有了空间和机会。转型期是媒体的挑战期，亟须媒体来维护社会公共利益的时期。

民主法治领域的改革落后于经济改革，有人称我国"改革到了关键期"。如果大众传媒在社会转型的过程中，维护公共利益的功能不能得到有效发挥，媒体无法及时提示社会问题、改进完善公共政策，社会的公共利益就难以得到维护，社会转型有可能滑向危险的陷阱。

中国经济发展模式的调整，要求传媒为社会提供公共服务能力，能将社会中存在的特权进行监督，如果传媒舆论不能实现功能，社会利益的调整会非常困难。

网络等新媒体舆论本质上是社会舆论的一种，不能否认对其消极难控，再艰难的工作也要去做。无论是对传统媒体还是对新媒体，把舆论控制在可以接受的范围是有社会责任感的新闻传播者追求的目标。

三、文化建设呼唤新媒体舆论引导

（一）文化建设需求

数字化信息时代，绝对的文化权威消失，时代的文化呈现出多元化态势，但任何社会不能淡忘对主流文化的培养。

坚持社会主义先进文化的发展方向，是以人为本社会发展观的重要内涵。

建设社会主义核心价值体系是重大战略任务，社会主义核心价值体系是本质体现：马克思主义指导思想、以爱国主义为核心的民族精神、社会主义荣辱观等。这些方面是相互联系、相互促进的统一体。

我国尚处于社会主义初级阶段，人们的思想观念多元化、先进文化与落后文化、正确思想与错误思想和非主流意识形态存于社会生活中，决定了我们须用社会主义核心价值体系引领社会思潮。

文化是随着时代的发展而发展的，新媒体时代须有其独特的文化，我们要积极培育优秀的、积极的文化。民族要坚持和强化其核心价值观，在文化的大众传播方面要下大功夫。中国要坚持、发扬本民族的核心价值文化，借助新媒体。新媒体担负社会文化的使命，通过现代传播手段将核心价值体系传播出去，加强对社会核心价值观的塑造。

（二）人民群众日益增长的文化消费

社会公众有不同的、复杂的文化需求，文化消费过程，应发扬民族传统文化，坚持对新的价值体系的建构。

当今世界，世界正在被巨大无比的网络文化风暴所席卷，网络文化呈现出鲜明的时代特征。网络文化具有开放性，人人都是文化的享有者，也可以成为文化的传播者。各种价值取向的文化都在网上共存，使文化呈现更加多元的特点。可以在更大程度上满足人民参与文化的需求，给我国主流文化的建设带来负面影响。

随着经济、社会的发展，民众的文化娱乐消费需求上升，需求的领域越来越广泛、形式越来越多样，传统媒体的文化信息服务作用相形见绌，手机等新媒体传播具有的广泛性、互动性等，为满足亿万民众提供了难以多得的渠道。网络报纸、电视等涌现，向民众全面地提供了最新文化动态，提供了从阅读到视听、从古典到流行等各方面的服务。

在网络传播的文化信息中，有大量颇具个性的文化表达，但也不乏背离传统道德的言论，给缺乏甄别能力的人造成思想的混乱；由于网络文化的泛娱乐化，使文化传播偏离了真正价值。媒体为满足大众的心理，低俗文化甚嚣尘上。网络游戏的流行造成了青少年沉溺网络，如此种种，都对我国主流文化价值的建设带来新的挑战。

引导广大群众形成共同的理想信念、价值取向，努力在全社会形成和发展积极健康的主流文化，这一过程中，新媒体须承担起相应的社会责任。

（三）扩大文化对外开放

随着现代科技的发展，发达国家拥有先进的科学技术。网络发展速度超过发展中国家，在没有国界的网上，任何地点间都可以进行网络传播。

出于意识形态占领的目的，西方强国占据了绝对的优势，他们拥有绝对的信息优势，推行西方文化和意识形态。美国等西方国家对我国实施"分化"文化战略，对我国社会核心价值观形成冲击。在网络上表现更为突出，借助互联网对我国进行意识形态渗透。我国要积极加强对外文化传播，离不开网络等新媒体的力量。

四、新媒体自身问题决定需加强舆论引导

（一）加强网络法治

网络是自由的。互联网的特性是开放，保障信息的自由流动有着无可估量的价值。由于互联网的开放性，我国互联网在进步和反腐败方面的作用令人瞩目，通过互联网逐步呈现，使大量社会事件真相大白。在对待网络反腐的问题上，政府的态度非常鲜明。

网络是自由的，也是法治的。互联网的自由须遵守相应的法律法规，不能侵犯公共利益。互联网作为信息传播技术和手段应被纳入法治的范畴。

1.网络暴力

网络舆论在赋权于民时，将负面的破坏力宣泄出来。缺少理性的情绪型舆论容易产生非理性的社会仇视心理。非理性的情绪型舆论使网民做出宣泄原始本能冲动的行为——产生网络暴力。监督力量"越位"后会导致网络暴力，侵害受害人的合法权益，侵犯别人的隐私权和名誉权。网络舆论监督与暴力间的距离近在咫尺，应找到平衡点，让网络有效发挥舆论监督的作用。

2.网络谣言

以造谣者的动机为切入点来划分谣言的类型，可以分为攻击性谣言、反抗性谣言、宣传性谣言、牟利性谣言、误解性谣言。不论哪一类谣言，都会对我国的公民生活和社会和谐稳定产生负面影响。新媒体的发展，使这些谣言的传播变本加厉。

这与新媒体的特殊性有着很大关系。新媒体继承了人际传播的直接性和随意性、群体传播的从众性和集合效应，谣言传播更加便捷；新媒体使谣言以最低的技术和传播成本在公共空间生根和"疯长"；新媒体放大了传播的聚众和分众效应，使谣言传播的广度和速度极大提升；谣言还在新媒体空间获得了

狂欢、娱乐的价值。因此，网络谣言的治理还需要善用媒体，以其人之道，还治其人之身。当然，报刊、广播和电视等传统大众媒体还应继续成为公开真相、扼制谣言的主渠道。同时，我们不得不承认，新媒体也拥有强大的自净功能，它的时效性和互动性更易于消解信息不对称、沟通不平等，从而"有图有真相"地辟谣。

2019年1月17日，由腾讯公司举办的阳光媒体人暨谣言治理大会在京召开，并选出"年度辟谣合作伙伴"。据腾讯公司政务部副总监崔斌介绍，微信平台与网信、公安、食药监等政府机关、学会、科普机构、媒体等774家权威机构形成辟谣合作，微信平台2018年全年共拦截谣言8.4万多条，生产辟谣文章3994篇，阅读量达10.9亿，辟谣覆盖人数达到2.94亿人。

3.网络哄客

传统媒体由于自身的局限，大众到警觉期的过程漫长，虚拟大众重新定义了激活层次的时间尺度，几分钟内，数以百万计的大众将会通过电子手段被激活，是极端主义形成的温床。

群体极化倾向在网上发生的比例，是现实生活中的两倍多。群体中非理性的特点在网民中更严重；网络聚集的群体是类聚的，极易导致群体认同的现象。群体极化效应对社会具有离心影响，影响成员间的认同和文化凝聚，是危险的力量。"控制革命"监管不当可能危及社会的稳定。

（二）加强网络道德自律

学者克拉夫特认为，道德的目的是在社会联系中建立起秩序。价值观与行为规范是辩证统一的，网络"浑水"是网络道德失范的表现。

网络社会新闻中存在"泛黄"现象，部分媒体为迎合受众的低级趣味，把低级趣味当作活泼，导致网络新闻走向媚俗。网络淫秽色情等有害信息危害未成年人身心健康。网络中到处充斥"词语暴力"，以女性身体为招牌的广告屡见不鲜，反科学的错误，内容上的误导，操纵新闻是网络传播中应重视的问题。

另外，部分网络媒体对于弱势群体的事件报道，将其作为游戏进行欣赏把玩。"唯眼球"利益驱动下，许多网站只有在赚取注意力上才有可能发挥影响力，媒介凝聚的注意力资源是传媒经济的价值所在。为了获取眼球效应，炮制假新闻是最重要的手段。

（三）打破手机短信"囚笼"

我们在日产生活中时常收到垃圾短信的骚扰，这也是新媒体自身产生的典型问题。垃圾短信是凡用户没有定制过的、有欺骗或诅咒等内容且是用外地手机发送号码的对用户造成骚扰、侵占手机存储空间的短信，这些均为垃圾短信。

国内手机垃圾短信主要有四个类型：骚扰型、欺诈型、非法广告短信、诅咒型短信。这四类垃圾短信均对公众和社会产生危害。如：利用短信进行勒索的违法犯罪活动日渐猖獗；居心叵测的人利用短信传播不实消息和谣言，造成恐慌；利用短信传播黄色信息，毒化社会风气；境外敌对分子散布各种谣言，等等。

这种垃圾短信同样有散布谣言的作用和效果，极其有可能引发社会不稳定因素，负面作用日渐明显，同时，极易造成负面舆论的五级增长。

负向舆论的五级增长包括以下层次：

第一级：对国家的法令、方针政策的工作态度冷漠，产生不遵从行为；对待社会号召、社会义务不积极响应。

第二等级：社会出现牢骚，在各种场合发出埋怨情绪，用简短、嘲弄的口吻指桑骂槐。

第三等级：系统地发表各种错误意见，谣言控制着人的言语行为，人心不安表面化。

第四等级：积极鼓吹负向舆论的人，集结力量，有组织地举行集会、演说，发表错误观点，这是普遍化的上层负向舆论。

第五等级：蒙蔽或吸引众多的群众举行罢工、游行示威，出现社会动乱。

（四）滥用微博信息失实

微博的信息失实主要有以下几个原因造成。

第一，微博话语权的下放及"把关人"的缺失。微博以其低准入门槛等特性，任何人都可以注册微博号。由于"把关人"的缺失，制造谣言变得轻而易举，任何人也都有发布虚假信息的可能。

第二，自媒体特性易传谣言。与SNS社交网站相比，微博倾向于关注热门信息，对感兴趣的信息进行转发，扮演资讯传播的自媒体类型角色。虚假信息一经传播极容易受到关注，很多网民不知不觉就成了谣言传播的二传手。

第三，"碎片化"表达易滋生假新闻。微博以140个字符的文字更新信息，信息获取量有限，信息的完整度很难保证，一旦传播开来，因其短小的写作模式使信息能快速传播。

新媒体自身发展过程中伴随着如许问题，负面影响引起全社会的警觉与重视，须加强对新媒体的舆论引导。

(五) 滔滔洪水般的微信

1.传播倾向肤浅化

微信的传播形式不断丰富，内容的精神意义削弱。为提高阅读兴趣，传播内容显得通俗化、肤浅化，过多的信息使得用户失去理性，只是被动地接受信息轰炸，会将他们带入虚拟的娱乐世界，不利于理性思维的形成。

2.微信暴力

微信其他的弊端也要引起高度重视，如有人蓄意利用"陌生交友"功能，导致年轻人受到伤害。微信用户间传播淫秽内容，引发了严重的社会问题。微信谣言的现象也很泛滥，虚假信息满天飞。微信朋友圈成了谣言的集散地，需要广大公民提高警惕。

3.微信水军

关于微信的粉丝数，也有市场水军在操作，网站上有专门"涨粉"淘宝店家，"微商"刷粉有手机和PC端利用安卓模拟器两种模式，形成灰色产业链，在追求商业利润目的下的微信阅读量操作，真实度可以想见。

4.微信红包背后的贿赂风险

互联网金融的实质是技术与金融核心功能的融合：支付、融资、风险管理。微信红包属于互联网金融的支付功能，支付形式是互联网和手机支付，将来还会有许多新型的交互模式的支付技术。目前我国互联网金融支付领域处在野蛮生长阶段。

微信红包的核心不在于微信本身，在于"红包"。核心是收发微信红包必须绑定银行卡。据统计，仅除夕当天绑定的银行卡就超过了2亿张。消费者就可利用微信支付"我的钱包"进行消费。还有重要的功能即"微信红包"的"送礼"功能。"微信红包"就是"电子红包",与传统红包最大的区别在于电子红包无须征得对方同意即可发出。"电子红包"不仅是现金的馈赠方式,也是商业组织促销的最佳手段。但电子红包具有"附赠"行为的性质,通过向消费者提供红包现金,引诱消费者与之发生交易。"电子红包"是通过互联网的方式实施商业贿赂的最好方式。

第二章 新媒体在公共舆论中的角色

第一节 新媒体对公共舆论的引导特征

近年来，公共危机事件频发，舆论的引导成为社会、政府以及学术界关注的焦点。我国学者杨魁认为，"现代媒介所构建的拟态环境日益取代由事实所构建的现实环境，成为人们所感知和遭遇的主要社会环境"。根据2016年人民网舆情检测室发表的《互联网舆情分析报告》数据显示，公共管理依然是舆情事件最多发的领域，且舆情压力指数已经位列第一。可见，研究新媒体的舆论引导已经势在必行。

一、舆论引导方式的特征

首先，公众人物引导力突出。公众人物由于其身份的特殊性，不仅在公共场合出现时会吸引媒体和大众的目光，其微博、公众号等也同样受到关注。调查显示，"会因公众人物的原因参与到公共危机事件讨论中"的人数占33.8%。可见，公众人物的影响力和引导力是存在的，这种引导方式大多通过微博实现。公共危机事件发生后，很多公众人物会在微博中第一时间表明立场，申诉观点，而网民会随之受到"偶像"观点的影响。这种舆论领袖型的引导方式在新媒体中非常突出，成为公共危机舆论引导中不可忽视的环节。

其次，不同意见派别的争论带动两方意见。新媒体拥有多种传播平台，这些平台逐渐成为网民发表各自观点的地方。然而有观点的地方就会有不同见解，甚至产生争执。而这种不同意见派别之间的争论已经成为公共危机事件发生后的重要舆论形式与引导形式。公众会通过不同意见派别之间的观点不自觉地进行站队。两方观点在新媒体中打擂，网下公众也被两种观点中的舆论所影响和引导。

二、舆论引导渠道的多元性特征

新媒体中的舆论引导力量是多元的，复杂的；总体上来看，权威和非权威混杂；官方与自媒混杂。多元的舆论在新媒体渠道中发酵，舆论引导力量多方撕扯。

首先，官方信息是权威发布的主要渠道。新媒体中的官方信息一般通过官方微博账号或微信公众号进行传播。实名认证代表了组织的权威性和真实性，只有通过这样的方式来传递官方信息，才能保证新媒体环境下的舆论是在有真实事实佐证下进行的。调查显示，56.2%的受众更喜欢通过官方发布的消息了解公共事件。可见，在新媒体舆论引导方式多元化的大环境里，真实与权威信息依然是受众确立自身观点的基础和首选。

其次，门户网站成为各种"态度"的容器。新浪、腾讯、搜狐、凤凰网是目前点击率较高的几大门户网站，这些门户网站综合了对于公共危机事件的多方观点与态度，像一个巨大的"态度"容器，将大量的"态度"做好排列呈献给公众。但由于很多网站凭点击率制造关注，致使大量新奇态度、偏激态度、消极态度充斥于门户网站。这些态度是公众在官网发布中无法获取的，因此变得"值得"一看。尤其是在公共危机事件发生时，这些态度将会影响公众对事件的印象与态度。

再次，自媒体意见的发表不容忽视。自媒体可以制造舆论，却不能抑制舆论。如果经过公众人物或网络红人的传播，还会产生更加巨大的传播效果。另外，自媒体中的态度多数是没有经过证实的信息所产生的，在公共危机事件中的敏感阶段会有一定的引导作用。

三、舆论接收者的心理特征

首先，舆论接受者更愿意获取敏感信息。公共危机事件一旦发生，人们便会希望立刻通过各类渠道打探和感知小道消息，受众对敏感的信息内容有更强大的好奇心和窥探欲望。获取敏感信息对于受众来说，不仅意味着对公共危机事件的认知，还意味着获得了比别人更多的信息。可见，敏感性态度的舆论引导容易得到受众的认可。

其次，受众更愿将自己置身于危机评论之中。只有参与到公共危机事件的评论之中，才能表现出对此事的关注，才能更好地融入其人际交往圈。可以说，对公共危机事件的评论可以成为人际交往的手段与工具。人们常常将自己置身于危机评论之中品头论足，只不过满足于人际交往的乐趣，往往不会考虑太多"态度"的正确性。

再次，受众更易将现实情绪带入新媒体渠道。由于新媒体的匿名性，新媒体用户往往会将现实生活中的情绪带入新媒体渠道并将其放大，以起到心理宣泄的作用。如受众在面对有些危机事件时，可能由于在现实中遇到过此类问题，且心里已经产生了消极或不满的情绪，那么在对此事进行二次传播时，很可能夹杂很多私人情感与主观态度，使主观"情绪"在新媒体中激荡。

第二节　新媒体在公共事件中的效能

公共危机事件：危及全体社会公众整体生活和共同利益的突发性和灾难性事件。新媒体使公共危机的传播模式由线性传播变成了立体式传播状态，表现出新现象：群众性议程设置、主观情感性话题盛行、消费灾难借机"品牌营销"等。公共危机事件在新媒体渠道中的流动和传播具有了新的特征。研究新媒体在公共危机事件中的效能，对管理具有意义。

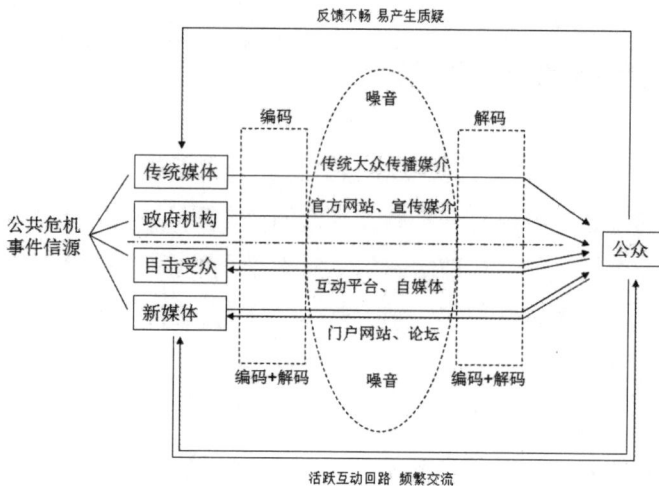

图2-1：新媒体环境下公共危机事件的传播模式图

一、信息传播方式的变化加大了公共危机发生的可能性

新媒体的传播方式由传统媒体的点对面传播变成了网状交叉立体式传播，传播优势不再集中于传统媒体，而是分散在受众手中，自媒体传播在新媒体渠道中占有重要地位。这种信息传播方式的分散化，使公共危机信息在新媒体传播渠道中变得多元而复杂。虚假信息、不满群体的误导信息、竞争对手的诽谤信息等，都充斥于新媒体并很难第一时间迅速"过滤"，使公共危机事件发生的可能性极大提高。

2015年发生的8·12天津滨海新区爆炸事故中，新媒体中的危机信息和谣言交杂，"段子"成为公共危机信息的重要传播形式。本文对178名受访者进行了有效调查，93.9%的受访者表示是在微信、微博以及网络中最先得知事故发生，并有68.4%的受访者并没有将目光集中于事故本身，而是专注于"天津人事变动""天津市区空气污染""呼吁周边人群赶紧去医院检查身体""消防体制"等未经核实的信息上。这就使一件公共安全事件变成了一场关乎生态环境、政治体制、生命健康等错综复杂的大规模公共危机事件。

另外，在公共危机事件发生的同时，大量虚假信息肆意传播，使危机舆论极易转向新的领域，并滋生出新的公共危机。在这次事件中最典型的谣言是"CNN记者在华报道被官方人员阻止并殴打"，这段标有"快看，一会儿就看不到了"字样的谣言在微信群中一遍遍地被转发，无形中使原本的公共危机事件变得更加扑朔迷离。

可见，新媒体中信息传播方式的变化，的确提高了公共危机发生的可能性。这种由新媒体传播带来的负面效能是目前公共危机传播中最显著的效能之一。

二、网民的激烈参与增强了公共危机的不可控性

新媒体中的受众带有明显的"身份丧失"，受众的社会属性不带入到传播渠道之中，这就在一定程度上淡化了其社会等级差别，而没有等级差别的人际传播带来了平等的交流，这种平等感必然增强新媒体中的沟通意愿。不容置疑，新媒体的出现，极大唤醒并强化了公众的表达意识。

这种表达意识的增强在微信、微博等新媒体渠道中表现得尤为明显。同时，公共危机事件信息在"点赞"机制下也形成了强有力的议程设置。这种议程设置在新媒体中以意见领袖设置的方式大量存在，一些爱发表言论的网友根据自己的主观意识对公共危机事件进行传播或评论，其朋友圈中的粉丝进行大量习惯性点赞或转载，使其带有极强主观意识的信息逐步变成一种"舆论"，这种"自舆论"的传播在很大程度上得益于习惯性点赞的心理。调查显示，有70%以上的受访者表示自己有习惯性点赞的习惯，而这种拥有大量"赞同"的主观观点则很容易营造出群体压力，沉默螺旋的力量正在随着新媒体逐渐升温，公共危机事件的自媒体信息传播管理变得不可控制。

另外，网民的偏激情绪也在新媒体中也发生着微妙的连锁反应。近年来，公共危机事件中几乎每次都有部分情绪激动或偏激的网民发表着非主流价值观的评论与信息。新媒体中更加自由的互动渠道使这种情绪迅速传染其他网民，使已发生的危机恶化、蔓延，甚至走向歧途。2014年4月，中宣部部长刘奇葆在《人民日报》发表文章指出，"互联网已经成为舆论斗争的主战场，直接关

系我国意识形态安全和政权安全"。可见，新媒体已经与公共危机事件的传播深度融合，此负面效能已经受到国家政府的关注与重视。

三、新媒体的扩音器效应强化了危机信息的流动强度

新媒体的时空开放性较之于传统互联网更加突出。由于移动终端的加入，使互联网的接入更加方便、快捷，更加省时、省力，因此时效性更强，覆盖面更广，同时，也带来了公共危机事件管理的难度。

在新媒体强大的时空开放性渠道中，公共危机事件的负面信息能够第一时间扩散，不仅比传统媒体更快，甚至超过了电脑终端的互联网媒体。2015年8月12日午夜，微信群里就已经开始疯狂传播着天津大爆炸现场的视频，而13日凌晨，腾讯新闻、人民网等网络媒体才开始对天津大爆炸进行报道，然而在13日白天，各大主流媒体才纷纷介入报道。可见，新媒体的超强及时性已经使公共危机事件无处藏身，随之而来的是政府相关部门对公共危机事件信息管理的反应时间无限制缩短，预防工作变得难上加难。传统的政府危机公关理念中的快速反应、控制事态已经变得不再具有实践意义，而如何控制近乎和事件同时产生的舆论则显得至关重要。

在天津大爆炸事故中，80%以上的受访者表示看过质疑消防指挥的言论；63.4%的受访者看到过质疑政府管理的言论；43.1%的受访者看到过质疑当前天津空气质量的言论。可见，新媒体的时空开放性渠道使大量公共危机信息迅速并广泛地进行了传播，影响力之广已经超乎想象，成为当前公共危机信息管理中的重要挑战。

四、新媒体转载分享模式使危机延续时间加长且具有反复性

危机事件时间的延长不仅增加了对危机信息管理工作的难度，同时也对社会的平稳和谐发展带来一定影响，而这种危机后遗症波及时间的延长在新媒体中愈加明显，主要是有以下几个原因造成。

首先，新媒体具有信息的保存性，这就使大量负面信息在一定时间内存在于新媒体渠道中，从而使公共危机事件的负面影响时间变长。其次，公众在自媒体中的传播力量不容小觑，当公共危机事件在传统媒体的报道中销声匿迹之后，新媒体中的热议还在继续，而当一种新观点出现后，这种热议还将再次进入高潮，因此，无障碍的互动平台促使了公共危机事件的波及时间延长。另外，越来越多的品牌、企业等开始"消费"公共危机事件来做自己的营销推广，借助热点进行文案的创意，这种依附热点而生的营销文案大多具有趣味性、贴近性、创意性，极其吸引受众的目光，并达到大量转载、分享的传播效果，甚至形成流行语或网络词汇长时间在新媒体渠道中流通，从而使公共危机事件的波及时间延长。

危机时间延长的同时，同一公共危机事件还可能在新媒体中反复爆发，任何残留的负面信息都可能被公众再次翻出，造成危机回热或再次爆发。

五、新媒体对公共危机事件传播的正面效能

新媒体的技术属性使其成为双刃剑，也就使其具有负面效能的同时，也具有能够起到积极作用的正面效能。新媒体的及时性、互动性、海容性、链接性、多样性等特点使公共危机的正面信息可以得到更快、更深入、多角度、高反馈式的传播。这在一定意义上使政府相关部门的管控信息、舆论引导信息等也同样得到了及时与渗透性的传播。

因此，新媒体的出现并不意味着洪水猛兽，相关部门应充分利用其正面效能来进行主流信息与价值观的传递。传统媒体应尽快完成与新媒体的深度融合，形成习近平总书记提出的主流新型媒体，加大对舆论引导的主导力量；政府及其相关部门应完善信息管理，强化新闻发言人的舆论引导作用等。只有这样，才能积极发挥新媒体的传播优势，并且着力摒除新媒体所产生的负面效能，使社会主义核心价值观能够得到更加完善的传播。

第三节　新媒体在公共舆论引导中的作用

一、新媒体对公共危机事件舆论引导的积极作用

1.加速对事实真相的挖掘

新媒体的及时性与地域的无界性使用户可以迅速加入到公共危机事件的讨论中去，这便使新媒体中集合了相对来说更多民众的参与。新媒体渠道中充满了群众的智慧与群众眼睛。事实真相在他们的督促与监控下快速浮出水面，即便其中夹杂多种谣言或几经"反转"，最后都会挖掘出事实真相。这相比于传统媒介而言，事实真相的挖掘往往是被动的、被催促的、被发现的。然而，对公共危机事件的舆论引导而言，这将起到积极的作用，被迅速挖掘出的真相可以说服公众、终止谣言，甚至是传递正能量。这种"挖掘"，同时可以让新媒体用户满足其侦探心理，使其更加坚信挖掘到的"事实"。

2.多角度还原危机事件

新媒体中每一个用户都是记者。因此，我们看到公共危机事件发生后，大量来自"民间"的信息充斥于新媒体渠道中，这些信息的补足在一定程度上可以多角度的还原危机事件。

如，2015年11月法国巴黎市一系列恐怖袭击事件过程中，微博出现了大量来自事发地附近甚至是事发地的相关图片与视频。这些新媒体中的信息使这场公共危机事件多角度地呈现在全世界人民的眼中。对于揭穿恐怖分子的暴虐行为具有非常重要的意义。可见，这些新媒体中的信息大部分是传统媒体没有关注到的或者是无法关注到的细节信息。这些信息可以多方面、多角度地还原事实，在弥补传统媒体报道不全面的同时，还会从当事人、旁观者等不同角度报道真相。这样的方式是对传统媒体习惯于只针对事件核心和中心的一种重要补充，也是监督危机公关组织瞒报、漏报的一种重要方式。对于舆论引导具有一定的正面意义。

3.逐渐形成新型监督模式

传统媒体的"把关人"机制加强了传统的报道形式，提升了受众对传统媒体的信任程度，但也限制了受众的义务和权力。传统媒体通过严格的把关机制将消息发布，就意味着经过这样发布的信息是经过加工后的信息，不一定是事情本来的样子，也有可能是受到隐藏之后的局部消息。这样的过度把关反而可能变成一种传播问题。然而，新媒体渠道中的公开与无界使危机事件的信息得以全面传播。这种方式受到越来越多受众的喜爱和运用之后，便会慢慢和传统媒体的报道方式产生交汇融合，形成相辅相成、相互监督、相互制约的关系。这种新型的监督与传播模式，比传统媒体更能说服受众，有助于全媒体传播环境效益效果的整体提升。

4.增加了受众对事件不同领域的认知

所谓术业有专攻，意味着不同专业、不同领域的人群具有并不相同的知识背景与专业。这就造成了不同专业、不同领域的人对一件事情的分析存在不同的观点和态度。不得不承认，领域内的人对事件的态度可能会更加客观与科学；而非领域内的人可能带有主观意愿或偏激想法。

然而，新媒体中的自媒体平台，使每个用户都可以就事件发出自己的声音，并且每个用户都有自己的专业背景。因此，新媒体中的各种态度体现着来自不同专业背景下的"专业人士"的态度，这种信息可以很好地使其用户通过自媒体平台"自学"到各种观点和理念。公共危机事件信息在多方专业人士的"解读"下变得更加全面。同时，也增大了受众对公共危机事件不同领域的认知。这对于全面感知事件，全面分析事件具有积极的意义。

二、新媒体对公共危机事件舆论引导的消极作用

1.新媒体舆论易产生谣言

拿社交软件微信来说，随着微信用户的不断增长，运营商对服务功能的不断增加和完善，微信已经成为人们信息传递和诉求表达的重要平台。然而，我们不得不承认微信同时具有很强负面效应。微信谣言传播是其负面效应的重要体现。基于强弱关系纽带的交互作用，增加了微信谣言传播的可信度和时效性，然而微信中担当秩序维护和失序治理的角色却相对缺乏，微信中谣言的肆

意传播使得微信虚拟社区环境进一步恶化。微信中最基本的关系网络一般亲朋好友，由于这种强大的纽带关系，使亲朋好友在一定程度上充当了信息的"把关人"，而这种"把关人"则显得没有原则和底线，他们主观上愿意相信这些朋友的信息应该是真的。爱屋及乌的联动效应出现在这种把关过程中。这便使得微信滋养了谣言的产生，并为谣言传播创造了无序环境。

2.缺乏主流价值观的引导

传统媒体的把关职能凌驾于新媒体之上，因此传播的主导价值在传统媒体中是显而易见的。不同于传统媒体，新媒体并没有严格的把关机制，传播者和受众都不是固定的，也不是一成不变的。同样，新媒体中所产生的舆论也是各类各样且独树一帜的，没有统一的主流价值引导，不能形成中规中矩的传播模式。另外，新媒体中自媒体的发声，在众多舆论声音中同样也已经占据突出地位，主流价值观的权威已经受到来自自媒体发声的挑战。

新媒体传播环境提供大量有关公共事件的信息，是不可否认的。但这些海量信息出现时，并没有一个定向的"把关人"指引受众对此事做出判断，没有一个标准去评判哪些导向是正确的，而哪些又是错误的。缺乏主流价值观的引导，不仅仅会使权威信息受到埋没，也会使一些教育层次较低或摇摆不定的受众受到困扰。正确价值的判断是建立在专业性和公平性的基础上的，在没有权衡标准的新媒体中，更多的评论意见是自由的，但是缺少主流价值观的引导，这些相对的自由也可能会成为解决危机的阻碍。

3.不利于受众进行理性判断

传统媒体中的纸媒和电视媒体最早出现时，只能在新闻产生后客观阐述事实，在事情发生一段时间后再加以判断和解读。新媒体的演变也由开始的客观阐述，慢慢变成后来的自带评论，一些媒体甚至只根据自己得到的片段消息，制造头条新闻，吸引受众注意。

这样的方式不止欺骗了受众情感，更让虚假信息横流。当受众不知道媒体所发出的信息是否是真实的，就会将自己得到的消息进行二次传播，这也是媒体对受众的一种不负责任的行为。媒体将这种做法习惯性地继续下去，不仅仅会让受众在接收信息时产生怀疑，造成对新媒体形象的负面影响，同时还会使网络大环境遭受冲击。新媒体让受众在快速便捷中获取信息，也避免不了受众接收信息膨胀时，无法保留太多太复杂的信息带来的伤害。

第三章　舆论格局的新变化

第一节　舆论主体身份的嬗变

一、公共舆情中议程设置的主体身份

（一）议程设置理论概述

"议程设置"理论的最早论述者是李普曼。李普曼在《公众意见》一书中表述说："新闻媒介影响我们头脑中的图像。"麦考姆斯和唐纳德·肖对传播媒介关于选举的报道对选民的影响展开了调查研究，《舆论季刊》上发表题为《大众传播的议程设置作用》的论文。议程设置理论认为"大众传播具有为公众设置'议事日程'的功能，影响着人们对周围世界的'大事'及其重要性的判断"。"选择"与"突出"就是媒介控制手段。"选择"是指媒介让事件进入人们的视野，让其他的事件不进入；"突出"是指媒介在向人们报道事情时，突出事物的某些方面。作为社交网络的主体，社会化媒体用户的话语权获得了解放，过去集中于大众媒体的媒介控制手段被信息自主选择与发布功能为人人皆可获得的能力。这样的解放和稀释会波及与"议题"相关事件的整体舆论和事态发展，普通民众通过微博为代表的社会化媒体逐渐获得前所未有的传播资源与能力。他们在意见领袖的带领下参与和突发事件相关的公共议题，分解着传统媒体为代表的主流媒体的舆论权威，影响突发事件的话语格局。

议程设置理论影响到受众对新闻事件重要性的判断，对受众选择何种角度对事件进行审视产生影响。作为新闻事件其本身具备多重属性，关注该事件的何种属性是人们审视议题的视角。媒体通过"选择"和"突出"，令属性突

显或忽略另一些属性，人们在思考新闻事件时，思考关注那些被媒体突出的属性。在议程设置理论指导下，媒体对事件的报道从上述两个方面进行控制——从"想什么"与"怎么想"上达到影响受众认知的效果。

（二）公共舆情中议程设置主体身份的类别

裂变式病毒传播令传受界限日益模糊，普通民众通过微博为代表的社交媒体获得传播资源与能力，包括：信息资源的获取能力、就公共议题发表意见的能力等，社交媒体中所有用户成为身份平等的传播主体。公共舆情中议程设置主体包括了通过社交媒体获得话语权的普通民众，及意见领袖。舆论主体的身份随着议程设置身份的嬗变而发生着变化。公共舆情中议程设置主体的身份——草根民众和代表官方的主流媒体，并且在这两大类型间，存在着意见领袖。

1.草根民众

在传统媒介环境下草根民众——受众，信息传播过程中处于信息接收方，意见表达方式亦被轻视为"一盘散沙"。网络社会的兴起，令这力量分散的群体在互联网中聚集。草根的出现给媒介环境带来很多新的转变，草根媒体成为发展趋势。

传播权力在新媒体环境下，被裂变式病毒传播分解，资本、科技对传播权力的垄断被解构，社会化媒体体现出前所未有的草根化特征。草根化是"消解了精英分子权威、官员等的社会身份，把'区隔'转换为对人的普遍权利的认同"。目前公共舆情中的议程设置主体有代表主流权威的媒体机构，还有极具数量优势的普通民众。

通过社交媒体，普通民众成为中国社会政治生态中举足轻重的政治力量，围聚形成极为壮观的意见市场，推动者越来越多地开始向草根民众倾斜。"草根"作为特殊的意见群体，正在形成有现实影响力的虚拟压力集团，生成舆论冲击波和澎湃的舆论激流，对中国社会产生极大影响。网民对事件的关注与热议形成巨大的舆论影响，"围观改变中国"聚集起强大的网络舆论能量，影响舆论生态。

草根大众利用新媒体进行意见表达，具有自主性等方面的绝对优势，利用新媒体技术，以积极挖掘等方式参与舆情事件的解决，以期实现优化政府决策。大多数网民以个体行动的方式参与舆情事件进程，逐渐成为影响网络群体性舆情事件的重要力量。有些网民由于自身独到的见解的知识背景中的社会地位等因素，成为网民中的意见领袖。普通民众根据需求加入到不同的组织或意见领袖的怀抱。近年来，此类组织在网络热点舆情事件中发挥专业知识，做出专业评价，影响网络群体性事件的发展走向。

2.主流权威

作为我国舆论生态中的力量，传统主流媒体代表的官方权威在传播方面具有主导权。传统主流媒体受自身的运作逻辑制约，尽管体制改革释放传统主流媒体的表达功能，表达能力有了提升，但媒介不可能发生改变。传统主流媒体作为突发事件舆论表达的重要主体，肩负着公布权威信息、引导舆论走向的责任。

能代表主流权威声音的媒介形式如电视台、中央党报党刊和受辖于地方宣传部门的报社等，包括官方主办的新闻网站以及官方开设、微博等以新媒体技术为支撑的媒介形式。

传统媒介形式与新媒体形式由于定位不同，发挥的作用亦各有特色，为发布官方的权威声音，引导舆论走向。

主流权威主体的话语表达主要有三种类型，包括：

"齐奏"型。为进行舆论引导，媒体报道都使用相同的新闻文章或评论。主流媒体在刊登时不会对其进行修改，接刊发。

"共鸣"型。传播媒介调整具体的传播策略。媒体以相同主体，不同角度报道事件。

"自由发挥"型。各种新闻媒体与主旋律间虽然有一致性，但官方没有对个别媒体进行严格控制。

3.意见领袖

意见领袖是指活跃在人际传播网络中，为他人提供信息或建议并对他人施加个人影响的人物。社会舆论中的"意见领袖"角色由政府、贵族等统治阶级扮演；到数字化传播时代，社交媒体信息传播的网状结构让任何节点都有成为信息中心的可能，传统主流媒体的信息中枢被消解，形成无数个新的话语中心。

信息社会个体处理信息的能力难以应对信息浪潮，加之民众被专业知识等诸多因素制约，无法对所有信息进行研判。存在于草根民众和主流权威之外的意见领袖，根据对舆情事件的某一方面信息进行筛选，对普通民众施加影响，成为又一舆论主体。

传统媒体环境下意见领袖从官方权威中分化出来，草根民众出身的知识精英没有掌握传播资源而无法实现大众传播行为，意见领袖难以体现作用。同时，"把关人"的存在令草根民众的主动性难以发挥，没有官方背景的意见领袖很难有所作为。然而，随着新媒体的发展与壮大，越来越多的社会公众参与到社会事件中来，意见领袖传播身份得到极大的发挥。

（三）公共舆情中议程设置主体身份发展的新趋势

传统媒体语境中议程设置主体的身份既可以是记者、编辑等媒介工作者，也可以是报社、电台、电视台等媒介组织，他们借助报纸、广播、电视等工具将信息提供给他人。虽然受众可以通过信件、短信等进行反馈，但是起到的作用"微乎其微"，受众总是被动地接受着来自大众媒体所传递的信息，被动地接受着媒介议程设置的结果，传播的主体地位依旧由传者所控制。在新媒体环境下信息传播呈现出新的传播特点。新媒体信息传播的自主性令其主体身份被泛化。舆情信息的裂变式病毒传播打破了社会精英人群的绝对垄断权，普通民众的话语权获得解放。舆论的主体身份分化为普通民众和主流媒体，并且还存在着能够引领民众意见的先锋。

1.民间舆论的崛起

以微博为代表的社交媒体能成为舆论的主要载体，因为传播准入门槛低的技术特性。社交媒体作为信息发布平台，具备用户的参与性等特征，令普通民众乐于利用其作为载体记录思想乃至感情。社交媒体的使用消除了身份差异，信息的传播行为得以从被动接受信息向主动发布信息转变。社交媒体作为舆情信息的主要发布平台，是现实社会与网络空间深度融合的产物。

公共舆情中议程设置主体的身份由社交媒体扩大为任何使用社交媒体的用户，"人人皆是记者"成为社会现实，舆论热点信息也不再湮没于信息海洋。由于传受双方的地位更加平等，普通民众所发布的日常信息同关系国计民生的重大议题被传播。普通民众借助社会化媒体平台积极发声，因亲临现场而将资料进行有选择的"爆料"，在短时间内形成围观，产生社会影响。以往的舆情话语格局发生了改变，通过以微博为代表的社会化媒体，普通民众对突发事件形成舆论影响成为事实。

2.意见领袖作用日趋显著

随着公共舆情中议程设置主体话语权的分散和转移，个体逐渐成为意见领袖。意见领袖对舆论引导的作用通过表达观点、社会动员予以实现。

意见领袖以自身的信息储备为基础介入舆情信息的传播过程，设置议程进而引导舆论。事件的爆料者对事件的披露会引发高度关注，掌握独家信息而取得首发优势成为意见领袖。另一类意见领袖通过对事件发表评论而产生，在事件发生后他们的相关言论将会引导舆论走势。

除了能够设置议题外，意见领袖通过发起线上或线下的社会动员，发挥其影响事态的作用。作用在以人际交往为基础的社会化媒体中也显现出社会效益。

鉴于社会化媒体中的意见领袖是现实社会中迁移到线上而成为网络意见领袖，关注的议题涉及社会发展等较为宏观的议题。由于他们关注的议题具有的现实意义，在舆论引导中发挥着重要的作用。

3.主流媒体的舆论权威被消解

新媒体环境下，公共舆论空间中，有民间舆论和主流声音两大舆论主体。民间舆论通过人际交往形成，是个体和群体的意见整合形成的舆论；主流是官方舆论通过大众传播手段形成的。代表主流权威的舆论主体在社会化媒体出现前，如电视台、党报及政府网站等大众媒体，在信息传播中拥有绝对的权威。主流媒体和政府机构在社会化媒体出现后，通过微博等社会化媒体进行信息发布，整合舆论。由于主流媒体受制于自身的运作逻辑与管理体制，在公共舆论中的权威地位受到来自民间舆论的冲击。在民间舆论崛起、意见领袖作用显著的环境下，主流媒体舆论权威正在被消解。

二、民间舆论与主流权威的表达特点

（一）草根舆论的表达特点

草根民众的舆论主体身份。依靠交互性强、没有空间时间限制的新媒体技术，草根民众实现了舆论自由表达；在功能公共舆情事件中，草根民众传播事件信息、问责政府等。但在新媒体环境下，公共舆情的信息在"网状"勾连的草根舆论主体间发散式传播，使舆论表达呈现出数量庞大，无障碍、瞬间膨胀，真假难辨等特点。

1.数量庞大、零散无序

新媒体赋予了草根民众自由的舆论表达权，新媒体成为草根民众舆论表达的工具。新媒体作为舆论表达工具具有"交互性极强，没有任何时间和空间的限制"的特征。网络和手机中充斥着海量的信息，远比传统媒体丰富。网络的广泛覆盖，为公共舆情中草根民众强大的舆论表达奠定了基础，微博作为舆论表达最直接的途径，在公共舆论中充当着重要角色。

草根民众天生具有的"自组织性"，决定了信息的浩瀚与庞杂。通过新媒体，草根民众发布的舆论信息犹如烟海。信息数量的庞大，缺乏监督与编译，民众的文化程度、素质高低不同，舆论呈现出思想表达的层次不同。你一言我一语，或是对事件看法灵感突现的记录，有可能为哗众取宠，制造虚假言论，使得信息变得零散而无序。

2.无障碍、瞬间膨胀

有些公共舆情事件的突发性和破坏性可能导致信息传播受到阻碍，甚至出现信息屏蔽。但微博等新媒体技术，不直接受制于政策的管束，利用数字技术和全球互联网技术，可以突破信息的屏障，草根民众可以凭借它们实现舆论的自由表达。草根民众的自主意识增强，出现积极参与社会事务的趋势。

3.芜杂感性、真假难辨

学者尼葛洛庞帝认为，"在网络上，每个人都是没有执照的电视台。"有"自组织"特点的草根民众的舆论表达，传播的信息真假难辨。公共舆情中，草根民众由于信息不完整、不客观等，易产生恐慌情绪，甚至出现误报和失实。舆论的表达缺乏必要的把关，谣言就有了滋生与传播的空间。由于对情况不了解，无法在较短时间及时掌握真实情况，草根民众作为舆论主体由于所处角度不同或看到的事物不尽相同，且坚持自己所看到的而没有联系起来去综合分析，很容易忽视信息的真实性，导致谣言爆发式传播。在突发事件的信息传播链上，每个人可以进行舆论表达。在浩如烟海的信息传播群里，草根民众的素养参差不齐。草根民众的舆论表达能形成巨大的舆论力量，会发展演变为网络暴力，在正义的外衣下失去理性。

（二）主流权威的表达特点

1.代表着社会主流意识形态，专业权威

主流意识形态，是社会中代表统治者的思想和意志的意识形态。新闻媒体如果不能代表统治者的利益，很难成为社会的主流媒体。作为主流媒体，是社会的舆论领袖，代表着主流意识形态，有很强的社会影响力。

新闻事业在我们国家，被看作是党的事业的一部分，意识形态的特征非常明显和突出。在马克思主义新闻理论指导下官方媒体发挥了特有的意识形态功能，正确引导社会舆论，打好主动仗，坚持舆论导向正确。

普利策认为"倘若国家是航行在大海上的船，新闻记者就是瞭望者。他要在海面上观察一切，审视不测风云，及时发出警告。"官方主流媒体就是船头的瞭望者，对社会方方面面进行监察，将所看到的告诉广大的社会公众。作为官方声音代表的主流媒体，要有较高的可信度；讲究信息来源和出处，具有较高的专业性和权威性。要注意的是在信息传播过程中，精英群体的权威发布要经历漫长的时间等待，准确无误后方可发布信息。

2.受制度化约束，失语、缺位

官方主流媒体控制着舆论导向，在宏观层面上报道新闻信息。由于中国处于转型的特殊时期，主流媒体的"把关人"根据新闻选择标准对信息进行筛选，只有符合新闻价值的信息才能借助主流媒体的平台得以传播。主流媒体都将目光聚焦在国内外重大事件，造成主流媒体的报道缺乏与民众切身利益密切相关的信息。

官方主流媒体也有难言之隐，如出于"保密"的目的，官方主流媒体不能对某些事件或信息做新闻报道。

媒体，从最本质的意义上是传播信息介质。不无遗憾的是，主流媒体，当新闻事实发生的时候；当利益、安全、百姓生活受到威胁时；当社会的构建需要主流媒体积极参与时，常常突然患病，成了局外人、旁观者。

3.同质化倾向严重

同质化是指同一行业中不同产品在内容、营销手段上相互模仿，逐渐趋同的现象。官方主流媒体近年来，在事件信息的报道中也表现出同质化现象。事件报道的同质化是指同一市场的同类媒体在事件内容、版面样式等方面几乎一样。造成的原因在于政府对于新闻报道的规范性要求，主流媒体过于注重抽象化报道，官员言论千篇一律的脸谱化。

官方主流媒体的舆论表达呈现同质化现象还有一个重要原因，就是相关事件的信息转载过多，导致不同主流媒体所提供的新闻同质化。各媒体对新闻判断的标准大同小异，同一事件的新闻报道出现信息你有我有，甚至你发头条，我也发头条的景象。同质化降低了媒体的竞争力，使受众选择的空间越来越小；表现为民族文化心理的制约。官方主流媒体的报道面对舆情事件，习惯于着重反映事件中人的精神，实现"事实的悲"向"精神的乐"的转换。

三、新媒体意见领袖与群聚引爆

（一）意见领袖的特征与主要身份构成

1.新媒体意见领袖的特征

意见领袖的身份构成多元化。新媒体环境下舆论格局呈现多元化发展，意见领袖的身份特征跟随整体舆论格局特点。传统媒体环境下的意见领袖，代表官方的权威声音，意见领袖的社会身份较为单一。但新媒体环境下传播主体的普遍存在，使得在舆论中扮演意见领袖的主体不再有身份、职业、学历和地位等限制，身份构成呈现多元化。新媒体环境下信息海量存在，意见领袖身份构成的多元化令观点形成过程有可能受到多个意见领袖的影响，对人们的观点产生影响。这些意见领袖所引领的群体队伍不断壮大，舆论格局开始发挥影响和作用，由意见领袖汇聚的民间舆论成为舆论场中的重要力量。

意见领袖具有鲜明的个性。意见领袖的身份在传统媒介环境下很容易界定，代表官方权威声音，个性难以突出。新媒体环境中的意见领袖身份泛化，每个人成为意见领袖的原因又各有不同。信息发布的自由性和全面性也使意见领袖非常个性化，社交媒体中的意见领袖既可以是某一领域的"公共知识分子"，还可以是某一热门博客的博主，只要信息得到网民的关注、对网民的态度产生影响都可称之为意见领袖。他们不是一成不变，意见领袖只适合于某个特定环境中或者某个特定舆情事件中，舆论平息，又会回到原来的身份和状态。

意见领袖有广泛的影响力。意见领袖所发布的信息可以突破时间和空间的限制，区别于传统媒体时代意见领袖的重要特征，发布的内容能被人浏览。新媒体舆论环境的开放性使信息内容的接受范围更广，影响力也更强。在个人回复阶段和群体聚集的初期，主流媒体尚未介入，舆论主体还有普通民众，容易受到意见领袖的影响，产生群体聚集和群体极化现象。意见领袖的强大影响力可见一斑。

2.新媒体意见领袖的主要身份构成

（1）政府发言人、主流媒体

有些舆情事件具有较强的破坏性，因此政府须尽快采取应急管理措施。政府发言人是掌握事件情势与具体措施资料的舆论主体，相关信息发布上具有绝对优势。

（2）微博红人、网络明星

此类身份的意见领袖出身草根，在微博等草根群体聚集的传播平台拥有簇拥者，信息传播规律具有丰富的社交媒体传播经历。他们对舆情的意见表达从草根角度出发，能代表普通民众的声音，受到草根民众的广泛关注。

（3）专家学者、知识精英

此类身份的意见领袖以专业技能和知识水平成为特定主题的意见领袖。他们对舆情事件的观点来自其专业判断和知识积累，具有较强的权威性和可信度。在舆情紧急状况下，来自专业领域的准确信息是普通民众最为需要的，此类意见领袖在公共舆情中不乏追随者。

（二）新媒体意见领袖的作用与意义

新媒体意见领袖在公共舆情中可以具有以下三个重要作用：

第一，新媒体环境下，意见领袖在一定程度上可以全面、准确地传递事件相关的信息。

第二，意见领袖根据知识储备、生活阅历对信息进行分析和解释，可以提示人们应该采取什么样的行为。

第三，意见领袖利用自身的权威和公信力，可以动员公众采取相关行动。

新媒体环境下的意见领袖在公共舆情中所扮演的角色是多方面的。意见领袖具备众多关注者，由新媒体技术的公开性决定的，使得意见领袖无论其身份是官方媒体或者草根民众，成为意见领袖，他就具备了大众媒体信息传播功能。甚至在一些重大突发事件与舆论风暴中，这些意见领袖可以凭一己之力产生巨大舆论力量，产生聚集、引领的效能。意见领袖像磁铁，吸引了大量民众，产生强大的舆论磁场，引爆舆论，形成舆论风暴。

（三）群聚引爆

1.群聚引爆的产生过程

大众媒介在传统媒体环境下，拥有绝对的"话语权"，对引导意见起着支配性作用。新媒体环境下，舆论格局的开放性使个体可以在网络上自由发布信息，没有个体会被绝对孤立。社交媒体提高了意见表达的便捷性，网络成为名副其实的"观点的公开市场"。社交媒体的交互性使得不同的意见都能找到附和者。在公共舆情中，当意见领袖的观点聚集足够数量的关注时会引发舆论共振。社交媒体中意见领袖拥有大量粉丝，发布的信息会自动推送给关注他的粉丝，粉丝亦可将信息推送给自己的粉丝，如此裂变式病毒传播令意见领袖发布的信息以几何倍数传播，直至达到"群聚"意见的临界值。

在社交媒体中事件从一般舆情事件到舆论热点，成为网络群体性事件的过程是事件发生后的相关信息被社交媒体用户爆出，被意见领袖转发，引起网友的广泛关注，扩大影响范围，成为舆论热点，政府出面应对，事件平息，导致网络群体性事件发生。主流媒体介入的前提是，在网络中该事件形成讨论热潮，成为舆论热点。

信息传播通常遵循特定的生命周期，不同类型突发事件的传播过程具有相似的阶段性。突发事件信息传播过程中的舆论生成：舆论形成期、舆论爆发期、舆论平缓期、舆论恢复期。舆论爆发阶段是突发事件中信息管控最为复杂的阶段。在不可预知的状况下形成阶段积聚的舆情因素引发的舆论浪潮发生，初期的危害性不能引起普遍的关注。公众迫切希望了解事情的真相以及事情处理的最新进程，满足知情权，缓解由事件带来的心理恐慌和压力。官方发布信息前，舆论在民众中形成，意见领袖开始发挥作用。当公众的关注聚集形成热点，有关媒体会对此事件进行报道，信息的传播速度会越来越快，在网上和现实社会引起更多的关注和讨论。这种舆情高涨的状态由热点受关注的程度来决定，有的很短。由意见领袖发起的群聚引爆也开始真正形成。

随着时间的推移，突发事件得到妥善解决，公众对事件的新鲜感逐渐消逝，信息传播也趋于终止。不断出现的新事件，开始重新刺激民众的神经，关注转向。意见领袖发起的群聚引爆现象会趋于平缓，但形成的舆论环境效应产生了影响。

意见领袖在突发事件舆论形成阶段，由微博红人等身份的群体构成。他们在事件发生后，根据认识形成言论，影响网络舆情的走向。面对不同的事件，都有可能成为影响突发事件舆论走向的因素。非常规性的意见领袖具有相同的舆论引导功能，作用会逐步增强。在爆发阶段、平缓阶段、平复阶段，意见领袖由官方发言人、专家学者构成，通过网络渠道发表言论，影响网民对事件的理解和态度。由于突发事件的不稳定性，后期的应急处理中，相关部门的新闻发言人应成为舆论中最具影响力的主体，与事件相关的专家学者，专业知识能发挥较为显著的作用。

2.群聚引爆对舆论引导的正负影响

积极影响。正向的群聚引爆利于推动舆论的良性发展。事件发生后，因缺乏信息资源，民众易产生恐慌情绪。意见领袖以知识和亲民的态度成为民众依赖的信源。加之新媒体的及时性，在意见领袖和普通民众间架起了信息互动的桥梁。自媒体在公共舆论中，成为争取言论空间的渠道，在参与人数足够多的情况下，积聚的力量便不容忽视了。新媒体群聚引爆的良性效应是借助于意见领袖形成的舆论场域来集中扩大影响。

消极影响。社会问题的存在，谣言引爆使舆论引导陷入险境。我国各类社会问题凸显，城乡分化、贪污腐败等问题使民众不断积累着不满情绪，一旦被谣言煽动，不满情绪将会被瞬间点燃，甚至发生网络群体性突发事件。微博为代表的社交媒体所传播的信息常会受到信息真实性的质疑。新媒体信息的裂变式病毒传播，一旦出现虚假信息，舆论环境就极易被扰乱。大量的事实证明，部分"草根记者"容易在信息传播中犯"盲人摸象"的错误，这些传播行为都会对突发事件形成错误的舆论导向。尽管信息会不断地得到补充、纠正，但如果是影响较大的信息在传播中出现偏差，会导致社会秩序的混乱。

第二节　主流舆论与民间舆论的角力

一、群体集合行为的传播机制与公众舆论

（一）群体集合行为的传播机制

社会心理学家勒庞将群体极化描述为群体的偏执和专横。他说偏执和专横是一切群体的共性，"群体只知道简单而极端的感情，提供给他们的各种意见，他们将其视为绝对真理或绝对谬论"。无意识状态下的群体，思维模式是形象的，无意识状态下的他们极易受到煽动，极端行为依据群体中的多数意见趋向保守或者冒险，呈现出极端保守的群体行为状态。群体极化现象在网络社会中，由于网络信息平台的开放性而体现得更加明显。由于网络相对自由，使得很多受众个体在加入到群体后会忽略群体内部的差异。群体相对于个人更倾向于冒险，进而更易做出偏执行为，令群体的差异和矛盾愈发明显。虽然极端的冒险能够带来高的回报，但是这毕竟是对少数人而言的，极端行为对他人、对社会而言，更多的是伤害。

1.群体集合行为下的民众心理

作为社会性生物，每个人都不是孤立的存在。心理群体是指聚集成群的人，他们的感情和思想全都转到同一个方向，形成集体心理。因此，一群人会表现出新的特点，这些特点不同于组成这一群体的个人所具有的特点。在受到外界刺激下，群体很容易被暗示，从而产生夸张、偏执的情绪。

通过群体集合行为中的群体特征的分析和相关理论实践，公共舆论中群体集合行为下民众心理特征：

（1）群体易受暗示

群体处于集体无意识状态，使得受众在受到突发事件等外在刺激时对信息和事物失去理性的判断，一旦投入，群体的无意识行为开始代替个人意识。心理群体开始形成，表现出与独立的个体所不同的特性，个体在人数众多的保

证下，出现无畏状态，被群体思想所影响和暗示。盲从使人们在群体中丧失有意识的人格，进入集体无意识状态。

随社会化媒体的发展，信息传播将会更加自由。在传播环境日益开放、话语主体日趋丰富的新媒体环境中，民众成为其中一员，随之其个体行为也会受群体的暗示和传染。一种倾向较为极端的情绪将会迅速支配整个群体，引发群体的激烈行动，会对正常的社会秩序产生威胁。

（2）群体的冲动、易变和急躁

一些突发公共舆论事件中的群体总是在事件中被突然发生的刺激所控制，群体不会在事前进行策划。当人们直面突然发生的事件时，会做出本能反应，模仿周围人的行为，模仿是冲动和非理性的。

社交媒体的自由性是把双刃剑，使民众进行表达并显示出极强的批判精神，令民众的表达过于情绪化。民间舆论在新媒体环境下，形成过程中会出现非理性现象，如失控的"人肉搜索"、网络欺凌等。

群体中的个人受制于群体，行动上有着本质的差别。个人具有主宰反应行为的能力，群体处于无意识的精神状态。处于群体中的受众个体行为被淹没在集合行为中，于是受众就跳脱了社会规范，匿名状态下进行各种宣泄。

社交媒体作为新媒体形式的典型代表，受众利用网络的特点更容易进行群体模仿和情绪宣泄，引发各种矛盾影响社会稳定。

（3）民众围观心态与群体的从众心理

在新媒体时代，由于网络的便捷化和兼容化使从众心理在新媒体传播环境中有所弱化。但不论是传统媒体还是现代媒体，"意见领袖"始终是存在的，形成"多数意见"或者"主流意见"，影响群体中的个别少数意见，出现从众心理。

从众是社会规范，群体中的个人会受到来自群体中的其他人的压力。为避免被其他人冷落或孤立，人们屈从于群体压力采取从众选择，形成本能的无意识心理机制，容易轻信主导的观点。从众是在没有遵从于团体的直接要求，个体为适应真实或想象中的团体压力而改变自己的行为或信念。从众心理体现出了受众在社会中是作为群体中的一员。在群体心理中，同质性和无意识占据上风。

2.群体集合行为下的传播阶段

受众在新媒体背景下，是具有利益诉求与问政能力的"公众"。受众摆脱传播理论中的被动接收信息的地位，新媒体技术的使用为受众意见在公共平台中聚集提供了支撑，成为现实的群体集合行为在虚拟网络中的极端映射表现。受众是传播符号的释码者、传播活动的参与者，也是传受活动的权利主体，使得"受众"在舆论引导中起到了很重要的作用。

（1）意识唤醒阶段

公共舆论的信息在相互间交流、议论的过程中进入更为广阔的信息传播轨道。最终体现到网络中，能否成为网络舆论热点，取决于事件的严重程度、民众积怨的深浅及对相关权力部门的信任度。

"事件现场"的"观众"作为信息传播的主体，偶然"撞见"事件发生，但因与受害方无直接的关联，亲历者身份有助于提高信息传播的可信度，相关信息进入互联网传播领域成为舆论热点后就是网民的主动聚集。事件的发生是由于社会阶层与群体间的利益冲突产生的"结构性怨恨"所导致，官方与民众在事件爆发之初即站在了对立立场。

由于并非每个观众都是亲身经历，观众为突出"主题信息"，可能随意加工、处置各种"条件信息"，故意放大有利信息，达到传播者自我内心的平衡。无论是现场观众或通过网络获知的观众，无法保证完整地还原事件全貌。

（2）意识形成阶段

由于信息传播而聚集群众、群体意识形成与定型的阶段。核心信息形成，在口头、文字等多种方式传播下，个体群众相互认知、相互作用，形成同质性的关系网络。

（3）群体行为阶段

夹杂着真相与谣言的信息随着流言广泛传播，公共舆情中的群体情绪焦虑、愤懑、亢奋但又不知所措，变得非常敏感，社会责任感、自我控制力严重削弱。

对于整个社会来说，不同意见团体间彼此辩论时，网络作为拥有最直接的群体"呼声"效应，以一种积极向上的观点得到"极化"，并且网络群体的声音在极化后能够反映到现实社会中，形成多数人在多元社会中受益的社会治理效果。

近年来，尽管公众通过网络平台形成的舆论力量在构建公平社会环境方面起到了作用，但是，由于非理性的政治参与后势必会带来不利影响，威胁到社会的稳定和进步，并且这种威胁仍然尚未解除。另外，公共舆论一旦被消极的网络政治群体的"群体极化"意见绑架成功，国家安全、社会稳定会出现难以预料的威胁。消极网络政治群体利用群体内部的讨论强化自己消极的政治立场和态度，利用我国社会阶层矛盾与"结构性怨恨"将事件夸张，甚至将其富有政治目的的活动延伸到现实社会，制造更大的混乱。

（二）公众舆论

普通民众具有分散存在且个性独立的特征。与规章明确、受辖于政府机构的媒体组织相比，拥有表达自由权，普通民众的公民意识和权利意识也在明显增强；普通民众拥有媒体组织无法比拟的庞大基数，公众舆论由此在新媒体平台中形成强有力的舆论力量，导致各种社会力量与资源的重新配置。在开放化的舆论空间中，公众舆论以快速的扩散能力及夹杂的情绪对现实行为产生着影响。

1.公众舆论的一般特点

（1）我国改革开放后，言论自由得到发展，在网络大面积普及运用后，公众的舆论场域突破了"熟人社区"，信息覆盖面随之更加广泛，社会各个阶层、各行各业都可以站在不同的立场参与讨论，特别是在汇集了各类社会热点的公共舆论中，舆论的数量更为巨大。现代电子技术开创了传播技术的新局面，使意见表达更加灵活、具体。

（2）公众舆论自由度提升

随着公民意识的觉醒，草根阶层表达诉求的愿望日渐强烈。现代技术使许多"草根"找到了主动获取信息、发表意见的渠道，使公众舆论的自由度大大提升。党和政府应对突发事件自上而下的舆论导向工作变得力不从心。公众不必再被动地接收相关事件的信息，可以自由主动地发表自己对事件真实的想法。

（3）公众舆论的监督意识浓厚

在我国社会主义民主社会中，随着公民素质的提升，公众舆论开始作为不可忽视的社会监督力量登上政治舞台。公众舆论的监督意识将政治文明推向了新的境界。

2.新媒体环境下公众舆论的新特点

公众舆论在新媒体技术的作用下，表现出新的特点。网络是新媒体的代表，公众舆论摆脱实体世界的空间束缚，在虚拟空间中畅所欲言。网络舆论场具有更强的话题传递能力，即能形成舆论共振，产生更大的社会影响。互联网使形形色色的观点表达相互连接成巨大的意见场域。"围观"力量被充分发挥，草根微博的仗义执言、意见领袖的转发评论，声音的多元化成为我国公共舆论的显著特征。

（1）以微博为代表的自媒体影响力持续提升

以微博为代表的新媒体的兴起，打破了传统媒体的"专业主义壁垒"，成为众多舆论事件的首发媒体。2009年起，微博以迅雷不及掩耳之势迅速蔓延，掀起了社会信息传播的"微博热"。微博作为表达和互动工具，天然是舆论形成的沃土。如今，微博凭借得天独厚的特性，崛起为最新的舆论"纸币"。微博以其简单性、即时性、便捷性等特征给公共舆论带来了新的变化，成就了一例例公民维权的胜利。公众在舆情事件中利用微博进行民意表达，由个案发展成为公民普遍的观念和意识。

微博因其开放性，为我们了解社情民意提供了直观途径。微博融合了博客、论坛等传播媒介的传播特点：传播形式碎片化。门槛较低，方便快捷；传播终端多元化，实现了随时随地的传播；信息结构裂变化。微博具有转发、评论、关注等诸多功能，实现了快速的信息传播。孤立的突发事件经微博曝光和转发，成为全民围观的公共话题。

（2）草根民众话语权持续增强

公众舆论是公众在充分交流和辩论中所达成的基本一致的意见。网络空间的低门槛和匿名性，消除了网民之间的身份差异和发言顾虑，公众在网络空间内更愿讲话，且希望能讲真话。传统媒体占据主导的时代，舆论意见仅仅体现在报纸等媒介上，在传统的维稳观念下，事关国计民生的重大突发事件舆论意见较为单一。互联网的兴起，使得原子化的芸芸众生从无声变为有声，成为数以万计能动的围观者或评论者。那些原先散见于寻常陌巷的民间言论，迅速汇聚起来，形成波澜壮阔的舆论潮汐。隐藏在社会矛盾下的"草根"声音开始见诸媒体，真实地解密突发事件中的"事实"。传统的"一言堂"很难满足受众的需求，舆论意见由单一向多元转化。

（3）微博意见领袖引爆民意

微博信息发布是"所有人面向所有人"的多元非线性结构。微博信息由一个信源中心向粉丝扩散传播，微博中之所以拥有众多粉丝的意见领袖具有社会动员能力，因为这种基于中心裂变的信息传播模式。他们可以通过以自己为中心，实现信息表达向粉丝生态链扩散。随着转帖和跟帖的增多，民意不断聚集，突发公共事件相关的话题舆论强度增强，引爆民意。

（4）主流媒体话语地位下降

印刷时代，知识的普及，新的信息沟通方式建立，但话语权仍然因资源的高度集中而尚未广泛普及。现在普通民众意见表达而形成的话语合力已经成为舆论中的重要部分。

目前主流媒体面临的问题主要有，公共事件舆论中优势主体地位被民间舆论撼动；主流媒体的权威性被消解，公信力减弱；主流媒体的报道思路、报道模式相对陈旧。

公众舆论亦是各类不实信息、扩散的温床。因新媒体技术中"把关人"地位被弱化，容易在网络中形成大量的谣言。等到发现虚假或不良信息时，这些信息已被散播开来。

公众舆论易处于非理性状态。危机发生时，人们由于恐惧等原因，很容易去寻找发泄对象。目前，网上很普遍的现象就是充满着谩骂与人身攻击，加重社会矛盾。

公众舆论具有很强的群体盲从性。群体聚集是由分化而类聚的，表现出群内同质、群际异质的特性，这样极易导致群体内互相推动，互相支持。持同一观点的民众群体产生一种"群体赞同"的现象。表现为：民众对某个事件存在态度上的偏向，通过交流后，发现这种观念有一定市场，人们觉得这是大家都认可的方向，最后形成极端的观点。

（三）新媒体环境下官方舆论调控面临的挑战

随着新媒体影响力的不断扩展，传统媒体不再是事件报道的唯一主角，官方舆论调控面临着诸多挑战。以往的公共事件信息发布倚重于新闻发布会等，但如今社交媒体已成为公共事件舆论的风暴中心，信息发布等都面临着新的挑战。

1.舆论调控难度加大

随着网络技术的发展，网络传播的覆盖面、辐射力与影响力使得广大民众容易失去自我知觉力，个体失去自我约束；网络传播的高频率使得信息无孔不入。民众表达能力与理解能力的进一步提高，大大增强了其不可控性。

2.社交媒体成为舆论风暴中心

在传统媒体环境下，"把关人"通过审查传播内容、惩违规媒体等方式，对信息进行筛选。没有一定人数参与讨论，公众意见无法形成集合意见。在新媒体环境下，网络的低门槛、超链接特点，不仅创造了真正的"观点的公开市场"，让传统媒体获得脱胎换骨的改造。

需要注意的是，便捷的微博为党和政府提供了解社情民意直观渠道，信息结构列变化等对增加舆论引导的复杂性起到作用。由于"把关人"缺失，不实的网络传言可在短时间内迅速蔓延。微博的技术特点使微博舆论场中比较容易产生"多数人的暴力"。在这样的环境中容易产生多数人的暴力，迫使不同意见者不敢发表与之相对的意向。容易产生以讹传讹的恶性循环。质疑和批评是微博舆论场的主流基调，负面消息更容易获得关注。以微博为代表的新的信息传播手段变着中国社会的舆论环境，有关公共利益的话题不断变化，要求各级各地政府以新思维对新形势下的舆论管理。

手机与微博的结合令突发事件信息发布摆脱了时空限制。过去"沉默的大多数"借助微博，开始发声，微博成为突发事件信息传播、汇聚民意的重要通道。微博推动了信息传播，给社会舆论引导带来了新的挑战。

在中国，微博的功能是表达公共意见。尽管新浪微博上也有很多私人话题，但民众的网络表达更多地指向经济、文化等内容。在微博上，批评政府权力部门和公职人员的内容不绝于耳。微博产生以后，社会议题的设置已转移到了网民的手中。微博时代，舆论的生成及变化的规律与传统媒体时代有很多不同之处，传统的舆论管理手段难以适应新形势。

3.各级政府对舆情事件的网络生态适应不足

综观近年来发生的舆情事件，无论是政府发布信息的措辞、用语的倾向性，还是对舆情事件的定性，从中都可以看出报喜不报忧等传统的文化观、落后的群众观、错误的媒体观等。不合时宜的社会管理"惯性"思维仍深深影响着部分领导干部。

我国正处于各类公共舆情事件高发阶段，各级政府普遍存在着危机管理的制度和模式尚不健全完善，导致处置这类事件乏力等问题。一些政府部门在舆情事件面前试图封锁新闻和舆论，会进一步激怒公众，让政府为澄清流言付出很大的代价。加剧了我们社会主义社会的内部矛盾，使社会公信力的损耗明显。

（四）民间舆论与官方舆论的力量对比

1.新媒体技术带来两种舆论力量对比的具体表现

随着公民社会的逐步发展，公民意识逐步觉醒。网民间有种天然的阶层认同感和凝聚力，他们积极利用网络这一平台所赋予的话语权，试图影响公共决策。

作为政治的积极参与者，网民在群体性事件的发生中，根据偏好和判断，充当不同的角色。有的对传闻的蔓延提供新的材料；有的将材料置入上下文并揣测其意义；有的则相对理性，提醒人们要谨慎；有的置顶、灌水，为某种论证据理力争；有的则试图在传播的基础上发起行动而担当决策者。通过围绕已发生或尚未发生的群体性事件进行讨论，达成某种共识。社会运动的行动者试图把集体行动框架固定在从大众话语中发展起来的信仰之上。发动者、参与者会从大众话语中汲取力量，他们也试图通过界定问题，发起虚拟或现实社会中的群体性事件来吸引媒体注意。

网络舆情是现实社会的镜像。转型社会的诸多问题，会在网络上有所反映和折射，问题亦容易引起共鸣。网络的信息即时共享性，使得信息与事件几乎丧失了距离，信息传播的时空使得信息扩散具有传播的风险。

对传统媒体而言，政府很容易用单一的内容塑造统一的主导价值形态，而网络正在消解这种状态，政府被网络的分权逐步消解，对信息的控制难度加大。民众的利益维护意识和利益表达欲望增强；制度化表达渠道的不畅，使得网络表达成为民众利益诉求的理性选择。现实中的某个事情，经过网络的折射，真实和虚假信息相互交织，可能成为引发群体性事件的导火索。新媒体的普及对传统媒体格局和舆论格局造成冲击，主流媒体在引导公众舆论方面，显得有些力不从心。

2.新媒体技术带来两种舆论力量对比的原因分析

新媒体环境下的受众已经由群体变为个体均具有独特特征。社会化媒体的高速普及，步入"服务为王"阶段，"服务"体现在信息获取的便利性。信息获取的便利性决定了传播的效度，可以通过一定的数据处理工具获得相关的量化指标，能够直观地确认影响效度与认同程度的要素因子，实现精确"服务"。他们通过社交网络传播的信息包含着使用者的倾向，通过数据信息挖掘、处理进而传递，获得巨大数量的拥护者。

媒介技术的发展改变了议程设置的主体身份。在当前信息环境下，主流权威对突发事件的议程设置离不开普通民众的参与；由于普通民众身兼议程设置主体和客体双重身份，借助媒介技术普通民众可以自我设置议题。随着微博的广泛运用，新媒体技术带来的主体身份变化更为明显。

媒介技术的发展分散了公共舆情事件的议程设置话语权。知情者不再处于孤立无助的境地，公众意见能够迅速形成集合。社会化媒体裂变式的网状传播模式拥有强大的"造势"能力，依靠社会化媒体产生人际传播的弱势链优势。新媒体技术带来的表达自由在很大程度上瓦解了权威，打破了资本、科技对传播权力的垄断，将其化整为零，形成无数个新的话语中心和权力中心。

媒介技术的发展催生公共话语空间。传统理论认为，一定的区域或空间限制是其存在的必要条件，信息传播的数字化拓展了公共领域的公共空间。社会化媒体中的公共话语空间，比公共领域都更加开放、自由。从现实到虚拟，社会化媒体把普通网民联系在一起，形成了一个既分散又集中，既单一又复杂，虚实结合、超越时空的公共空间。

3.两种舆论力量的辩证关系

在公众舆论与官方舆论的关系中，两者相互角力的同时又相互制衡。两股舆论力量的角力过程可以看作是民意逐渐向政府决策机制渗透的过程。无论是民间舆论，还是官方舆论，目标应是一致的。作为政府，在官民舆论协同共举的过程中，没有维护民众理性而富有建设性的应对技巧，可能停留在封闭独断的强制性管理层面上；如果缺乏相对开放和谐的社会治理姿态，难以做到民意与政府决策的融合。

新媒体环境下舆论生态的多层次结构形成了多元化的舆论流通渠道，为公众舆论的多元表达提供了物质基础，消解传统主流媒体的"传播领袖"魅力，新闻传播渠道的传统主流媒体"舆论场正在被商业化媒体和网络媒体制造的舆论场边缘化"，可能导致传统主流媒体公信力的丧失及相关部门政策合法性遭受质疑。新媒体环境下的网络舆论管理成为政府要面对的重要挑战，主流舆论被网络舆论边缘化，党和政府在新媒体平台中就会丧失议程设置能力。

二、S 曲线扩散效应与新媒体舆论生成演变机制

最初S曲线扩散效应用于解释创新产品推广过程中的接受者数量。创新产品在社会系统中要能继续扩散下去，须有一定人采纳创新产品。数量是人口的10%~20%。一旦创新产品接受者扩散比例达到临界数量，扩散会进入快速起飞阶段。后期由于扩散进入饱和，进展速度会突然减慢。早期的创新产品接受者较少，只有愿意率先接受信息和使用事物并甘愿为之冒风险的少部分人。这些人能够对自身所处群体的意见领袖展开"游说"，使之接受乃至采用创新产品。创新通过意见领袖们迅速向外扩散，迎来受众数量的"起飞期"。接受饱和点后，接受者数量则会出现回落。突发事件的舆论生成演变过程适用于信息传播的S曲线扩散模型。

（一）突发事件中的 S 曲线效应

突发事件涉及的内容是民众关心的话题，重要性与民众的切身利益息息相关，能引起民众的关注。新媒体时代，信息传输的便捷带来了挑战，民众通过网络对于相关事件进行曝光，事件的模糊性增大，影响持续扩大。突发事件发生后，舆论逐渐酝酿形成，行政手段介入后趋于缓解。

舆论形成期，突发事件信息在社交网络中传递聚集，但未引起意见领袖关注，与相关的信息量尚处于较低水平。直到意见领袖扩大了该事件的传播范围，引起传统主流媒体的关注后，突发事件舆论进入到爆发期。此时突发事件舆论经历临界点。标志是意见领袖发表相关议题信息引爆舆论。进入"起飞期"的突发事件舆论，舆论进入爆发期。这一阶段的曲线斜率较大，表示信息的增幅较高。

1.舆论形成期

在突发事件发生前或者发生初期的这一阶段，突发事件处于潜伏期，诱发事件产生的各种自然或人为因素逐渐集聚。该时期的舆论影响范围尚不广泛，信息传播局限在特定的群体和区域。

由于突发事件具有突发性，事件产生前，前兆信息处于萌芽状态，受众觉察不了隐藏状态的信息。事件发生后，舆论已经在民众中开始形成。民众的关注热点在一定时期会引起媒体的关注，一经媒体报道，信息的传播速度会越来越快，进而在网上引起更多的关注和讨论。

新媒体的发展使舆论的形成渠道多样化，有以网络进行发端的，有来自传统媒体的独家报道。在以网络为发端的舆论事件中，网民因BBS和手机短信等平台对事件进行曝光，引发网民、媒体部门的关注。在新媒体迅速发展的今天，网络曝光成为舆论形成的一种重要途径。在以传统媒体报道为发端的舆论事件中，传统媒体利用其专业性和权威性迅速形成议题，引发网民广泛的关注。

这一阶段的传播群体集合行为表现明显，群体具有从众心理。事件初期，因为真相并未展现于民众面前，对于信息民众具有强烈的渴求欲望，给了"小道消息"传播的机会。民众难辨信息真伪，阻碍了真实信息的发布与疏散。

2.舆论爆发期

这一时期是突发事件中信息管控和舆论引导最复杂的阶段。随着舆论传播范围越来越广，更多的民众和媒体开始关注该事件。迫切希望了解事情的真相，满足了自己的知情权，缓解了由事件带来的心理恐慌。

由于网络能量的聚集，意见主流观点开始形成。高涨的状态由受关注的程度来决定，在形成阶段积聚的各种舆论经过群体聚集作用，形成公众舆论场；传统媒体的报道、官方权威的发言发挥引导作用，信息传播的渠道也趋向多样化。这是最容易导致信息失真和泛滥的时期，谣言、毁谤等皆出于此。

新媒体的发展使民众的话语权实现渠道得到扩展，凭空捏造的流言、谣言不断进行裂变式发展，导致事件不断升温升级。

3.舆论平缓期

政府部门为应对上阶段造成的影响，会采取措施并对舆论进行引导。利用新闻发布会等形式公布事件的真相。具有权威性的专家发挥重大影响力，发表评论看法，影响大多数人的判断和言论。民众对事件的舆论逐渐趋向平和，进入缓解期。

公众舆论的病毒式与裂变式相结合，发挥着弱势链优势，使突发事件成为街谈巷议的社会话题。民众行使着监督的职权，有助于事态控制向着民主方向发展。但不可否认，由于谣言等噪音的存在，使民众看到的存在疏漏，此时急需行政手段介入，进入缓解期。

4.舆论恢复期

当突发事件的发展态势得到基本控制，社会价值和行为准则回归常态，公众对事件的新鲜感减弱，信息传播也趋于终止。舆论进入平复阶段，对事件的关注人数趋向稳定。随着新事件的出现，人们转向对更新的舆论热点的关注，突发事件的舆情最终平复。

舆论的最终是伴随着突发事件的最终结束而完成的，同时政府和主流媒体发挥了重大的作用。除了政府出面有效进行解决外，舆论的缓解还有可能通过媒体部门大量进行"议程设置"，让事件的热度渐渐消退。新媒体技术的发展，舆论的生成与演变机制伴随着突发事件的发展即时进行舆论走向的演变。新媒体舆论生成与演变机制规律的把握，能促进和谐社会的构建。

（二）新媒体舆论的生成与演变机制

1.舆论生成演变的条件

舆论强度是指事件相关舆论引起公众关注的程度。新媒体环境下，舆情事件的事件相关信息会立即引起公众的注意，吸引越来越多的民众阅读并激发其积极参与、力求事件有所改善的热情。舆论强度反映了社会公众对社会问题和矛盾的关注与认识。

舆论恒度是指事件的舆论持续时间。舆情事件延续的时间越长，舆论愈演愈烈的可能性就越大。在影响力大的公共舆情事件中，舆论生成都是由相关议题构成的，随着事件的推进，不断加入新的刺激性因素，维持舆论恒度。

舆论关联程度是指舆情事件与当前社会热点议题的相关程度。事件涉及公权力大、公益性强、公众关注度高的"三公部门"和其中的公职人员，最容易扩大事件的发展。还有贫富差距、社会不公等问题，然后是食品、房屋、交通等民生问题，较为重大的是自然灾害。只要和群众的生活品质等社会关联度高的事件会存在舆论继续演变的可能。

2.舆论生成演变的特性

舆情事件发生后，人们产生对舆情事件的情绪和看法，通过媒体进行传播，形成舆论。网络成为最迅速的信息传播平台，舆论渐渐以网络的方式呈现出来。舆情事件具有不确定性，发生时间、方式以及影响的程度超出人们的常规思维之外；原有的信息沟通渠道受到突发事件的影响，甚至被阻断。因素使得突发事件中舆论的生成和演变过程复杂。

（1）舆论的发端

当事件曝光进入形成期，是舆情事件发生初期，信息含量较少。如果舆情事件的影响性较小或是政府部门应急处理迅速，舆论被扼杀于萌芽之中。无论是舆论发端于网络还是传统媒体，可能从一开始就是谣言，信息真假难断。民众对于信息具有强烈的渴求欲望，给了"小道消息"传播的机会。

（2）舆论的聚集

舆论爆发期，由于网民的知识背景、生活环境存在着差异性，人们对同一事件的看法差异很大。由于对网络碎片信息核实的难度较大，可能会造成认知上的偏颇。伴随着突发事件的发展，新的"内幕"是媒体部门得以大量爆料。关注事件的媒体越来越多，民众对于事件的关注进一步增多。舆论的关注点不再局限于单一信息，不断向深处挖掘。

（3）舆论的稳定

舆论缓解期，舆情事件的破坏力持续作用。但事件的主导舆论基本形成，关注人数也逐渐稳定，舆论发展状态是稳定中呈现波浪式变化。舆论出现萎缩或者沉寂后，舆情事件的形势出现新的热点，舆论又重新回到高涨阶段。公众舆论场与官方舆论场中各种意见持续博弈。民众行使着监督的职权，另一方面也不可否认，由于谣言等噪音的存在，使民众看到存在的疏漏，因此，此时行政手段介入。行政手段的强制介入，事件才逐渐平息。

（4）舆论的消逝

舆情事件的最终解决会随着时间的流逝被人们淡忘，进入平复期。回顾舆论态势和走向，看到立体的突发事件舆论的生成与演变并非按照形成、爆发、缓解、平复发展。只要舆情事件超越心理预期，舆论走势便会转入爆发状态。行政手段介入的时机和强度会影响舆论走势。如果初期，政府察觉并迅速干预舆论，且力度适当，那么将是大事化小，小事化了。节外而生的舆论点甚至喧宾夺主，减弱群众对事件本身的关注，间接地推动舆论贴近客观、中立。

三、新媒体舆论裂变式的"弱势链优势"

（一）新媒体舆论的弱势链优势

在以微博为代表的新媒体技术中，弱连带关系在传递、交换信息过程中具有明显的优势，加之其裂变式的信息复制速度与传播效果，信息传播中显得尤为重要。信息的扩散带来的是表达权利，信息作为最为关键的社会构成要素，决定了权力的掌握。信息的传播意味着权力被广泛地分配，传统的信息垄断将被打破，权力运作方式发生改变。

微博信息发布具有实时同步的特性，在结构上，微博是"所有人面向所有人"的多元非线性结构，微博信息由"名人"信源中心向粉丝扩散传播，形成基于中心裂变的模式，拥有众多粉丝的意见领袖具有在其他媒体中无法比拟的社会动员能力，因为信息传播模式。在粉丝生态链中，彼此相对陌生，现实中的联系并非十分紧密，信息的转发、传递等行为是出于表达目的。随着转帖和跟帖的增多，最终形成"热点话题"。社交网络构建的传播网络，属于"强连带"的"熟人社会"，但在信息传递交换上并不频繁，易形成同质信息冗余，而互相不认识的微博中，互相嵌套扩散而形成裂变式的"信息链"。

无论是质疑、批判还是建议，在突发事件中，因为有新媒体的介入，公众多种多样的意见得到表达。

（二）新媒体舆论弱势链优势下的社会动员与舆论监督

1.新媒体的社会动员

以微博为代表的新媒体在裂变式信息传播中将信息迅速、广泛地传递出去，信息对行为个体产生影响。微博按照不同主题，并通过电子方式把公民链接在一起。利益的表达和聚合更加自由，兴趣爱好相同者在网络上进行交流互动是相当容易的。这种网络组织的形成不必提交申请任何管理费，只是因为共同关注某个议题，便能自动"抱团"。这样的社会动员机制的作用表现得尤为明显。

微博的网络动员力量一旦被从事不良活动分子利用，对于社会的公共管理和舆论引导将会造成挑战。

以微博为代表的新媒体因其在传播速度与方式上的秒互动、全天候的监测功能而备受关注。将之比作江湖间横空出世的"神兵利器"，必定要充分发挥其功效并为己所用。党和政府除充分利用传统媒体外，还要正视新媒体，掌握其使用技巧与传播规律，才能游刃有余，并将其巨大的功效发挥于突发事件的妥善解决与维护社会稳定之处。

2.新媒体的信息揭露与舆论监督

通过微博揭露的是针对政府官员的个体行为及涉及民众利益的突发事件，尤其是贪腐行为，成为微博关注的焦点。

微博让公共事件在短时间内迅速传播，通过大规模的公共讨论获得各方意见。它把重大公共事件推向网络深处，引发媒体的关注报道，迫使政府作出反应。是微博影响政府公信力的最有形的方式。

四、两大舆论力量角力下的政府应对

中国正处于社会转型的关键时期，媒介技术和传播模式打破了社会舆论与大众媒介表达间的平衡，各类矛盾不断激化，导致舆论事件的频发。社会转型带来的是公共舆论表达的释放，使官方舆论面对威胁不断审视，加大了政府维持社会稳定的难度。

我国传统的舆论格局，由政府、大众传媒等要素组成。舆论引导方式是自上而下单向作用的。随着社会的转型和新媒体的崛起，舆论格局演化出公众舆论、官方舆论及政府相互作用的局面。公众舆论与官方舆论相互角力、相互制衡，在两个舆论场的角力中充当着关键的角色。

面对当前庞大的网民数量，如何在两个舆论场角力时采取相应的措施，如何正确认识以微博为代表的新型媒体的效用，成为摆在政府面前的不容忽视的问题。

第四章　公共舆论多元话语的建构

第一节　公共舆论多元话语的社会学意涵

公共舆论的话语权变革已经到来，多元话语的激烈竞争形成了全新的舆论图景。在这样的现实背景下，研究公共舆论的多元话语互动本质具有重要意义。那么，当公共舆论多元话语退去复杂的外衣，究其本质为何呢？本节旨在将公共舆论多元话语置于社会学意涵之中，在实证主义社会学、诠释主义社会以及后现代社会学的理论框架之下进行解读，回答公共舆论之间的对话是"给定实在"还是"话语建构"的重要问题。

新媒体背景下，公共舆论的话语权已经发生重要变化。以微信、微博为代表的社会化媒体的发展，使用户贡献内容成为潮流，进一步使人类的信息传播秩序产生重大变化。一方面，自媒体信息量的激增使信息飞沫形成；另一方面，精英和权威的传统表达优势被削弱，形成"去中心化"的舆论场域，这种权威性的弱化，便使多元话语和意见形成了激烈的竞争。公共舆情进入了多元话语共存下的互动与博弈。研究公共舆论多元话语的本质将具有重要的现实意义，而社会学后现代主义思潮中的"多元话语"分析模式又给予了公共舆论多元话语以新的视角与内涵。本节旨在在社会学意涵下对公共舆论多元话语进行全新描绘。

一、实证主义眼中的公共舆论多元话语

研究社会学意涵中的公共舆论多元话语，首先要明确一个问题：公共舆论之间的对话是"给定实在"还是"话语建构"？也就是说公共舆论之间的互动与博弈是"事实"之间的对话，还是"话语"之间的对话。这一问题实则是社会学研究方法上的争论，也是现代社会学与后现代社会学之间的辩驳。

首先，我们可以从现代实证主义社会学中探寻答案。早期实证主义的代表人物孔德等人提出了给定实在论。给定实在论认为，作为我们感知、意识和言说对象的各种"事物"，都是一种独立于我们的主观意识及话语系统之外、不依赖于我们的主观意识及话语系统而存在的一种纯粹自主的、给定性的实在。根据给定实在论的观点推断，公共舆论中的多方话语应是以客观存在的"给定实在"为基础与蓝本，多元话语方之间的讨论是紧紧围绕客观事实进行的，为了能够对客观事实进行对称的交流，他们对这个客观事实应具有相同的解码能力与认知能力。因此，在给定实在论的理念下，公共舆论中多元话语之间的对话实则是"事实"之间的互动，其载体——文本，也就是承载信息的话语系统只是表达"事实"的工具，这些"事实"在舆论平台中互相撕扯，"真相"最终"胜出"，进而淘汰其他"假象"。因此，现代实证主义理念中的公共舆论空间应该是沉淀事实、凝聚真相的平台，多方话语在互动中探求真知，是一个共赢共利的过程。

然而，在上述阐释中我们发现，这种"真相"的存在必须在一个"确定的前提"之下，即：公共舆论中的多元话语是建立在客观事实的基础之上，且多元话语方能够对其进行相同的解码或释义。也就是说，多元话语方应拥有共同、唯一的评价标准以及共同、唯一的认知方式。只有在这个"确定的前提"之下，无数话语才能在同一个认识层面中互动；多元对话才是完全建立在客观基础之上的平等对称的交流；多元话语主体之间才能达成真正的理解与互通。反之，如果多元话语主体各自怀揣不同的理念与价值标准，那么，他们之间讨论的"事实"则不再是那个客观的"给定实在"，而是各自理念和价值标准中的"主观实在"，而多元话语之间的互动与博弈也就变成了不同价值标准之间

的争辩，而不再是"事实"的对话。因此可见，实证主义理论下，关于公共舆论多元话语是"给定实在"之间的对话的结论，务必建立在苛刻的前提之下。

反观现实，现实世界的公共舆论空间并未完全符合给定实在论的这种理想推断。其一，多元话语主体之间的共同、唯一评价标准与认知方式只是一种理想主义状态。世界上没有完全相同的人，亦没有完全相同的价值观。由于知识背景、过往经验等差异，多元话语主体之间无法拥有完全相同的观察世界、解读世界以及评价世界的能力。于是，客观事实在不同价值观与认知方式的阐释过程中披上了不同的外衣，这也就使多元话语之间纯粹"给定实在"的对话变成了以自我价值观为基础的"给定实在"的对话。其二，由于新媒体的介入，使更多话语方进入公共舆论空间，他们拥有不同的理念、目标、希冀与境遇，使他们在参与公共舆论互动时携带各种主观的情绪、经验、情怀，甚至是目的。于是，公共舆论空间中的对话不再是纯粹追寻"真相"的互动，同时掺杂了主观意识下的一些愿望。源于以上两点，实证主义"给定实在论"如果想要客观化、精准化的解释公共舆论多元话语，需要对太多主观内容进行无差别界定，这是非常艰难的。那么如此看来，如果公共舆论之间的对话并非是"给定实在"之间的对话，是否会是一种"主观意识"之间的对话呢？

二、诠释社会学立场下的公共舆论多元话语

作为诠释社会学的创立者，韦伯强调社会现象是由社会成员通过有意识的行动建构起来的，因此要理解社会现象就必须将其还原为建构了它们的那些意向性的个体行动，通过对其主观意向及其过程的诠释来达到对社会现象的理解。我们发现，诠释社会学强调主观意向在社会现象中的重要地位，那么，诠释社会学似乎又将在揭示公共舆论多元话语的意涵中起到重要作用。

韦伯、舒茨、布鲁默等所提倡的诠释主义认为，各种社会现象本质上都不过是人们意向行动的产物而已。英国学者哈拉兰博斯认为："社会世界是一个意义世界，在意义的背后没有客观现实"。那么，根据诠释主义社会学的理论，有关对公共事件的观察、解读与评价实则是多元话语主体的意向产物，它依赖于人们的主观理解，取决于人们自身价值观与意义范畴的主观认定。这与

实证主义眼中的公共舆论多元话语完全不同，它们不再是客观事实的再现，而是将意义的地位本质化。在这样的理论体系下，公共舆论空间中的对话，不过是话语方"主观意识"之间的交流。话语方根据自身的主观经验、情绪、目的等构建起自己的"意义世界"，并在公共舆论空间中与他人的"意义世界"进行交融与碰撞。因此，多元话语之间的交锋不再是"给定实在"的对话，而是一种"主观意识"的对话。那么，公共舆论空间应该被描述为一种"意义空间"，是不同价值观、不同意义的集合，多元话语背后没有客观事实，多元话语只是多元的价值观与多元的认知方式。这种社会学分析模式似乎弥补了实证主义对公共舆论研究的缺陷，看起来更加适合描述公共舆论多元话语的本质图景。

然而，人的主观意识存在于大脑之中，复杂至极，如果公共舆论空间中的多元对话仅仅是主观意识之间的对话，背后不存在任何客观世界中的"给定实在"，那么，公共舆论空间存在的意义何在？人们天马行空的交流自身的主观意识而脱离事件本身，舆论空间中的社会慎议功能如何呈现？另外，对于个体主观意识的研究是否能够真正科学？因为根据诠释主义社会学的理论，对于个体主观意识的研究是否只是研究者自己的主观意识体现？不同研究者依据或制定的评价标准不同、概念界定不同、认知逻辑不同，所得到的研究结果亦不相同。因此，诠释主义社会学下的公共舆论多元话语研究一定具有多变性与异质性。

综上所述，我们发现，彻底抛开"意义世界"谈"给定实在"，或是不谈"给定实在"只谈"意义世界"，对于公共舆论多元话语的研究而言都具有一定缺陷。因此，要研究公共舆论多元话语还需要探寻其他理论模式作为其研究的理论基础。

三、后现代思潮中的公共舆论多元话语分析

后现代社会学思潮的到来，为公共舆论多元话语的研究提供了似乎更加贴切的释义。后现代主义者们普遍认为，作为我们感觉、意识和言说对象的那些事物，并非是"纯粹、自然、给定"的实在，而是一种"符号、话语、文本

性"的实在，是由我们所采用的语言符号建构起来的。也就是说，无论是社会结构、社会事件，还是我们的感觉和意识，都不是一种给定性的实在，而是人们在一定话语系统地约束与指引下对自身社会生活经验的一种话语建构。这种理论模式，称之为"话语分析模式"。

后现代思潮中的"话语分析模式"强调，不论是外部的纯粹的"给定实在"，还是内部的人类的"主观意识"，其实都是由一定的话语系统建构起来的。不再有独立于意识之外的"给定实在"，也没有独立于客观事物的"主观意识"。话语分析把两者统一在一起，用"话语"作为其本质，它是人们结合了客观实在与主观意识之后，建构起来的符号化形式。就像德国社会学者加达默尔认为的那样，"能被理解的东西只是语言"而已，我们社会世界中的任何信息都是一种"语言的构成物"。后现代主义代表人物福柯也认为"话语不是关于对象的，更确切地说，倒是话语构成了对象"。的确，我们的客观世界只有经过特定的语言符号的构造作用才能成为我们感觉、意识和言说的对象。

在这种理论基础上，分析公共舆论多元话语具有了更加实际的借鉴意义。根据话语分析模式的社会学意涵，公共舆论空间中的多方话语乃是依赖自身实际（包括经验、情绪、目的等），运用特定的概念、陈述、修辞和本文形成的语言段落，从而构建出的一种事实或观点。这个事实或观点并非"给定实在"，而是多元话语方在自身复杂的主观系统作用下所产生的一种"话语实在"，是话语方在客观事实的基础上，依据主观意识与表达目的所构建的一种"事实"。可以说，公共舆论空间中的对话是众多"话语文本"之间的对话，是众多"修辞"之间的对话，是多种"叙事结构"之间的对话。

这种"话语分析"的思维方式对公共舆论多元话语的解释似乎更有说服力。原因有以下几点：

其一，不单纯强调"客观实在"或是"意义世界"，而是一种话语。

在多元话语分析中，舆论空间中的信息被看作是一种在特定话语系统约束之下，多方话语主体对舆论事件进行符号或话语建构的产物。它既不能像实证主义理论强调的那样，把舆论话语当作客观事实，对其直接进行研究就可以判断为结论；也不能像诠释主义理论强调的那样，仅仅通过话语方的主观意识来把握理解这一舆论现象；而是期望通过话语构建的过程以及话语中所携带的意义来了解舆论事实。

其二，这种多元话语分析模式承认了社会现象的多元构成。

多元话语分析模式用"话语建构"来看待社会现象，那么，每一个文本实际上只不过是不同的人对客观存在的社会现象的一种再现。根据不同的价值观，公共舆论空间中将会呈现不同的信息版本。从实质上来看，每一段"文本"都有其身后的价值标准作为支撑，并无对错之分，这些"文本"或者说"话语"都是从不同侧面、不同认识路线下对客观事件的表达，这非常符合社会慎议功能的前提。的确，探寻哪一方话语系统构建出来的才是更加真实的事实变得毫无意义，因为多元话语分析本就没有唯一的答案，这种分析思路承认社会事件的多角度、多维度、多意义，是使社会事件全面、立体、完整展现的理论支撑。

其三，多元话语分析模式为"合意空间"的达成提供良好理论基础。

社会现象的这种话语建构性质，承认多种思路下对同一事件的不同认知，这种开放式的理论体系，包容性极强，也将使人们在这种开放、多元的观念下逐步意识到自己所属的话语体系的局限性，从而促成公众主动对社会现象产生多角度的理解，以及对他人话语世界的认可，从而拓展和丰富人们的视界，改变人们对事物的偏执态度，实现不同话语世界之间的相互沟通、和谐共存，最后为多元话语进入合意空间提供良好的理论基础。

综上所述，将公共舆论置于后现代主义的多元话语分析模式之下发现，公共舆论之间的对话，实则是多元"话语"之间的碰撞，是多元话语方用"话语建构"的方式进行的对话。在这样的理论前提之下，研究多方的"话语体系"即可形成对公共舆论场域的分析。这将对后续的研究——公共舆论场域中三元价值圈的提出、公共舆论中多元话语的互动本质以及合意空间的达成途径，最终形成公共舆论多元话语互动模型均具有重要的前期理论铺垫作用。

第二节　公共舆论空间"三元价值话语圈"的提出

本节以"意义与价值"作为公共舆论空间中多元话语的划分标准，认为多方话语中携带的"意义与价值"是更深一层的驱动力量，并且在整个舆论空间的互动与博弈过程中起到重要的构建作用。通过分析多元话语主体的价值趋向与"叙事结构"，提出"三元价值话语圈"概念。

新媒体时代促使公共舆论空间形成了多元化的发展趋势，"去精英化"已经成为目前公共舆论空间的主要特征。多级、多层、多方话语在舆论空间中逐步拥有了势均力敌的话语引导力，而这些话语在互动与博弈中亦逐渐形成社会议题与新的排序结果。基于公共舆论空间是进行社会慎议的重要平台，对其互动机制的研究将具有重要的社会意义。国内学者多用"舆论场"来描绘多元话语的场域环境。那么在这个"舆论场"中究竟有多少方舆论话语在互动撕扯呢？捋清"多元话语"中的"元"，或者说，厘清多元话语方的划分方式，将对理性合意空间的形成提供最基本的研究基础。

一、"意义与价值"：社会学后现代主义思潮中舆论场研究的新思考

（一）传统舆论场的研究特征

目前来看，我国学术界对于舆论场中"元"的划分大致有以下两类：第一类，两大舆论场。我国知名学者、前新华社总编辑南振中认为公共舆论场中，"一个是老百姓的口头舆论场，一个是媒体着力营造的舆论场"。我国知名学者童兵在其文章中也提到"中国已经形成官方舆论场和坊间舆论场两个相互制约又相互促进的舆论新格局"。随着新媒体的普及，两大舆论场的涵盖也在不断发生着变化。我国知名学者、人民网舆情监测室秘书长祝华新认为，两大舆论场是"以党报、国家通讯社、国家电视台组成的官方舆论场和互联网尤其

是微博构成的民间舆论场"。总之，两大舆论场的基本观点认为，多元话语方主要有两元，即官方与民间。第二类，三大舆论场。知名学者刘九洲等把我国舆论场划分为三个："一是政府舆论场，即体现党和政府意志的舆论场；二是媒体舆论场，在这个舆论场中，媒体既反映党和政府的路线方针政策，又表达民情民意；三是民众舆论场，它通常是民众从自身利益、情感和意愿出发而形成的舆论场。"三大舆论场的提出使"元"的划分更加丰富。

我们发现，我国学者对"舆论场"划分的研究主要从媒介结构与社会功能出发，从宏观的角度对舆论场中的多元话语方进行归纳与总结。如：将政府与党媒归纳为官方舆论场，将民间的口头传播与新媒体、自媒体传播归纳为民间舆论场等，这种划分基本都是从传播职能、社会结构出发，将其主显特征作为划分的主要依据，研究他们的舆论传播，强调"引导力"的积极作用，"引导力"竞争是几大舆论场或者说几大话语方之间的互动本质。因此，"舆论"与"引导力"成为学术界研究的关键结合点，在知网中搜索"舆论"，其相关词最多的便是"舆论引导"。将舆论场进行这种宏观划分的好处在于：其一，便于各职能机构了解自身特征与本质职能；其二，因官方舆论场和媒体舆论场是相对独立且完整的传播单元，因此，对于研究它们的舆论引导力提升策略以使其成为信息的"初级界定者"显得更加便利。

舆论场是多元话语方营造的舆论环境，所以按照舆论场的划分方式，我们可以把多元话语方亦归纳为官方话语、媒体话语、民间话语等，这种多元话语的界定更加偏重于强调话语方的社会结构，以社会结构层次作为研究其传播目标、言说特征以及行为方式的重要维度。那么，如果从更加微观的视角来考察多方话语，我们发现，他们的话语、观念、意见的碰撞点似乎并不直接来源于社会结构层次，那么这种划分实际上就并未实现本质属性上的区分。另外，这个体系中民间话语的涵盖过于广泛，如果说官方话语和媒体话语尚且各自具有大致趋同的价值观、传播目标和言说方式，那么民间话语则显得复杂多变，我们不能将民间话语统一而论，这个群体庞大且无序，不能以一种或几种特性就以偏概全。因此可见，这种划分机制，便于从各自舆论场下手进行分别研究，而不便于将多元话语构成的公共舆论场考虑为 个庞人的整体，并进行互动本质与博弈机制的研究。于是，我们想到，是否有一种新的划分方式，移除社会结构层次的限制，从另一个角度诠释舆论场中对"元"的界定，以达到创新研究的需求。

（二）社会学后现代主义思潮中的新思考

社会学后现代主义思潮的观点为这种设想提供了灵感与理论基础。后现代主义者们普遍认为，作为我们感觉、意识和言说对象的那些事物，并非是"纯粹、自然、给定"的实在，而是一种"符号、话语、文本性"的实在，是由我们所采用的语言符号建构起来的。也就是说，无论是社会结构、社会事件，还是我们的感觉和意识，都不是一种给定性的实在，而是人们在一定话语系统地约束与指引下对自身社会生活体验的一种话语建构。那么，将公共舆论置于后现代主义的"话语分析"模式之下，我们发现公共舆论之间的对话，并不再是"给定实在"之间的对话，而变成了多元"话语"之间的对话，是裹挟着话语方主观意识的一种"话语建构"，是一种"叙事结构"之间的对话。

那么，这种"话语建构"的核心是什么呢？本文认为"意义与价值"在这其中起到了至关重要的作用。我们把"话语"剥开，它实际上是由两个部分构成，其外在表达为"叙事结构"，抑或称之为"修辞"，即通过叙事手段、叙事修辞进行言说的话语方式；而其内在核心则是"意义与价值"，即蕴含在话语之中的精神内容与评价标准。可见，"话语建构"实则是话语方"意义与价值"的集中体现。

综合以上观点，我们可以将公共舆论之间的对话看作是一种"话语建构"，是不同"意义与价值"之间的互动与博弈。如果我们从公共舆论对话的这种本质出发，是否可以将"意义与价值"所表现出的不同价值趋向作为划分多元话语中"元"的依据与标准呢？如此我们便可以从微观的角度、从话语意义的角度来对舆论场中的多元话语进行全新的划分。与传统舆论场"引导力"竞争的本质观不同，这种划分方式更加强调"叙事版本"或"修辞"之间的竞争，多方话语中携带的"意义与价值"将变成更深一层的驱动力量，并且在整个舆论空间的互动与博弈过程中起到重要的构建作用。

二、"叙事结构"：话语中意义与价值的载体

在上述理念的指导之下，如果我们对多元话语中携带的"意义与价值"进行深入分析与归纳，将其在本质上区分开来，即可形成一种基于"意义与价值"的舆论场划分方式。那么，研究话语中"意义与价值"的载体——叙事结构，将是重要一步。

美国学者阿瑟伯杰认为，叙事是人们通过自我意识、过往经验等，组织现实事件的基本方式，"人们可以通过叙事理解世界，也可以通过叙事讲述世界"。这种叙事应有两个组成部分，其一是故事本身，是叙事的素材；其二是讲述方式，是素材的筛选与修辞。也就是说叙事是通过素材的不同拼接或修辞方式的运用，将其所携带的"意义与价值"融入故事之中的。多元话语方就是通过不同的"叙事结构"表达不同的"意义与价值"，从而形成多元话语。因此，考量叙事结构将是深析"意义与价值"的基础。

2019年4月11日，陕西省西安市发生了奔驰漏油车主坐引擎盖维权的事件，各方主流媒体与部分自媒体的联合播报使大量事件细节浮出水面，多方话语在公共舆论空间中流动，全网舆情总量高达214万条。在此期间，大量观点与标签多元化呈现，如"店大欺客""维权难""花式维权""女研究生"等，从不同角度、不同层面对事件进行了评判与诠释。本文将抽取多元话语中的三个片段，通过剖析其"叙事结构"，分析各方话语中所表达出的"意义与价值"。

叙事一：

4月13日北京梅赛德斯-奔驰销售服务有限公司发表了第一份声明，声明中写道：

自近期获悉客户的不愉快经历以来，我司高度重视，并立即展开对此事的深入调查以尽可能详尽了解相关细节。无论怎样，我们都为客户的经历深表歉意，这背离了梅赛德斯-奔驰品牌坚持的准则。我们已派专门工作小组前往西安，将尽快与客户预约时间以直接沟通，力求在合理的基础上达成多方满意的解决方案。

通过该段文字，我们获得了危机主体眼中的事件认知：第一，本次事件定性为"不愉快的"消费经历，并非特殊事件抑或是危机事件；第二，危机主体在积极行动以求解决问题，文本用"高度重视""立即""深入调查"等词形容其主体行动，并通过极其肯定的陈述语气表明行动的真实性；第三，此次事件并非危机主体全责，但是"无论怎样"，危机主体依然"深表歉意"，意在引起同情与谅解，并表明其已经做到了足够的退让；第四，危机主体将乐于促使解决方案的成形，但依然取决于对方的意见和态度；第五，解决方案必将是己方认定"合理"的范畴，对方提出的不合理要求，危机主体将不予回应。整个叙事通过语言的修辞与事实素材的筛选，回避了激烈的维权过程与自身产品缺陷的本质问题，凸显了自身的努力、退让与利益要求。得失心在其"叙事结构"中含蓄表达。

叙事二：

4月19日，《人民日报》发表文章《打造健康有序的消费环境》，在对事件的缘由进行简要回顾时写道：

一位女士在奔驰4S店购买的一台新车，还没出店就出现发动机漏油的问题。在多次交涉却被告知不退款不换车、只能更换发动机后，被逼无奈的车主只好以哭闹的方式维权。事件发酵后，当地市场监管部门及时介入，奔驰公司也派出工作组进行调查。

该段叙事为我们展开了更多细节：第一，事件起因是购买新车未出店就发生了质量问题，一句话简单明了，细节颇多，字里行间明确了责任归属；第二，失态维权的原因为"多次交涉"失败，"被逼无奈"维权，这两个词的连续运用强化了当事人的无奈。但"只好"一词表明这种"哭闹"的维权方式确不得体；第三，危机主体因"事件发酵"，也已经开始为解决问题而行动。整个文本字数极少，但是非观明确。运用肯定陈述句表达信息的权威性，并通过多个因果关系复句，将事件的因果是非呈现到读者面前，为后文"打造健康有序的消费环境"的观点奠定是非基调。

叙事三：

4月14日，光明网评论员发表文章《谁也不愿自己是"哭诉维权"的车主》

一文中有如下段落：

车主算是"车闹"吗？引擎盖上讲道理，靠高分贝维权，且直言"不要脸了"，确实有"闹"的形式；不过，她言必称"您"、言必称"大哥"，就事论事、很讲道理，说到心酸处落下弱者的眼泪，这还算是"闹"吗？

该段文本选择了维权的细节进行叙事的组织，直接表达对"失态维权"的态度：第一，肯定了车闹的形式，在是非观上虽然情有可原，但是"高分贝""直言不要脸""坐车盖"等方式的确不值得提倡。第二，一个"不过"，反转了意义，通过"言必称您""就事论事""很讲道理"等叙事素材证明话语方的直接态度，这只是形式上的"闹"，并非真的在"闹"。其中，一个关键词"弱者"二字为叙事奠定了明显的善恶基调，在道德高地上，弱者是被同情与支持的。另外，文本使用了一次设问、一次反问，用感性的、煽情的方式强烈表达了对事件的评价与意义偏向。

通过上述三段叙事的分析，印证了前文的阐述，面对同一社会事件，多元话语方通过"叙事结构"，即素材的筛选与修辞的运用，表达着我方观点，传递着我方的"意义与价值"。公共舆论空间中多元话语的对话竞争，实则是"意义与价值"的碰撞，是"叙事结构""叙事版本"之间的竞争。那么，通过对多元话语"叙事结构"的分析，即可得到"意义与价值"的归纳。

三、"三元价值话语圈"：基于意义与价值的舆论场划分

为了找到适当的词汇来描绘多元的"意义与价值"，本文试图从人类对世界的基本评判方式入手，将结构主义的二元对立思想引入研究。法国语言学家格雷马斯认为人类思维的基本方式就是二元对立，世界在根本上是以二元对立的方式被建构起来的。从上述叙事中我们也发现，文本中蕴含着大量是非观念、善恶主张以及得失心态。这里的"是非""善恶""得失"便是典型的二元对立词，它们是人类认识世界、理解世界、评判世界的基本价值思路。那么，我们是否可以采用这三对词语作为区别不同"意义与价值"范畴的维度呢？

首先，明确三对二元对立词所代表的意义与价值圈。

所谓"是非"，即事理的对与错，正确与谬误。《礼记·曲礼上》云："夫礼者，所以定亲疏，决嫌疑，别同异，明是非也。"是非观念，是人类认识世界最基础的思维路线。在公共舆论话语空间中的"是非话语"是将事件的对错放在首位来思考的叙事方式。这类话语经常评价谁是谁非，讲究前因后果，强调厘清人、事之间的复杂关系，重视解决方案与最终结果；这类话语多引用法律、政策等进行理性判断，不掺杂个人情感；客观性是这类话语的追求目标。

所谓"善恶"，顺理为善，违理为恶。此"理"可理解为道德。如果说"是非"以法度为评判标准，那么"善恶"则以道德为价值标杆。善恶主张是人类用情感考量世界的思维路线。在公共舆论话语空间中的"善恶话语"是将事件的道德与情感放在首位来思考的叙事方式。这类话语经常评价谁好谁坏，强调诚实、尊严、人性；这类话语往往看重人物的身份，弱者、弱势群体是这类话语关注和偏重的对象；多站在道德高地进行感性判断，主观意识较强，情绪化是这类话语修辞的主要特点。

所谓"得失"，即名利的得到与失去。陶渊明的《祭从弟敬远文》曰："心遗得失，情不依世。"得失心，是人类小我世界中的最初思维路线，是人类自我保护的群体记忆。在公共舆论话语空间中的"得失话语"是将事件对自身利益的影响放在首位来思考的叙事方式。这类话语往往抛除道德与法度，率先思考小我利益，强调如何叙事才能维持自身利益、形象等；这类话语较多应用修辞手段，通过弱化某些信息等方式达到满足自身利益的目的，是目的性最强的一类话语；因较为重视小我利益，眼界格局往往受到桎梏。

可见，以上三对二元对立词表达的思维顺序不同，具有明显的本质区别，其各自的话语也具有典型的叙事特征。因此，我们将"是非""善恶""得失"作为多方话语"意义与价值"的维度。本研究通过搜集和分析大量公共事件中的多元话语文本发现，大部分话语均可依此标准分堆处理。

至此，"三元价值话语圈"的概念基本成型。依据多元话语方对是非、善恶、得失的价值要素排序不同，我们可以将公共舆论空间中的话语分为："是非话语""善恶话语""得失话语"，三方话语各自形成"理性–意义与价值圈""道德–意义与价值圈""小我–意义与价值圈"。这些话语由于本质思维方式、价值观念和意义趋向不同，因此相互说服、相互博弈，意图用自己的思维方式、价值观念和意义趋向同化对方，于是，公共舆论多元话语的互动图景由此呈现。

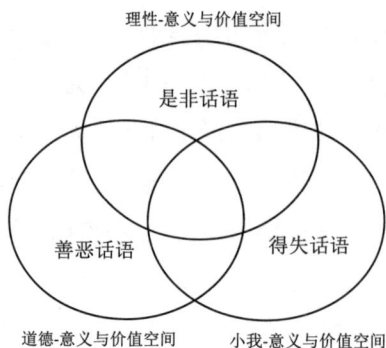

图4-1：三元价值话语圈

"三元价值话语圈"的提出具有一定的创新意义，这种划分舆论场的方式摒弃了社会结构层次的局限，将"意义与价值"作为划分舆论话语的依据与标准，三大意义与价值空间相互交织，相互撕扯，不断为社会慎议提供多元化的价值评估与意义考量，这种划分方式对于公共舆论空间的创新研究必将起到一定的积极意义。

其一，将心理学与修辞学纳入到舆论管理的研究领域。从宏观上的舆论场划分角度来看，传播学、舆论学、新闻学对其引导力的提升策略具有重要意义；而从微观上的"意义与价值"划分上来看，因"三元价值话语圈"的研究更多深究话语方的精神世界、传播意图、言说特性，因此，心理学、修辞学将对舆论研究产生重要影响。这种多领域、多学科交叉的分析将带来更多的思路与理念，为策略研究提供更为广阔的视域角度。

其二，突破社会结构的限制，将"意义与价值"作为连接各级话语方的纽带。本文认为"意义与价值"是公共舆论空间多元话语构建中的深层次驱动力量。研究多元话语方的"意义与价值"使各个话语方的意义空间更加明确、价值判断排序更加清晰，可以从较深的心理层面、意义层面对其外在"话语"进行解析，从本质上认知该多元话语方的言说目的及其行为仪式特征。这种划分方式使每个话语方都将被贴上"意义本质"的标签，使公共舆论场的现实图景以"意义本质"的方式清晰呈现。

其三，通过"意义与价值"的结合点使整个舆论场纳入到共同的互动博弈模型之中。传统划分方式由于每方话语的复杂性，使其研究便于分别对每个舆论场进行深入剖析，而"三元价值话语圈"的提出，使整个多方舆论场以"意义与价值"作为了共同维度，多方话语以"意义与价值"为研究单元，使其共同纳入到同一个互动博弈模型中，为合意空间的达成途径提供前提基础。该模型是该课题研究的核心内容，它是在"三大价值话语圈"的界定和价值趋向的描述基础上产生的。期望通过此项研究，促进公共事件讨论的理性空间形成，维护社会舆论的稳定与平和，加强主流价值观的话语构建能力。

第三节　公共舆论多元话语的互动机制

本节通过对公共舆论多元话语博弈与互动模型的建构，提出"三元价值话语圈"交织的现实图景下，多元话语方之间非理性博弈与理性互动的本质差异与形成机制，强调"意义与价值"交集的重要性，在此基础上，获得有利于民主慎议过程的公共舆论"合意空间"的达成途径。

新媒体时代下的多元话语环境非常复杂，各方话语常常带有强烈的负面情绪或狂欢的无畏，使多元话语的激烈争论变得缺少理性与理智。这样的对话环境很难使议题进入民主慎议的过程。因此，研究如何使多元话语进入"合意空间"变得至关重要，即如何进入理性对话的公共舆论空间，使意见的交换更加智慧、更加平稳，从而形成有利于社会发展的观点与态度。本文通过对公共舆论多元话语互动模式的建构，提出多元话语互动与博弈的本质，在此基础上，获得多元话语互动模式下"合意空间"的达成途径。

一、"三元价值话语圈"交织的现实图景

"三元价值话语圈"的提出是社会学后现代主义思潮中"多元话语分析"模式的理论产物。多元话语理论结构认为，无论是社会结构、社会事件，还是

我们的感觉和意识，都不是一种给定性的实在，而是人们在一定话语系统地约束与指引下对自身社会生活体验的一种话语建构。因此，将公共舆论置于后现代主义的"话语分析"模式之下，我们发现公共舆论之间的对话，并不再是"给定实在"的对话，而变成了多元"话语"之间的对话，是裹挟着话语方主观意识的一种"话语建构"，是一种"叙事结构"之间的对话。就如法国学者德里达认为的那样，"文本之外别无他物（There is nothing outside of the text）"。在这种理念之下，公共舆论研究的最小单元应是"文本"或"话语"。它们在公共舆论的运转体系中具有极其重要的地位。

因此，本项研究选择了大量公共舆情事件，对事件中的政府公文、媒体报道、自媒体言论、社区评论等大量"本文""话语"进行了分析与整理，将其中蕴含的"意义与价值"作为分析的重要维度，并选择了三对二元对立词"是非""善恶""得失"，作为各方话语中价值要素排序的重要标签。最后，依据"意义与价值"的维度把公共舆论空间中的话语分为了三类，即："是非话语""善恶话语""得失话语"，相应的，三方话语各自形成"理性-意义与价值圈""道德-意义与价值圈""小我-意义与价值圈"。各价值圈的话语主体思考事件的思维路线具有本质不同，对事件的态度与看法亦怀揣不同的"意义与价值"标准。

其一，"理性-意义与价值圈"将"是非"作为思考事件的第一路线，这类话语重视对与错，用理性冷静的思维看待事件，分析事件的复杂关系、前因后果，很少掺杂个人情感，也不会偏向"弱者"，只依据法律、政策等进行是非判断，多见于传统媒体话语方中的客观报道、民间的部分理性派、学术派舆论领袖或普通发声者。其二，"道德-意义与价值圈"是将"善恶"作为思考事件的第一路线，将道德与情感放在理性之上，用话语捍卫"人性""强弱""尊严"等高地，往往将理性话语视为冷漠、强势、不顾人情味的存在，而善于用感性、柔软的情感去理解事件，关注弱势群体，主观意识非常浓重，多见于自媒体发声者或社区的匿名评论者，过往生活体验对其影响巨大，也见于部分网络媒体与传统媒体，该话语圈是造就"媒介审判"的主要力量。其三，"小我-意义与价值圈"是将"得失"作为思考事件的第一路线，这类话语将小我的利益得失放在首要位置来思考，通常有两种表现形式，一种作为相关利益方时善于运用修辞技巧，躲避风险、回避责任，用自我话术解读事件，模糊甚至混淆是非与善恶；另一种作为旁观者，因其小我价值观的影响，对事件不做实质性评价，仅以"看热闹"的心态"围观起哄"，其话语没有明显是非观与善恶观，呈现出一种围观的狂欢；这类价值圈话语多见于危机主体的发声话语和评论区中的民间话语。

这"三元价值话语圈"因其本质思维路线、意义标准、价值趋向不同，在舆论空间中一经碰撞便展开激烈的博弈与互动，他们之间的竞争是意义与价值的竞争，是思维路线不同带来的竞争。各价值圈企图用自己的思维方式、意义标准、价值趋向去说服对方、同化对方。扩大自己所在的价值圈是话语主体的言说目的。综上描绘，"三元价值话语圈"相互交织在一起，公共舆论多元话语的博弈与互动图景由此呈现。

二、公共舆论多元话语的博弈与互动机制

在"三元价值话语圈"交织对话的过程中，交锋的激励程度不同，对话的方式亦不相同，为了能够深入细致地进行研究，我们将之界定为"博弈"与"互动"两种对话状态。

博弈，原意本指下棋，是一种双方竞争中策略实施的过程，但从竞争状态来看，博弈有两种涵盖。其一，从广义角度而言，博弈是一种在约束性协议或理性联盟的基础上进行的交替实施策略的过程，虽然双方从各自利益点出发，但其过程理性，是一种合作性博弈；其二，从相对狭义的角度来理解，双方在竞争中并未达成理性协议，彼此间肆意地、激烈地对抗，是一种非合作性的博弈。在本研究的理论体系下，我们将采用狭义的"博弈"概念，用以描绘多元话语主体之间的对抗式对话，旨在强调其激烈性、对抗性、互不相让的话语竞争状态。

互动。从构成词的这两个字来看，"互"意为交替、相互；"动"，有使其起作用，使感情起变化的含义，在日常生活的使用过程中常常用于表达一种积极的状态。因此，本研究中的"互动"一词，可以理解为使彼此之间产生相互作用，产生积极改变的过程。这里的"互动"强调三个关键点：其一，彼此对话，成功交换信息，成为信息共同体；其二，对话之后产生变化，说明彼此信

息中的意义与价值可以共意与互通，成为意义共同体；其三，产生积极效果，能够在意义与价值的互通中寻求共识并探寻解决问题的办法，成为利益共同体。因此，"互动"一词意在描绘多元话语主体之间的合作性、探讨性、理性话语对话状态与理性对话过程。

通过对"博弈"与"互动"的界定过程，我们发现，它们是完全两种不同的对话方式与沟通状态，为何会产生如此大的对话差异？两种对话状态的运行机制为何？显然，"互动"的对话状态是公共舆论空间能够进行民主慎议的前提与基础，那么分析其内在机制就变得至关重要，研究将用多元话语的博弈与互动模型来阐释其内在的运行机制。

图4-2为多元话语博弈与互动的假设模型。"是非话语""善恶话语""得失话语"因其价值排序不同分别形成了"理性-意义与价值圈""道德-意义与价值圈""小我-意义与价值圈""三元话语价值圈"交织成为公共舆论空间。多方话语所拥有的不同"意义与价值"在公共舆论空间中或互相碰撞，或互相交融，处于不同位置的话语主体，其对话方式存在明显差异。

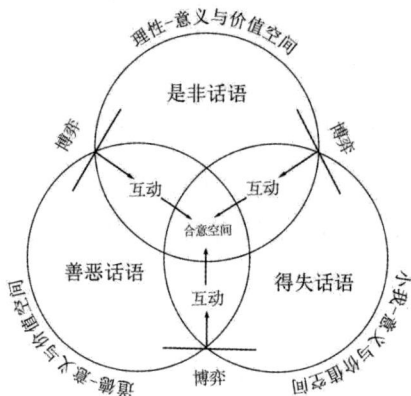

图4-2：多元话语博弈与互动模式图

（一）博弈：话语竞争的开始

当不同"意义与价值圈"的话语主体相遇后，如两者并无"意义与价值"的交集，那么，因思考事件的第一路线不同，无法立即解码对方的意义空间，自身的主观意识屏障便会成为这一阶段解码的主要噪音。由于话语双方无法快速完成信息互通或达成共识，于是首先进入了无倾听的"博弈"阶段。

这一阶段的对话机制有三个重要过程。其一，对抗式的意见表达。双方由"意义与价值"构建起来话语体系在公共舆论空间中相遇后，立刻就各自思维路线、意义标准、价值趋向等异化的部分进行激烈的意见表达，极力强化自我见解。因"意义与价值"没有交集、缺乏共识，还无法形成理性对话，"对抗"是这一阶段的典型特征。其二，说服式的修辞运用。由于话语双方在这一阶段以说服为目的，以期用自己的意义标准与价值趋向去同化对方，所以在此过程中，各种修辞手段的积极运用成为这一阶段话语本文的主要特色。如：对事实片段的"筛选"、对表意形容词的"运用"、对句式句态的"组合"、对逻辑结构的"关联"，甚至是对事实的"改变"，都用以建构自己的话语本文，成为典型的"叙事结构"。其三，陷入非理性的"零和博弈"。由于对抗式的心理状态，使各方话语把主要精力集中在自我编码的过程，而忽略甚至是放弃对对方信息的解码过程，事件停留在"意义与价值"的撕扯中而无实质性进展，这是一种非理性的竞争。这种沟通方式，并不能对事件的解决与理性化商讨有实质性作用，对公共舆论空间中的民主慎议毫无帮助，甚至容易形成道德压制与司法绑架等现象。综上所述，这种"博弈"现象的关键点就在于对话双方一开始便没有"意义与价值"的任何交集，话语双方无法形成意义与利益的"共同体"，于是只能陷入无意义的争辩。

（二）互动：商讨式对话的出现

那么，如果多元话语主体之间拥有了部分"意义与价值"的交集，情况将大不相同。当多元话语方的话语体系相遇后，如双方有部分"意义空间"的交集，他们将率先就这些趋同的部分进行解码，达成初步的理解与互通，从而在一定程度上消解强烈的对抗情绪，促使双方在理性的商讨中进入积极、有效的互动。

这一阶段的对话机制亦有三个重要过程。其一，寻找认同。因多元话语方之间拥有部分"意义与价值"的交集，话语双方在进行信息互通时，便能够对这部分内容进行比较充分与精确的解码，双方能够迅速在相交的"意义空间"中寻找共识，并产生一种重要的心理机制，即"共情"，继而在极大程度上缓解了由于观念不同而产生的对抗性情绪，这是进入有效对话的情绪基础。其二，观点渗透。有了"意义与价值"的部分交集，使话语双方在对话之初便有了共同的起点，他们站在相同的意义起点上开始重新编码，来表达相互的理解或其他不同的观念。由于思维起点的重新确立，使他们的思维路线亦产生相应的变化，对彼此间观念的内化也随之有了更好的心理铺垫与心理环境。于是，不同的意义在相同的起点上开始进行有效渗透，使得"意义与价值"空间随之扩大，交集越多，解码越简单，共情越浓烈，逐渐形成良性循环。其三，进入"双赢型-非零和博弈"。由于对抗式情绪的消解，使对话中非理性成分逐渐减弱，对话双方开始把关注的焦点放置在意见的交换与差异的沟通之上，这种专注于事件或观点讨论的对话显得理性且有效，我们称之为"双赢型-非零和博弈"过程，即在理性互动中，双方可以增长见识、加深理解、增强民主慎议功能，是一种双赢的互动形式，是进入民主慎议的前提。

综上所述，"互动"是积极、有效地进行民主慎议的基础，而"意义与价值"的交集越大，多元话语进入理性互动空间的可能性越大。因此，"交集"的确立有着重要作用。这种交集的产生一般有两种情况，一种是多元话语方本就有着"意义空间"的交叉，他们在某些问题上持有较为一致的态度；另一种情况是多元话语方在激烈的、非理性的"博弈"中，强势一方的修辞技巧、言说方式、传播策略有效地说服了弱势的一方，使其"意义与价值"逐步产生交集，从而使对话从一种对抗式逐渐转变为理性的商讨。

三、多元话语互动模式下"合意空间"的达成

我国学者胡百精认为，"意见竞争成为这个时代最大的景观，意见竞争既是问题，也包含着解决问题的答案"。可见，多元话语舆论空间中的互相撕扯是时代的产物、是客观的必然，而从非理性的博弈到理性的互动，直至"合意空间"的达成，是这个意见竞争大景观之下理性解决问题的关键。

我国学者胡百精在其著作《危机传播管理》中将"合意空间"这样定义："合意空间是以各方意见的最大公约数为基石砌造的，并不要求各方意见完全一致，各方欲望完美对接，它承认、容纳和珍惜意见的多样性。""合意空间"

并非强调意见统一，而是一个能够进行理性对话的公共舆论空间，而多方话语的理性"互动"式对话则是"合意空间"达成的重要前提。

正如前面阐述，"合意空间"的达成来源于理性"互动"，而理性"互动"的基础为"意义与价值"空间的交集，多元话语之间的对话从"零和博弈"到"双赢型-非零和博弈"再到"合意对话"，就是一个"意义与价值"空间逐渐渗透交叉的过程，交集越多，越有利于问题的解决。因此，"意义与价值"的交集是搭建"合意空间"的基本柱石。营造"合意空间"的根本乃意义与价值"共同体"的塑造过程，从而最终实现理性且充分的民主慎议。可见，政策话语、媒体话语、危机主体话语应如何实施言说技巧、传播策略，以使自我话语能够充分与意义竞争者话语相交，应是策略研究的关键。

第五章　多元话语视角下的微博舆论治理

第一节　多元话语视角下的微博传播

随着网络技术和智能手机的普及，中国已进入一个人人可为传播者的全民传播时代。民众传播的兴起，又构成了一道新的文化风景线。微博传播的勃兴，体现了人类的传播天性，使人们的表现欲望、伦理关切和政治情怀得到了释放。

一、微博传播的多重面向

微博的出现使信息的书写和沟通更加随意、率性。微博开通的多种登录方式，使用户可以通过手机等各种客户端来更新个人信息，打破了更新周期过长的缺陷，且表达形式越来越多样化，用户可以随意地选择喜欢的方式表达自己。微博逐渐演变为影响全局的社会文化现象。有学者认为，对微博怎么重视都不为过。

（一）微博传播体现了民众强烈的表现冲动

人类具有传播的天性，微博合乎人的这一天性，使民众的表现欲望得到空前释放。

马斯洛开启了心理学领域的第三思潮，将人的行为划分为"表现性"行为和"应对性"行为两类。

"表现"不仅"常常是没有动机的",并且"主要取决于机体的状态"的反应,"往往是不受控制甚至是不可控制的"。电子媒介人的传播行为,基本属于"表现"的范畴。微博上没有明显功利动机的传播行为,正是表现冲动的自然流露。

微博传播中的表现冲动是有层次的。有学者将网络文化归纳为创造、共享和保存。电子媒介人是电子内容的"创造"者和时尚的引领者。网络文本生产与传播的主要方式是原创和转帖。原创是某个网民独创的,非抄袭和模仿的特定网络文本。网络原创作品多出现在博客及微博中,围绕着某一特定议题展开。原创内容可以是音频或视频作品。

共享与自由一样,是网络社会的"精神气质"。电子媒介人的微博传播实践,形成非功利色彩浓郁的表现性文化习俗,文化在某种程度上形成传承,影响着下一代网络传播实践者,并影响着他们的父辈乃至祖辈。

(二)微博传播显露了民众浓郁的政治情怀

人类是爱智慧的动物,生而具有追求真理真相的内在冲动。亚里士多德认为,人是天生的政治动物。人类又生而具有追求公平正义的精神需要。

基于对微博等传播现象的考察,澳大利亚人文学院主席格雷姆·特纳主张"重新定义新闻"。伴随着自媒体的全面崛起,"新闻的呈现都与意见的呈现相融合,恢复编辑功能以划分二者边界则少有人问津。存在一种意识,比起貌似伪装的客观性来,公开表明意见是诚挚的策略。意见的吸引力不是可验证的信息的吸引力,通过贴评论和参加讨论的方式来参与在增多"。

微博传播时代,按照特纳教授的建议,新闻的定义也有待重建。过去所谓新闻专业主义或者国际传播巨头标榜的客观报道,在新的历史时期受到了挑战。

有学者主张,民意也是真相。"你无法否认……民情也是真相。真相其实是不一样的,有多种。你不能因为一种真相而完全否认另一种存在"。

民意民情跟事实真相一样值得重视,原因正在于事实真相的难以逼近。问题这样理解:信息爆炸和传播过剩的情况下,会使事件的真相更加扑朔迷离;一定的历史阶段,民意民情却是明确的。真相的难寻,导致信息饥渴和民意纠结;这样的民意竟作为真相的替代物,给追求真相的人极大的诱惑。追寻真相的民意成为填补真空的首选,微博平台上的流言是民意填补真相缺失的体现。

普通民众的政治情怀在微博传播时代得到了空前释放，每个人都可以借助微博平台，对社会热点事件加以关注、发表评论乃至发起行动。微博用户对国际国内重大新闻事件的积极参与，给传统媒体带来巨大的冲击，整个社会经历了心灵的震撼。

（三）微博传播体现着民众急迫的伦理关切

伦理道德是社会得以维系的重要保障。微博的公共领域特性，使其成为人们伦理关切的秀场。

道德实践是社会实践的重要组成部分。人心向善，对伦理道德问题的高度关切也成为微博传播的一大特点。

在传播动机上，个人倾向于掩恶扬善，社会倾向于抑恶扬善。所以，个人常有"好事不出门，坏事传千里"之叹之忧之惧。在传播本体论意义上，个人试图逃避和抵制社会舆论的监督，这种情形大抵以个人的失败告终。

微博平台上，散发温情、传达爱意的帖子，总是得到最大的关注。

已经有越来越多的人认识到，传播中的伦理关切如果过于急迫，难免导致事实被歪曲，对社会的道德气氛造成伤害。微博传播同样如此。

每一个微博传播者，都应擦亮双眼，要具备对现实世界的伦理关切，用理性的分析和冷静的思考来中和满腔的热情和义愤。

（四）微博传播蕴含着民众丰沛的娱乐精神

游戏是成年人的潜在需要。微博的多种展示方式，使其成为民众的娱乐阵地。戏仿乃至恶搞纷纷上演。游戏是人类区别于其他动物的行为特征之一，人是游戏的动物。当人在游戏时，才成为真正的人。

纵观人类发明史，许多科技发明，都是作为愉悦身心的玩具开始流行；进一步用于犯罪和战争，给人类带来混乱和痛苦；经过磨难和反省，再次为人类带来社会福利；人类如果够幸运，工具、凶器和武器会再次成为体育竞技的器材等。

电报和电话发明之初，颇具玩具色彩，确实被人们当作玩具；后用于商业联络；再后来发挥了帮凶的作用；后来回归其联络工具的角色；现在，电子通信工具都成为成人和儿童的玩物了。从论坛灌水所创造的戏仿文化，到今日微博平台上的冷笑话……电子媒介人参与创造了全新的娱乐文化。

（五）微博传播成为投资者实现利益的重要渠道

微博以其高关注度和信息交流的便捷性，成为经营吸引眼球和从事经济活动的舞台。

在微博平台上，企业可以表达企业文化，策划企业营销活动，提升企业或产品的知名度和品牌价值。企业利用意见领袖进行微博营销。企业利用微博进行危机公关，对突发危机事件做出最快速的反应。企业家微博不断助力企业营销，树立企业良好形象。目前，开通新浪微博的企业用户已覆盖22个行业。目前已有143家世界500强企业开通新浪微博。作为新的社交媒体形式，微博的营销群体不再是传统的商业社会力量，更多的微博营销发生在新兴的利益群体，商业源以及个体都加入到了这个阵营当中。微博已成为这种新兴营销的新的驻扎地。

二、微博传播研究的多维视角

（一）关于微博现象的新闻传播学研究

微博的新闻传播学研究是微博研究的大宗。但该领域的研究成果较少被新闻机构和政府部门所采纳，停留在学者们的自娱自乐。

新闻传播学研究关于微博现象，分析其传播主体意识的觉醒程度和传播行为的自觉程度，研究微博用户的媒介素养与其传播的互动关系，指出其存在的问题和应采取的对策，揭示其传播学规律。

我国诸多学者都对微博传播的研究进行了科学的研究与验证，其中：

陶文昭：网络意见领袖分布在中国社会各阶层中，观点反映了社会各方面的意见。

殷俊等：微博能在评论、围观的动态传播中对信息的真伪作出判断，引领话题的发展，改变话题的方向，影响舆论的走向，对我国社会的舆情发生、发展有较大的影响。

景丽研究了政府微博变迁，认为政府微博的出现，使人们对政治信息传播的期望发生了转变。政府微博还处于完善的阶段，必须对传统体制下的政治信息传播模式进行反思与改革。政府对公民基本权利的尊重与保障是优化新型言论场域的良好起点。

杨晓：以微博为代表的自媒体发展迅猛，有恶搞反讽社会现象折射民意型，更多的是突发公共事件发生后信息披露迟缓引发质疑猜测造成的多重再加工型流言。对网络本质认识不清，看客心理毒害网络伦理道德。

微博的新闻传播学研究，可围绕微博传播的特殊规律对传统新闻传播理念的颠覆、微博传播与传统媒体的竞争与互补等方面进行深入开掘。

（二）关于微博传播行为的社会学研究

微博作为社会交往方式和人们的生存方式，存在大量的社会学和社会心理学问题，有一批较有分量的研究成果，未来更可深度开掘。

微博传播行为的社会学研究，旨在分析其传播主体在传播过程中的社会角色和责任意识，研究微博传播的社会氛围和传播者应采取的传播策略，指出其存在的问题和应采取的对策。

单学刚研究了微博生态平衡与自我净化功能，疏通公民现实的政治参与途径，有利于减轻网络舆论关注时政府所承载的社会压力。提出"社会管理创新离不开虚拟社会管理"，面对舆论导向的新格局，提高网络管理能力，可以为党和政府把握社情民意、促进社会和谐做出应有的贡献。

方兴东等：随中国微博的迅速发展，初步具备了社会对话的参与基础。随着微博用户膨胀，网站已经发展成基于公众参与的社情民意表达与沟通平台。

刘畅：微博问政恰与中国所处的微观转型期相吻合，二者有着高度的对应重合性。

唐爱芳：微博作为自媒体新典型代表，成为迅速制止流言传播的最有效渠道。但微博舆论是"双刃剑"，会成为谣言滋生地，易形成"多数暴政"，造成"群体极化"现象。推进网络文明建设，加快微博立法，培养"意见领袖"等"新意见阶层"，掌握"第一时间"法则等显得尤为重要。

汤博为对微博时代的公共利益进行了基于宪法学和创新社会管理机制的思考：微博时代提出了国家依法管理社会的新要求。要保障宪法关于国家尊重和保障公众言论自由、批评与建议权等权利的原则，提高国家维护信息安全流通、商业秘密和国家安全的职责。要适应微博发展带来的信息流通安全的客观情况，防止微博带来的社会管理新问题，畅通、利用微博新媒体表达民意的新渠道，创新网络信息流通的新方法。

张韦全等以社会网络分析方法为基础，应用UCINET软件对微博参政群体进行密度、凝聚子群以及结构洞的挖掘，参政领袖对群体具有更大的影响，子群现象对成员间的交流起着积极作用。

研究涉及微博传播的社会效应、微博的社会动员等，但较为深入的学理分析和实证研究都较欠缺。

（三）关于微博传播行为的政治学研究

微博的政治学研究成果颇丰，但大多停留在现象描述和介绍基本原理，有为数不多的有深度的研究涉及重要的理论问题和敏感的实践话题。

微博的政治学研究是微博研究的热门。研究围绕微博中的公众政治参与、微博中官民互动及管理等方面展开。

邹新：微博政治参与所具有的参与主体的广泛性，参与主体的平等性使其在构建和谐社会中发挥着独特的作用。要充分发挥微博政治参与的积极作用，须加强网络伦理建设，创新社会管理方式。

刘丹丹：微博问政作为公众政治参与的创新路径有着独特的优势，提出了应对当前微博问政困境的对策：让微博问政成为有效补充，微博问政环境下注意将负面信息降至最低。

张琼：集合了信息的快速传播性在推动民众行使自由表达权利的同时，拓宽了政府问政的新渠道。民众话语的弥散与微博场域的失范需要政府担负构建公共能量场的责任，保护公众权利。

朱敏：在中国的政治舆论生态中，政务微博第一次跨越阶层和地域的公共领域，对社会民主政治建设、国家政治系统的运行起着重要作用。政府运用政务微博，只有在心态、行动等方面遵循必要的原则，才能做到政府治理的改善。

褚松燕：微博等自媒体以其开放性加速了权力的弥散，新的权力主体挑战政府的网络话语权。微博塑造了水平化的互联网社会结构，对政府权威维护构成挑战。微博等互联网上信息流动的迅疾使网上与网下、公事与私事、单位内部事与全社会事边界日益模糊，使政府在事务管理中研判"公共"边界继而做出反应面临着挑战。政府需要的是积极适应变化，把网民团结成"我们"，善用小微博，凝聚大力量。

沈亚平就微博问政对政府管理的价值与功能做了分析：微博为政府与民众间就社会管理与服务的问题进行互动提供可能。在信息时代，微博问政的兴起具有必然性，亦有其局限性，利用和引导微博实现信息时代政府管理的改革与完善。

李大棚：微博的迅猛发展和强大功能，拓展了我国主流意识形态的发展空间，改变了主流意识形态的发展格局。微博成为各种意识形态争夺的阵地；微博谣言削弱了民众对我国主流价值观的认同。给我国主流意识形态建设带来严峻的挑战。我国主流意识形态须有所作为，确保我国主流意识形态建设稳定、健康发展。

学者们对微博议政、微博参政上未加区分，以"微博问政"名之。建议进一步廓清微博议政、参政、理政的学术分野，关注"微博对政治权威的消解"和"官员的微传播素养和微传播能力"等方面。

（四）关于微博传播行为的伦理学研究

微博的伦理学研究成果较少，与微博传播中的伦理关切不相称。

关于微博传播行为的伦理学研究，分析其传播主体的道德自觉和传播的自律意识，研究微博传播与社会主义核心价值观中荣辱观的关系，指出其存在的问题和应采取的对策。

研究主要围绕微博传播的伦理规范、微博传播对社会伦理建设的影响等方面展开。对微博伦理的所谓失序问题的研究较为集中。

熊萍：现阶段我国微博传播存在不少问题，使微博陷入了发展的困境。微博要改善言论生态，坚持道德底线，更好地为社会服务。卫甜甜：微博传播在唤醒网民的公众意识、畅通民意表达，诱发公共舆论传播机制的悖论与困境。有必要通过探索道德秩序重构的路径，解决网民在微博传播中出现的伦理失范问题。

彭雪松从传播伦理学视角出发，探讨微博传播中受众伦理问题的组成结构，从自律和他律对如何规范微博传播中的受众伦理提出了建议。

周阳以微博公众人物的行为伦理为研究对象，构建公众人物传播行为的伦理责任模型。微博深入人们的生活后，公众实现"言论自由"而欣喜；微博公众人物是社会道德的引导者，与微博生态环境的建设紧密相关。

纪莉将微博上出现的记者——使用媒体官方微博的记者和开通个人微博的记者，后者在记者的职业身份上造成了混乱。在媒介融合时代，记者使用新媒体进行信息传播成为不可逆转的方向。而大流中只强调记者个人的素养和对媒介伦理的理性把握，不足以保障新媒体运用中记者对职业疆界的坚守。媒体要制定较为细化的工作手册，加强记者对所属媒体机构的归属感，避免记者传播新闻信息时遭遇职业伦理困惑。

论者多站在维护传统伦理的立场，对微博传播的伦理失序对传统伦理秩序的解构作用着墨较多，对微博传播对新的伦理秩序的建构作用关注不够。

（五）关于微博传播的经济学研究

微博的经济学研究虽是新起的大热门，但少有涉及经济生产各要素的深入的经济学研究。

微博自诞生之日起，与市场营销等经济行为发生了关系。

孟欣：注意力经济以注意力资源的生产与分配为基础形成的经济关系及商业运作模式。以微博为代表为开辟新的注意力战场，获取更多更有效的注意力资源。

李文红结合国内企业微博品牌营销的现状，总结微博经济时代品牌营销的特点及面临的挑战和机遇，探讨企业微博品牌营销的途径和策略，最后针对性地提出了建议，具有参考价值。

庞磊研究基于微博的股票投资者未来情感倾向识别问题，开启了经济学研究的颇有价值的方向。微博越来越受到网络用户的青睐，用户通过发布微博共享他们的观点和情感。有大量带有情感倾向的微博，反映了作者的情绪。投资者情绪是研究走向的重要指标，行为金融学影响股票市场，反映股票投资者情绪的重要指标是投资者对股票市场未来行情的情感倾向。通过对新浪微博上股票投资者发布的文本进行分析与研究，提出了自动识别股票投资者未来情感倾向的方法。

梁雪梅从新的视角研究了微博营销问题，网络营销在微博场域的异化，对信息消费者造成的负面影响。文章指出，生活在媒介文化的景观社会，公众须提高媒介素养尤其具有现实意义。

许玉基于新浪微博，采用社会网络分析等对"银行信用卡"负面网络口碑信息进行研究。负面口碑传播者间的交互，会波及其所在行业与其他机构；发表的微博数、关注的用户数、粉丝数越多，在负面口碑传播中的控制能力越强。

关于微博运营、微博社交的经济效应、微博传播行为的经济学分析是应关注的方面。

微博的多视角研究，须上升到传播哲学的高度，为社会科学其他学科提供新的知识。微博传播的哲学研究必须提上微博研究的议事日程。

三、微博传播在公共舆论中的特点

（一）微博传播在公共舆论中的重大作用

1.微博成为重大新闻事件以及突发公共事件的报道平台

孟令俊：在对突发公共事件的传播中，微博成为舆论传播的中心和渠道，微博充当了突发公共事件公开的助推器的社会监督者和突发公共事件的救援平台。据中国人民大学舆论研究所发布的《中国社会舆情年度报告（2012）》显示，网民数量攀升与权利意识提高、"全民发声"的互联网背景下，社会舆情指数不断攀升。

2.微博在公共舆论中发挥了议程设置的功能

随着信息传播技术的发展和电子媒介人队伍的不断壮大，舆论的发生机制和内容都发生了变化，新的舆论传播机制正在形成。目前国内已形成各级党委、政府依托报纸、广播、电视等传统媒体；网民通过网络、手机等新兴媒体，表达意见的"网络议程设置模式"。

3.微博影响着社会话语空间的释放

个人信息获取和发布能力的提高，消解了传统媒体主导下的社会话语权和信息传播权的中心化状态。使用微博发布信息的低成本和易得性，推进了新闻信息发布和扩散速度，在公共事件的报道方面，微博蕴藏着巨大的能量。随着微博的兴起，许多事件亲历者会自动地通过微博来传递第一手信息，使更多的声音得以传递，使某些过去"沉默的声音"得以浮出水面。

4.微博信息的共享益于群体共识的达成

微博的信息传递，有助于构建社会成员间互有勾连的圈子，达成群体的共识。不同的人共同关注某一话题，还知道谁在共同了解，能够产生群体间的认同感和归属感的兴趣爱好、相近的职业背景。微博实现了私人社交群体与公共领域的新闻议题的有机融合。微博的人际传播特点，使信息的接受度和可信度得到了进一步提升，加强了群体的认同感和归属感。

5.微博与传统媒体形成了互动关系

鉴于对微博强大传播力量的深刻认知，传统媒体开始自觉地与微博等新兴媒体进行融合。微博传播的许多信息来源于传统媒体，传统媒体发布的信息得到放大或过度诠释，产生某些违背传统媒体初衷的传播效应；传统媒体逐渐将微博作为自身推广和沟通的平台。传统媒体开始从微博上挖掘资源，对有价值的新闻进行后续深度报道。新旧媒体间互动关系十分复杂微妙，两者构成了公共事件信息传播的奇观。

（二）微博传播在公共舆论中的特殊规律

1.微博在公共事件中的不同时期产生不同的效能

在潜伏期，微博多为公共事件提出了预警。公共事件往往是由事发前一系列因素作用造成的，是量变的结果。这正是媒体发挥环境监视和预警作用的关键时期。微博凭借强大的用户资源，可以形成遍及世界各地的信息检测网络。危机的潜伏期，微博可及时反映各种危机征兆，供人们了解和掌握事件的基本情况，引领人们理性地认识、开展互助以摆脱危机。

在爆发期，微博成为公共事件信息传播的首发地。公共事件刚爆发时，由于不可预见性极其严重的危害性，人们迫切需要获得消息。

在扩散期，微博为解决提供了助力。公共事件具有复杂性，在扩散期，社会需要了解事件的进展，对媒体提出更多的要求。而媒体竞争力体现在信息传播的广度上。微博发挥信息传播优势，努力多层次、全方位、立体化地展现公共事件，满足各方的信息需求，促进事件解决的目的。

在消退期，微博成为公共事件应对的反思平台。扩散期后，危机爆发的强度降低,社会秩序趋于稳定。在危机的消退期,微博可以发挥"人人参与内容制作"的优势。

2.微博传播的情绪化、反体制化特征明显

在涉及民众切身利益的公共事件,非自然灾难事件发生时,微博上有关事件的信息传播的情绪化倾向更明显。微博上,普通网民占到了绝大多数,打破了长久以来传统媒体主导舆论的格局。但是由于微博用户的信息发布限于个人所见所感,对公共事件的解读很难做到全面。微博极易造成信息过剩,引起公众的恐慌和负面情绪的萌发。若负面情绪得不到疏导,很容易造成网络舆论的失控。

在微博平台,名人和草根具有同等获得关注的机会。公共事件作为集中而激烈的反映,容易受到青少年的强烈关注。利用微博对公共事件进行评论,成为新媒体时代的特有景观。在海量的微博信息传送中,信息发布者使用"抢眼球"的手法以吸引公众注意,与传统媒介因政策等多重局限对公共事件进行"冷处理"形成对比。情绪化的微博信息以公共事件为原点,将复杂的社会矛盾简单化为壁垒分明的社会对立,陷入自我炒作中而无法自拔。

赵鼎新:与推特相比,微博上的民众更容易被操纵。微博时代,每个人都可以办"报纸","报纸"影响力取决于读者的接受程度。微博是彻底民主且可被操纵性很强的通信手段。它是民主是因为微博只需写寥寥几句话,谁都能写。操纵性强,因为微博中的声音不具有"一人一票"的性质。在微博的公共空间中,前台行为和后台行为的界限不再清晰。微博平台缺乏现实社会中的礼仪和权威关系的约束,容易在网络公司等的操纵下形成虚假舆论和权威。在微博公共空间中,人们的表现会接近于"乌合之众",他们表现得特别不服从权威,又在操纵下容易对权威产生崇拜甚至盲从。

这样的情况,公共事件发生时会更严重。公共事件强弱势力分明,易激发人们对受害者的同情和对加害者的义愤,通过微博辩论,会形成群体认知。公共事件的"群体极化"现象能增进群体内聚力;在维护正义的旗帜下,易养成非此即彼的偏激价值嗜好,导致危险的现实群体行为。

3.微博传播的扩散速度快,控制难度高

微博零距离传递信息,直播公共事件现场。在大的公共事件面前,微博在场的传播效果,是之前任何媒介很难达到的。

约翰·奈斯比特曾提出了"新闻洞"概念。"新闻洞"是指各种大众媒介会聚而成的封闭系统，系统选择性地反映了社会整体面貌。微博是典型的渠道革命，大多数人主要做的是生产革命；但在网络及微博时代，可以同时做生产和扩散的革命，打破了以前的方式。在网络及微博时代，不存在版面限制；时代的信息传播由上万普通民众共同参与。量子力学中有"虫洞"概念，含义是在某一特定的时空中，可以挖出无限条隧道，制造出无数个虫洞，不受物体大小的限制。微博造成的"新闻洞"，类似"虫洞"。微博用户中，人人都可挖洞。大家可以对同一主题发布不同看法，可以从他人的信息虫洞上深挖或新挖分支。在这样情境下，考虑微博的庞大基数，几乎可以穷尽事件的方方面面。

微博强大的信息组织能力，可激发全民参与。微博信息传播比其他媒体更便捷、自由，成为大众创造内容并彼此交换信息的平台。微博传播的扩散力和影响力，能激发全民参与，为解决提供了有力的支持。

微博的高关注度，可以满足民众的知情权。随着民主进程的加快，知情权意识普遍增强。有调查显示，从传播扩散到形成网络舆情，需要的时间大概是事发半小时到一个半小时，如果公共事件处理不及时，人们会因恐慌而丧失理性。微博作为重要的传播渠道，在公共事件中可以满足公众的知情权，对维护社会安定团结起着十分重要的作用。

因为微博的参与面广，传播及时快捷，更加难以控制。是微博传播媒介区别于传统媒体的特征。

（三）公共舆论中的微博传播主体及其特征

1.公共舆论中的直接利益相关方，微博传播的活跃分子

公共事件涉及多方利益的重大调整，影响到不同群体的切身利益，其直接利益相关方首当其冲，通过微博发出利益诉求，表达对自身和环境安全的担忧。于是，公共舆论中的直接利益相关方，成为微博传播的活跃分子。

在公共事件中，利益受到损害或受到威胁的民众成为微博传播的主力，潜在受益者和他们的代表，积极参与了微博传播，使突发公共事件的化解变得复杂。

2.知识分子成为间接利益相关方的代表，成为传播主体

虽然中国的互联网普及率略高于世界平均水平，低于韩国、美国等，但

中国的网络舆论的影响是世界上最强的。经常在网上发声的，只有一二成的中国人，但通过新闻跟帖、BBS，特别是微博客发布信息。在公共舆论中，出现"公民报道者"及民间"意见领袖"，最显眼的就属有影响的知识分子。

新闻媒体的记者，以个人身份参与突发公共事件的微博报道和评论，影响力不亚于所服务的传统媒体。在日趋严峻的新闻管理中，记者在微博等"自媒体"发声。他们比传统的公共知识分子更接近事实，在公共事件中成为令政府头疼的角色。

3.非利益相关者的介入，成为传播力量

近年来，"个别地方政府面临的信任危机日益突出，各种形式的针对地方政府的群体性事件不断发生。事件具有非利益相关者积极参与、互联网推波助澜和代价沉重等特点，呈现出从心理能量到社会行动、从单一个案到连锁反应、从政府信任危机到政治危机等趋势。"针对地方政府的突发公共事件起因各异，非利益相关者的参与成为突出的特点。参与者虽与某突发公共事件无直接利害关系，但内心积蓄"抽象愤怒"，有事端便群情激愤。

"由于社会结构冲突引发的矛盾得不到解决，弱势群体滋生了不满心理，在拆迁安置等涉及弱势群体切身利益的事件中，政府人员所采取的蛮横行为，使得弱势群体更易形成群际情绪主导下的利益的共同体，构成了群体性羊群行为形成的社会情绪基础。"羊群行为从经济学角度讲：人们去做别人正在做的事的行为，他们自己的私有信息表明不应采取该行为，强调个体的理性因素。从社会学的角度看，是社会群体中相互作用的人们趋向于相似的行为方式。根据群体拥有的资源，社会成员——强势群体和弱势群体，前者拥有更多社会资源的政府官员及社会精英，后者指处在社会底层的民众，拥有很少的政治、经济资源，在自身权益受到侵犯时很难维护自己的权利。

非利益相关者的介入，是社会风险加剧的重要标志，使突发公共事件更容易演变为大规模的社会事件。

4.传播主体性日益觉醒的普通民众成为围观者

微博等自媒体的普及，普通民众的传播天性得到了解放。在微博上，传播觉醒后的民众从关注名人、评论名博开始实践。

草根民众及其后盾律师群体，成为重要的微博舆论参与者。网上有"罗宾汉情结"，涉及官民和贫富之间的冲突，网民不辨案情的是非曲直，站在弱势群体一方。互联网经常成为弱势群体展示伤痕的地方。

伦理道德是社会得以维系的重要保障。道德评价是显示其道德优越性的重要方式。道德实践是社会实践的重要组成部分。在突发公共事件中，趋势更加明显。广大民众的伦理优越感和政治参与的热情是在微博传播中值得关注的新诉求。

在历次重大公共舆情事件中，微博上的普通民众，围绕意见领袖们的评论总成为奇观。普通民众与意见领袖间通过关注、评论等密切互动，形成对公共舆情事件的近距离围观，有可能成为影响全局的力量。

四、微博传播对舆论格局的影响

微博对我国舆论格局产生重大影响，打破了传统媒体的报道视域，打破了传统媒体单一的议题设置管束。在微博空间，公众通过即时的信息分享、民意聚集，形成舆论并不断发酵、爆发，扩大意见分歧，使舆论引导的难度加大。

（一）平等：微博挑战传统媒体的话语权力

西方关于"富媒体、穷民主"的描述，针对大众媒体在市场化过程中形成的商业垄断、政治控制。西方具有民主诉求的力量，寻求新的表达平台来反制、建制媒体，发展所谓的公民媒体、另类媒体，发起社会运动、现实行动，争取公共事务中的权利。

公众对于社会管理、政治参与的热情越来越高，需要通过民主发声的管道表达社会阶层的多元利益诉求、思想诉求等，还要不断满足知情权、参与权和监督权。个体社会成员通过传统媒体进行话语表达的难度不小，但自媒体的微博却可以实现一人一个账号。微博作为实现个人表达的开放场所，可以寻找平等的自我赋权机会。话语权的制衡随着微博的兴起出现了新的力量，传统媒体的话语权力被微博挑战。

（二）多元：微博舆论场容纳了社会多元舆论

微博的每个用户可以是信息发布者，舆论表达的目的不同，话语方式也不同。微博反映了社会多元舆论，用户数量庞大已经成为活跃的多元舆论空间。微博上复杂的舆论和舆论主体，虽有各方对话的环境和条件，但不应忽视对应着各种社会矛盾、社会危机。

微博平台容易围绕突发公共事件形成舆论，在时效性、参与度方面具有传统媒体所不及的优势。有些微博热点舆情集中于"负面信息"的传播，集中在贫富分化、拆迁征地、食品药品安全、房价油价物价、安全事故等领域，一些新的话题出现上升趋势。微博舆情常常"一窝蜂"，指向性明显。

（三）博弈：微博舆论场始终充满各种力量争斗

微博是不断改变秩序的话语空间，微博账号有复杂的利益纠结。一些微博流言、微博事件的出现，都有幕后推手。由于微博粉丝缺乏分辨力或被利益左右，使微博上的争斗出现不可控因素。复杂的利益纠葛和意见博弈，议题走向更加复杂多变。

（四）极端：微博舆情调控不好可能危及舆论生态

相当一部分微博舆论表现出"刻板印象"，一些网民容易受到他人的感染，在匿名状态下产生"博出位""跟着走"的冲动。在信息不确定、不对称的情形下，谣言泛滥。突发公共事件发生后，不了解事实与真相，部分网民进行"围观""吐槽"，借机进行非理性情绪宣泄。群体性的偏激，符合"群体极化"的特征，即"团体成员开始有某些偏向，人们在商议后，朝偏向的方向继续移动，形成极端观点。"更极端的是，微博舆情会发展为线上线下结合的群体行为。解决不好，不解决燃点问题，导致负面舆论愈发升温，发生群体性抗争和街头政治事件，舆论引导已错过最好时机。传统媒体舆论引导不当，公信力和权威性急剧下降。

第二节　传统媒体微博与公共舆论

一、微博影响下的传统媒体传播变革

（一）微博对传统媒体的影响

微博已迫使传统媒体做出某些改变。

微博对传统媒体的积极影响不可置疑。在公共舆情中，微博可以为传统媒体补位；同时，微博成为传统媒体越来越重要的信息源；受微博影响，传统媒体介入公共事务和突发公共事件的报道越来越及时、深入。经微博扩散后的突发公共事件，传统媒体一般能够跟进报道，可以体现传统媒体应有的功能和作用。

微博也给传统媒体带来了不小的压力。在传播时效上传统媒体无法与微博竞争，传统媒体的议题设置能力被弱化。由于传统媒体在信息公开等方面的功能发挥严重不足，微博成为主要舆论源头，微博牵着传统媒体的鼻子走，传统媒体被迫跟进，引导力被无形削弱；迫于传统媒体之间的市场竞争压力，传统媒体采用微博信息作为信息来源，在未充分求证的情况下有时就予以报道；微博意见领袖的观点影响网民，影响传统媒体的从业人员，有时导致传统媒体的判断迷失。

微博传播带来的其他变化，使传统媒体感到无奈。政务微博的迅速发展，加大了公共信息公开的力度。过去传统媒体具有授权发布、独家发布的优势，但这一优势将消失，政府可通过政务微博平台面向公众发布信息。传统媒体不再是不可替代的媒体资源。在信息控制逐渐弱化、社会治理更加民主的今天，传统媒体如何调整角色定位是重大课题；公众通过媒体实现与政府对话的愿望，在微博和传统媒体间，越来越倾向于前者；微博加强了对传统媒体的监视，传统媒体从社会的监视主体转变为被监视对象。

传统媒体开始寻求应对策略，加强公信力建设。加强传统媒体的公信力，

应强化媒体的公共功能，在重大突发公共事件中必强化。如果重大公共突发事件发生后，继续实行"不采访、不报道、不评论"的做法，会严重伤害传统媒体的公信力。

（二）传统媒体的微博传播

在微博传播已形成庞大用户规模下，传统媒体须开通自己的法人微博，加入到微博传播之中，利用微博延伸话语空间。受众在哪里，舆论场在哪里，媒体就应该延伸到哪里。

媒体微博仍扮演微博平台议程设置、权威发布等重要角色。媒体微博弥补了传统媒体互动性不足的先天缺陷，很多媒体依靠新老媒体的互动配合赢得了舆论主导。

参与构建舆论引导新格局中，媒体微博发挥了不可替代的作用，影响力将逐步增大，仍有待加强舆论引导力。在关键时刻，如突发公共事件中，其舆论引导的向度、信度等均需提升。

二、媒体微博的舆论引导

（一）媒体微博在公共舆论中的作用

重大公共事件的发生，是媒体微博发挥作用、扩大影响的契机。

媒体微博发挥的作用不会被政务微博所取代。我国的传统媒体从属于体制内，在导向把握上、口径管理上媒体微博与政务微博并无二致。从共性看，政府和媒体都视微博为公共治理的手段，有平息舆论、解决问题的共同预期。从区别来看，政务微博的主体是政府，政府在公共治理中处于权力中心。若政府能及时回应和公众的要求，借助政务微博向公众发布信息、接受监督，政府会在取得公众信任下处置好舆情事件。但这只是理想的情形。一些地方政府、政府机构仍未建立有效的信息公开机制、权力制约机制，往往失语、失策，其政务微博不可能脱离于所在系统的话语惯性之外。对于公权利是否依法运行，民意是否得到回应，媒体及其微博应予以充分反映和关注，否则将影响自身的公信力。

实际操作上，媒体微博和政务微博体现出较大差别。政务微博是政府信息公开的平台之一，发布信息有严格的程序要求，政务微博的信息发布殊为谨慎。在政府未公开相关信息前，媒体微博可在把握信息真实性的前提下及时发布，媒体微博也可以主动地公开@政务微博，对其施加核实相关信息的舆论压力，要求政府提高回应舆论的透明度。在政务微博公开相关信息之后，媒体微博进行转发，有意设置议题，引起舆论更大的关注；政务微博发布的信息，依从本级、本部门的授权，媒体微博通过整合相关政务微博信息，可能对相关信息进行拼接，"还原"更多的事实面貌；政务微博在与公众互动方面趋于保守，回应式发布不多，不主动解释，不发表评论。媒体微博发布事实信息，如果善于用"微评论"来引导舆论，可起良好效果；政务微博的语言风格相对严谨，媒体微博的语言风格则可以多样化。

（二）媒体微博的舆论引导原则

1.科学设定引导目标

公共舆情中交织着复杂的因素，有理性表达因素，有消极的围观因素，也有非理性的破坏因素。舆论引导不能胡子眉毛一把抓，采取"一刀切"。要明确为什么引导？要想清楚，说清楚。政府的目标与公众的目标是一致的，为实现社会的稳定，促进问题的有效解决。要相信政府决策，相信社会公众的判断能力，相信媒体自身的影响力。

2.理性设置话语机制

媒体微博的角色、属性与大众媒体无异，在党管媒体体制内，负有舆论引导的责任。但媒体不能代替党和政府，不可越位，既要不推诿、不逃避，更要不说教。媒体微博应理性设置话语机制。

媒体微博应遵循微博传播的规律。媒体微博与网民进行对话，应采用平等的语气，会说话、说对话。在突发公共事件中，如果不会说话、说错话，会使舆情更加复杂，可能处于被动，被作为新的议题"靶子"，以致事与愿违。

3.及时制定引导步骤

公共舆情是动态的，被动地头痛医头脚痛医脚，将永远落后一步。有些媒体微博只掌握此前的情况，只根据此前的情况做决策，这样并未触摸到民意脉搏，难以与公众形成有效沟通。关键是要抓住主要矛盾，不可漠视、对抗主流民意，只有及时表明态度、回应期待，有效进行议题设置，才能促进媒体议题、公众议题的融合，形成舆论和谐。

4.处置与引导必须协同

化解公共舆情的危机，靠的是决策正确，依法、公正地解决问题。处置越合理，舆情就越平稳；处置越犹豫，舆情就越波动。在没有启动处置机制和措施时，强行进行所谓的"舆论引导"，都是"废话"，会让人觉得"光说不做，火上浇油"。不要为了引导而引导，不要急于宣传所谓的"处置正确"。

（三）媒体微博的舆论引导方法

媒体微博要讲究舆论引导方法，以达到预期效果。概括为媒体微博舆论引导的"五字诀"：诚、快、准、软、联。

诚。媒体微博要尽量不删帖，否则，很难组织搭建起对话平台。微博与网民对话要态度真诚，庄重得体，绝不可卖萌。对网民提出的批评甚至是谩骂，应正确对待，要理性回应，有礼有节。

快。及时发布信息、公布真相；及时转换议题；及时修复互信关系。

在重大舆情事件中，信息发布是否及时，决定事件的走向。

微博在介入公共舆情中产生强大的舆论压力，可能迅速引发公共事件。当微博传播的话题形成转发和评论热潮，话题是关注度较高的公共话题，容易演变成公共事件。

准。快，以准为前提。准则体现在准确把握舆情演变；把握各方诉求；发布权威意见。

软。话语方式要合乎舆论引导规律。做法：通过转发等间接说话；把握节奏，减少发声频率；搭建平台，加强正面引导。一旦事件处置不及时，公众的情绪就更加过激；由于有效信息供应不足，公众的信息需求得不到满足，媒体微博应谨慎发声，把握节奏很重要。发声时要严格筛选信息，简洁明了，说到点子上，防止信息被误读。

联。包括联合政务微博，意见领袖等，形成舆论引导合力。媒体微博在联合政务微博方面较为主动，但对转发意见领袖的微博却非常谨慎。善于联合意见领袖，是有效的借势。微博上的意见交锋非常复杂，把握不当，可能事与愿违。

三、媒体微博的影响力提升策略

（一）媒体微博的定位

媒体微博不可避免要打上渠道烙印，信息多来自传统媒体，价值和影响力依托于传统媒体品牌。毕竟二者是不同的形态，服务的对象不完全相同。媒体微博的定位和功能如何？这是值得探讨的问题。

总体上媒体微博与其所从属的传统媒体间，已形成既协同又互补的分工合作。以在人民网、新浪网平台上的"@人民日报"为例，负责微博运营的人民日报新闻协调部认为，人民日报法人微博的编辑方针与人民日报一脉相承，"@人民日报"发布的90%以上的内容，或摘编自当天的《人民日报》，或来自《人民日报》记者的专稿，"@人民日报"是《人民日报》优质新闻资源在微博平台上的延展。因为"@人民日报"在当下发生的公共事件中的不断发声，为整个事件在公众中间的传播方式设置议题。

这种引导的成功，源于对所谓"敏感信息"的脱敏处理和人性化的评论，因为"@人民日报"立足于"主流舆论场"，心系"民间舆论场"的对象。

媒体微博的定位：媒体属性不变，与传统媒体形成一体两翼，是传统媒体开辟的全新传播渠道、传统媒体打造的品牌价值平台。

传统媒体开辟的全新传播渠道，为传统媒体向全媒体传播拓展提供新的介质、渠道，改变了传统媒体原来的单向传播。传统媒体赋权的开放话语空间，可以引导用户选择与关注传统媒体的产品与扩散传统媒体的声音和推动传统媒体的动员，辅助传统媒体呼叫与回应用户、扩大话语空间、加强公共事务的讨论等。传统媒体打造的品牌价值平台，是媒体微博可整合利益资源，为传统媒体的营销升级、品牌延伸打造新的价值平台。

（二）媒体微博的延伸与利弊

有的传统媒体建立了微博矩阵，除媒体微博，还有部门的子微博，以及记者编辑的个人微博。

媒体子微博账号从属于官方微博，更多侧重于某方面的媒体内容建设平台。有的与媒体编辑部关系紧密，有的则与媒体编辑部关系相对松散。

媒体的记者编辑个人微博数量很大，与微博间的互动很频繁。微博与普通博友虽可代表个体发声，但与所服务媒体间有直接关联。如果个人身份与职业身份纠结在一起，二者间可能存在冲突。

媒体微博向子微博、记者微博延伸。利在多层话语表达机制的错位；弊在多重角色利益机制的错位。

关键是要兴利除弊。媒体机构应鼓励搭建子微博平台，但应建立相应的规制。不能损害媒体的声誉；职业行为与个人行为严格分开；不能透露媒体机构的内部消息；客观、公正，不偏袒事件中的任何一方；不能违背新闻伦理。

（三）途径与方法

媒体微博的影响力，包括公信力和吸引力。日常建设运营要努力提高公信力。媒体微博运营维护要做到"发言有密度，互动有速度，评论有深度，争议有气度，形象有温度"。

提高媒体微博公信力，须坚持新闻的真实性原则，渠道不清、未经核实的信息不要传播，确保真实准确。媒体微博不仅要做到不信谣、不传谣，要主动防谣、辟谣。有些微博运营机构建立专门的辟谣平台，如新浪微博设了"微博不实信息辟谣专区"，旨在提高公信力之举。

提高媒体微博公信力，须坚持建立通畅的信息机制。微博要主动表达，主动把握社会热点，把网民反映的问题转发给政务微博，努力成为舆论监督的新渠道。要加强微博评论，比如"@人民日报"发挥其评论优势，打造出"微评论""微议录"等品牌评论栏目，在引导网络舆论、打通官方民间方面做出了积极努力。

提高媒体微博公信力，应加强和传统媒体联动。核实、求证、解释、回应有影响、有争议的信息。

提高媒体微博的吸引力，应在加强互动和改进语态等方面努力。

办好媒体微博，落实好的理念和机制还靠微博"把关人"。微博"把关人"应具有良好的职业素养和道德。主管部门不应把媒体微博当作简单的舆论工具，要遵守"善待媒体、善用媒体、善管媒体"的原则。

第三节　政务微博与公共舆论

一、政务微博的界定与发展现状

（一）政务微博的界定与特殊性

政务微博指中国政府部门推出的官方微博。在社会管理创新、新闻舆论引导、树立政府形象等方面起到积极的作用。

政务微博是由各种政府机构以自己的真实身份和信息通过微博网站的官方认证而开设的平台。内容一般分为：常规性的政务微博和应对突发事件的政务微博。政务微博具有实时性传播、文本的碎片化、内容的多媒体性、交流的互动性强等传播特点。

政务微博的概念有广义和狭义之分。广义指党政部门或党政干部经实名认证开通的、用于发布官方消息的微博；狭义指党政部门经实名认证开通的官方微博。界定政务微博，关键在于政府部门及公务员。在不同方向的研究中，各自的侧重点有所不同。

政务微博是指中国政府部门推出的官方微博。因为中国政府部门有意识地推动其官方微博，传播上有明显的中国特色，普及程度首屈一指。

政务微博的特殊性，是由"博主"的公权力背景所决定的。能获得更丰富的信源，也可以借助公共资源进行有效的管理。因为它某种程度上代表公权力，须承担私人微博不必要承担的责任。

英国是推动政府微博规范化发展最具有代表性的国家。2009年，英国发布《政府部门Twitter使用指南》。指南提供了较完整的政府微博管理及使用的方法。指南根据政府微博特点，从多样化、发布频率、可信度等多个方面提出建议；指南建议要高度重视关注"意见领袖"的留言内容，要和他们保持良好的关系；指南建议把政府微博纳入政府日常工作，需要绩效考核，来评估其使用效果；指南建议通过门户网站、社交媒体、关注"意见领袖"等多种渠道，宣传推广政府微博。

（二）政务微博的发展现状

1.我国政务微博的发展现状

截至2011年，在新浪网、腾讯网、人民网、新华网上认证的政务微博客总数为50561个，党政干部微博客18203个。

我国政务机构和官员微博的数量大幅攀升。从地域分布来看，政务微博覆盖全国34个省级行政区，经济较发达的省市政务微博开通数量位居全国前列。在经济、政治的背景下，在新兴传播媒体风起云涌的时代，政务微博成为政府机构、官员和民众互动的新平台。

2.外国政府机构微博的发展

从国际范围来看，各国政务微博的重心在英文平台Twitter等网站。

2012年11月2日，张志安发布了国内第一份《外国政府机构微博研究报告》。报告全面披露了165家外国政府机构开通中文微博的运营情况。调查表明：微博正逐渐成为外国政府机构，尤其是美、英等发达国家对华开展网络公共外交的重要平台，对中文互联网上的网络舆论产生重要影响。

《研究报告》从外国政府机构微博的研究中总结出可供中国政务微博借鉴的策略。发布形式上，图文并茂、以全媒体形式发布；话语策略上，语言风格亲切，应对和评价都注重风趣幽默；文本内容上，从中国受众的兴趣点出发，富有人文关怀，善于抓住热点事件的契机；沟通互动上，善于与网络意见领袖频繁交流，经常在微博上发起各种活动等。

二、政务微博在公共舆论中的功能与误区

（一）政务微博在公共舆论中的功能

与其他类型的微博如新闻资讯、商务、娱乐类微博相比，政务微博在有没有公共话题时的表现差别更大。政务微博对粉丝的吸附力较弱，但一旦成为焦点事件发源地，瞬间爆发。

在"被闪电击中"的状况下，政务微博会被无限放大，引来无数评论。

如果没有必要的应急机制、没有科学的工作流程，政务微博张皇失措，就不足为奇了。

政务微博的一般性功能和在突发公共事件中的功能作用，有紧密联系，又有不同特质。一般性功能作用是普遍的素质，只有具备，才可能在突发公共事件中应对得当。政务微博的功能作用，是其一般性功能作用的极致发挥。

（二）政务微博在公共舆论中应对的误区

微博时代，社会舆论格局已发生了变化。微博作为全新的信息发布和传播方式，成为社会舆情的重心。政务微博不论在政府治理创新，还是在舆论引导方面，都被寄予厚望，不断创新应对思路和方法，有利于提高政务微博舆论引导能力。

1.自说自话的思想观念

沉默。在网络化信息传播过程中，信息接点的沉默，意味着放弃对信息的接收、处理与发布权，而你会陷于被动。如果政务微博放弃责任，会出现主管道断流，其他信息点反而更庞杂。这是为什么要第一时间传播的原因。信息流泛滥，许多点试图截获、处理、再传播相关信息，成为有影响力的控制者。

在公共舆情事件中，一切都在发生迅速变化，事件本身、新出现的目击者、新的证据，要求政务微博适应新的变化。有的政务微博，不愿承认事件的变化，就会很难面对粉丝和访问者的质疑。一些政务微博因不能适应变化了的语境，面对责难、谩骂，导致情绪失控。

收买企图。有的微博管理者表示，协同媒体是要看住有影响力的微博。有的政务微博在这一过程中，代表部门利益，企图收买媒体人员和"意见领袖"，进行有选择性的传播。但这并不是一本万利的买卖。只要有坚守正义的人，就可能揭露黑幕。政务微博的作用是消除传播中的噪音。在收买行为的背后，存在着欺骗。

对媒体厚此薄彼。政务微博与新闻发言人承担着协调媒体关系的重任，传统观念占领舆论的制高点。但在自媒体时代，主流与非主流转化非常快，突发公共事件中，名不见经传的微博也许一夜爆红。在传播信息上，全国性的媒体和地区媒体，拥有大量粉丝的知名微博要重视，微博也要公平对待。

2.本位主义的定位运营

只说我想说的。提供虚假信息或隐瞒相关信息。政务微博的定位偏差是本位主义，且从业者也缺乏新闻职业素养。有的政务微博被眼前利益和局势所蒙蔽，提供虚假信会招致更坏的结果。公众之中有知情者站出来说实话，而事实"有图有真相"，最有说服力。政务微博在说谎时，抵押了政府的信誉。

不顾及公共利益。公共事件都有公众信心缺少的问题，公共利益必须得到保障。从公共管理理论出发，政府作为治理主体，应更关心公共利益，以社会各成员公共价值观为基础。公共舆情事件应对中，有的政务微博表现出"关我何事"的姿态，并不是一切从公共利益出发。

高高在上。以强势地位对待粉丝和访问者。有的政务微博在传播中的强势可因多种因素造成，如丰沛的信息资源等，往往高高在上，常见的不当行为：打官腔等，对掌握的信息处理无原则性。当前政务微博"僵尸"无数，是被公众彻底抛弃的结果。

3.哗众取宠的语言文风

哗众取宠。有的政务微博"官气"十足，成为网民诟病的常见问题。一些政务微博为吸引眼球，在语言上做足工夫，确实吸引了粉丝。但政务微博的核心竞争力在政务，在面对突发事件时，才会得到强烈关注，重要的是时效、真实、全面，听取各方面的反馈意见。不顾身份、微博特质，一味赶潮流，是以己之短，较人之长。

说老套话。应对危机时，政务微博要按部就班、紧张有序。在相关培训和教材上，如何应对网民的质疑。这类"应知应会"是无懈可击，但只能用于训练。微博的发布与互动，是不间断的信息交流，在持续的交流中，新的信息不断覆盖，达到传播效果。老套话是正确的废话，没有新信息，是无效传播。

打口水仗。微博是现代政治言论自由的表征，人民享有知情权、发表权，促使信息垄断的崩塌，推动社会跟上时代的发展。但也是虚假信息泛滥的载体。政务微博受到善意批评或者恶意攻击，是大概率事件。有的政务微博以牙还牙，事实上是自我贬低，丧失了权威性与严肃立场。有的个人政务微博为张扬个性，以阅读量为唯一追求，会有损其所代表的公务职能形象。以公权利来对抗公众的私权利，是不合适甚至是不合法的。

(三) 政务微博应对公共舆情的发展趋势

1.从传播学视角看技术的挑战

网络时代人人都有"麦克风"。我国超过三分之一的人口成为网民，活跃分子通过论坛、博客、微博等网络媒体发表事情和言论，形成强大的网络舆论。发布信息、吸纳民言、汇集民智，推动政府各项工作。

为自媒体服务的技术日新月异，通过技术手段，做到：定点采集和元搜索相结合，实现信息的全网采集；分析文章要素，进行信息分类；附件和文档类信息采集；多语言采集；即时通信工具QQ群、MSN等信息采集。

技术系统在信息采集与处理上，具有舆情预警和追踪功能：发现重要舆情和负面舆情，短信通知预警。定制专题对舆情事件传播源头、意见领袖和重点网站分析。

技术主义已经渗透自媒体的各个环节，对传播学原理和新闻职业伦理提出了挑战。信息的传播过程：信源—采集与处理—传播途径—获得信息—信息反馈—传播效果。传播者的身份特殊，受到法律保护和约束，享有采访权。最基本的如真实性等，如谁违反这一条，可能被终止职业生涯。

但这个过程被技术所取代。突发事件中，谁都可能在网络上发文稿图片，然后被技术所采集，缺少了守门人，受众的知情权实际上被搁置。传播过程中会产生噪音，设置了修正机制，如保护消息来源等，但网络上是不是能做到这些呢？

在采用新技术的时候，政务微博须认识到技术的局限性，制度安排上约束技术主义泛滥。

2.专业化要求越来越高

专业化首先是制度化、法规化。2011年以来，很多地方加强政务微博建设的意见。明确规定要注重时效性，对政务信息和涉及市民生活的公共信息，在事件发生后做到尽快微博发布。政务微博的任务是发布教育信息、收集社情民意。

专业化还表现在微博管理机构的专业化。明确政务微博的管理、工作和工作的目标要求，人员配备上，选配了具有传播学专业知识背景的专业人员。各地广泛开展培训，通过与大学和网络运营商的合作，对从业者进行技术培训。

针对突发公共事件，政务微博编制了"工作手册"，对如何判断突发事件、如何动员资源作了规定，对应对的工作流程、内容、方法、要求作了规范。

政务微博的"有事"应对，与政府的线下危机应对工作密不可分，政务微博的"有事"应对的专业化才会有长足进步。

三、政务微博在公共舆论中的对策与建议

（一）人民网舆情监测室 2011 年发布的"七点建议"

人民网舆情监测室指出，中国政务微博总数超过18000家，覆盖所有省级行政区域，留言板、网络发言人等网上官民互动形式也不断出新。党政机关应对突发舆情事件的经验可圈可点。不同地区、不同部门应对网络危机的能力存在差异。

依仗其强大的智力资源和网络平台，人民网舆情监测室已初步形成了较完整的网络舆情监测理论体系、作业流程和应用技术，对传统媒体网络版、网络社区/论坛/BBS、社交网站、网络"意见领袖"个人博客等网络舆情进行24小时监测，形成监测分析研究报告等成果。舆情监测室对外发布"地方应对网络舆情能力推荐榜""央企网络舆情应对能力排行榜"等定期发布的研究成果，树立网络舆情研究方面的权威。

政务微博上有较强的象征性意义，不当的信息发布可能会产生公众对政府及官员的信任危机。

所以，要坦诚面对网民的质疑和批评。互联网要求平等对话。建议不要关闭微博的评论功能，不要组织工作人员进行一边倒的正面评论。

慎重处理网民对现实问题的诉求。微博不可能取代信访，但政务微博因为其即时等特征，要求官员时刻体现出执政道德与社会良知，对利益诉求个案，不能装聋作哑，要"有限回应"。

积极面对网络举报。网络举报是民众对政府的善意期待，是网络行政的一种体现。在当前的行政格局与环境下，政务微博应引导网友通过网下渠道举报。

提升与网友沟通的技巧。改变官方话语体系，不能跟风百无禁忌的网络话语体系，要防止因为只言片语引起误解，需要避免与网友激烈争辩，大打

"口水仗"。

在突发事件中用好微博。在遵守公共突发事件信息发布规定的前提下，政务微博可以在空间上与网民互动，要"速报事实，慎报原因，再报进展"。

处理好个人和公职身份的角色定位，政务微博区——政府官方微博和官员微博，定位与运行有所不同，机构微博要实施规范化运作。

微博"关注"、访问和维护。在维护方面，政务微博"关注"要谨慎，要及时删除广告帖和违法帖。

人民网舆情监测室"七点建议"虽然并不是针对"有事"应对而言，却也是"有事"应对必须直面与遵循的。作为具有影响力的网络舆情调研机构，其总结提出的"七点建议"，具有较高的实践操作价值。

（二）政务微博的关键在于争取话语权

媒体业在执着地追问：谁最先到达现场？谁是第一定义者？

当人们讨论南北国家的不平等时，发达国家掌握了话语权。因发达国家的通讯社垄断了国际新闻报道，以自己的文化观念来审视各国的经济发展、人权状况，几乎是单向的传播。

政务微博面对突发公共事件，要通过传播的速度、传播态度、舆论控制来达到传播的预期目标。

1.第一时间与"黄金4小时"

危机的爆发性质决定，时间是最关键之一。如果政府相关部门及其官方微博抱着侥幸心理，竭力掩盖事件真相，只会导致和公众对抗，陷入被动。

第一时间是传播学概念，谁第一个把已知事实告知公众，谁就有优势，掌握发言权。传统认为，处置突发事件有"黄金24小时"，以报纸为代表的大众媒体有这样基本的出版周期。但"黄金24小时"法则受到越来越多的质疑。

人民网舆情监测室提出政府处置突发事件"黄金4小时"法则。"4小时"内，政府部门应初步厘清事实真相和信息披露。提出"黄金4小时媒体"概念，指能产生快速舆论传播的网络媒体。

"黄金4小时"后又被"黄金1小时"等所替代。政务微博要在第一时间"发声"，这是基本要求。

2.真实性原则与"有图有真相"

真实性是新闻的第一属性，失去真实的媒体，就不再是媒体。追根溯源，数据是客观存在，不允许主体意志的修饰。要与客观事实相符合；使用真凭实据。

在全媒体的今天，视频、图片等构成了传播的新方式。图片成为最常见的网络表达方式，有了"无图无真相""有图有真相"的说法。自然，视频、音频的可信度更高些。

政务微博要坚持真实性原则，做到"有图有真相"。突发公共事件的发生过程中，逐步接近真相的。但政务微博绝不能在细节上有意歪曲真相。

3.主动性原则与"媒体协同"

如何应对变化迅速的时代——改变我们学习的方法，在有限的时间里，吸收、消化知识。学习的主动性原则尤其引人注目，要进行适合自己的、有目的的学习。

主动性原则适用于危机管理。危机来临，了解尽可能接近真相的事实，处理和发布信息；与相关政府部门保持密切联系，承担发言人的角色；协同媒体，达到信息传播和危机应对中双赢。

官方微博在主动应对、协同媒体方面大有可为。对可能造成影响的危机事件，要让媒体提前介入，形成正面的舆论；主动抢抓传播的先机，防止因信息"短路"引发猜测，产生"涟漪效应"；防止网络传播者随意设置、转变和偷换议题。

（三）创新方式方法，建立科学的工作流程

1."五个一"工作机制

建设完善政务微博"有事"应对的工作机制——一个责任中心、一个事实核查机制、一个信息高地、一道公众利益审查关和一个互动值班室。

在突发公共事件发生时，政府会组成临时的领导小组，负责事件的处置，根据规定举行新闻发布会。以领导小组为核心的责任中心、以新闻发布会为核心的信息高地。

传播学认为：观点性信息的传播，犹如管道中的水流，从高水压向低水压传输。领导的层级越高，越有权威性。网络信息传播是集人际、组织和大众传播于一体的信息传播模式，在传播途径、形态、速度、内容、人员等方面，

呈现出新的信息传播特点。

新闻发布会是突发事件法定的信息发布形式，政务微博要围绕这一高地，做好配合工作。当公众对新闻发布会的主持人、列席代表等有疑问时，给予详细解答。

事实核查机制是传统新闻学的原则之一。在网络传播中，这一角色是缺位的，但政务微博不能不重建这一机制。对信源的考察、来自第三者的证实等，都是有效的方法。

公共利益审查是政务微博应对的新课题。突发公共事件伴随公共利益和公众信任，如果政务微博只从政府的部门利益出发，会引起网民的强烈对抗情绪。政府的终极利益与公共利益是一致的，对微博的内容审核与语言审核。

互动值班室是政务微博"有事"应对的要件之一。既然是直播，就一定有人随时反馈，需要得到回应。互动值班室不仅应全天候的，也应被赋予一定的权限，否则，无异于形同虚设。

2.对政务微博六方面的评估

政务微博是网络问政的创新之举，如何评价它的运营效果，对其今后的发展有重大意义。目前，评估主要是依靠网络服务商和第三方研究机构发布相关的评估报告，缺乏系统性和完整性。

基于技术统计的考察，剖析的是政务微博本身。大多数的政务微博"无事"冷清、"有事"火爆，其功能作用不是依靠微博数据就能体现。从其他角度来评估政务微博，也不失其意义。

3.政务微博传播效果的监测

政务微博作为新兴媒体，给信息传播、社会管理创新注入了活力，但政务微博毕竟还在发展期，未来信息技术的发展动向，制约着政务微博的传播效果。

我们了解和评价大众媒体，有主要的指标，如发行量、广告额第一选择率等，数据可以从媒体自身宣传资料中获得。人们购买媒体广告并不是对当期产品的认识，是基于以往的印象。

第四节　微博治理的体制机制改革

一、微博治理体制构建

（一）微博治理的法制原则

以法治国、依法行政是对我国各级人民政府管理国家和社会的一项根本要求。微博治理所依据的"法"包括：涉及突发公共事件应对的有关法律、部门规章及其他规范性文件；有关互联网方面的法律、部门规章。

目前我国已制定涉及突发事件应对的法律30多件，部门规章50多件。在法律、规章和规范性文件中，大多数都属于针对某种类型突发公共事件的专项。如《中华人民共和国防震减灾法》《中华人民共和国防洪法》《突发公共卫生事件应急条例》《国务院关于预防煤生产安全事故的特别规定》《国家自然灾害救助应急预案》等。

我国有关互联网方面的法律、部门规章也出台了，如《关于维护互联网安全的决定》《规范互联网信息服务市场秩序若干规定》等。《关于加强移动智能终端管理的通知》已正式公布。

有关突发公共事件的法律、规章和其他规范性文件，体系上已完备，其中某些文件还有待完善，可以为利用微博治理突发公共事件提供充分的法制保障。虽然有关针对微博的法律、规章等文件在数量上不是很多，建设和完善的空间还很大，已可初步为微博治理突发公共事件提供法制基础。在突发公共事件发生后，遵循法制原则，坚持依法治理，是政府应该坚守的正确方向和行为准则。

（二）微博治理体制的构建

1.党委和政府统一领导微博治理

党是指各级党委，政府是国务院和地方各级人民政府。党和政府对于微博治理工作的统一领导，是微博发展的现实决定的。

我国突发公共事件的应急管理工作，中央层面由党中央领导，地方上由各级党委领导。党对于突发公共事件应急管理工作主要是思想、政治和组织领导，国务院是突发公共事件应急管理工作的最高行政领导机构，地方各级人民政府负责本行政区内各类突发公共事件的领导工作。

在我国现有微博类型中，政务微博是重要的一种。政务微博加速递增，数量越来越庞大。外交部、铁道部、国家林业局、中国气象局、故宫博物院等中央部委级微博落户人民微博，在人民微博实现与网友互动交流。尽管数量庞大的政务微博在用户主体上会有所重合，但涉及党委系统及党政干部个人，在行政级别上包括中央到地方各个层级的党政机构和党政干部。在突发公共事件发生后，要发挥政务微博的治理作用，实行政府的统一领导。

从微博用户主体看，还有数量更为庞大的企事业单位、媒体等非政府性组织微博及个人微博等。数量大，用户背景复杂，形成的舆论也是多元的。当突发公共事件发生后，以微博来协助应急管理工作，会体现出复杂性和系统性，只有政府的统一领导下，动员各种社会力量积极参与，才能妥善地应对。

2.微博治理的综合协调

由于重大突发公共事件具有突发性、综合性和联动性等特点，搞好应对工作需要跨部门相互支持与合作，有必要建立具有综合协调职能的应急管理机构。微博用户主体的多元性和复杂性，网站的多元并存，使得要发挥微博在突发公共事件中的治理作用，须指定综合协调机构，协调好各类微博的建设工作。

微博治理能发挥综合协调功能的机构——党委宣传部、政府新闻办和政府应急办。

各级党委宣传部的重要职能——负责指导、管理和协调本行政区域内的网络新闻宣传，设有负责此项工作的专门机构。微博作为依托于互联网的新兴传播媒体，是各级党委宣传部及其有关部门的重要关注对象和开展工作对象。突发公共事件发生后，协调政务微博、企事业单位微博等各类微博的信息发布工作，是该部门职责和职权范围内的事情。

我国各级人民政府设有新闻办，还有的新闻办设于同级党委宣传部之下。有关互联网的职责：落实互联网信息传播方针政策；指导、协调、督促有关部门加强互联网信息内容管理；组织、协调网上宣传工作；指导有关部门督促电信运营企业、域名注册管理和服务机构等做好域名注册、网站登记备案等互联网基础管理工作。有的政府新闻办挂有互联网信息办公室的牌子专门负责此项工作。对于各类微博的指导也属于各级人民政府新闻办的重要工作职责。以政务微博进行说明。人民政府新闻办是协调政务微博的最高行政管理机构：统筹制定和执行党政机构宣传管理工作的方针政策；制定政务微博宣传规划并负责组织实施；在突发公共事件发生后，协调有关政务微博进行权威的信息发布等。对突发公共事件的微博治理，人民政府新闻办是重要的协调机构。

设于办公厅的突发公共事件应急管理办公室的职责是处理政府日常应急管理工作，督促落实政府领导批示，负责协调检查所辖各级人民政府的应急管理工作，协调指导突发公共事件的预防预警、应急保障和调查评估等工作。突发公共事件中的微博治理工作也属于其综合协调的对象。

有些地方政府的应急办已开通了官方微博，是微博治理行为，有利于微博治理的综合协调。微博自开通后，及时发布突发公共事件预警信息，为社会公众所关注，获得好评。

对于突发公共事件的微博治理工作，政府新闻办和政府应急办都是综合协调机构，发挥综合协调职能。关键在于要建立三者之间的联动机制，并实现资源共享，使微博治理工作绩效最大化。

专门机构进行综合协调的基础上，在各党政部门之间建立有关协调机制。微博作为互联网的技术应用，属于党政有关部门对于网站进行管理的重要内容。

二、微博治理机制建设

（一）建立健全微博治理的考核、监督与奖惩机制

尽管目前我国政务微博正良好发展，但是，县处级以上政务微博在我国政务微博中仍占少数，这说明有些县处级以上党政部门的微博还没有建立起来。而我国突发公共事件的应急管理工作，主要由事发地的县级以上地方人民政府负责。显然，县级以上党政部门政务微博的发展现状并不能满足其治

理突发公共事件的要求。

我国党政机构微博在部门分布上失衡严重，地质、地震、气象、建设等政府部门微博在政务微博中占比过低。但我国自然灾害、事故灾难事件频发，需要微博来协助这些突发公共事件的应急管理工作。

在一定程度上说明，地质、地震、气象等与突发公共事件应急管理密切相关部门的微博作用还未充分发挥，有很大努力和改进的空间。

目前党政机构微博所存在的问题，与多种因素有关，缺少健全有效的考核、监督与奖惩机制是其中的因素。若要发挥党政机构微博在突发公共事件中的治理作用，须加大党政机构微博本身的建设力度，要建立健全考核机制。

考核是对党政机构微博在突发公共事件中的治理绩效进行考核。目前已经在广东、吉林等多地展开。目前各地对于政务微博工作的日常考核规定，适用于突发公共事件中的微博治理绩效考核，后者的考核指标体系等需要更健全。

对党政机构微博的考核指标体系可从履职状况、信息发布内容、影响力、管理情况及满意度等多个方面进行构建。在考核实施主体的选择上，采取主管部门考评与第三方评估相结合。将特殊时期的考评与日常考评相结合，以前期为考核重点。

对微博治理工作需要建立有效的监督机制。监督的主体除了同级党政机构中的纪检、宣传等部门，还包括上级部门、媒体等，把党内监督、法律监督与社会监督相结合，要重视社会监督和外部监督。在监督的过程中，应建立有效的反馈机制，督促其及时纠正有关微博治理工作存在的问题，提出调整意见。

通过考核与监督，绩效良好的应予以表彰，反之予以究责。具体建立何种奖惩机制，不同地区、部门可以有自己的特色。

（二）建立完善微博群，形成多方联动机制

突发公共事件的应对涉及党政多个部门，通常仅靠一两个部门的政务微博是无法完成的，有必要搭建大型微博平台，形成多方联动机制。多方联动包括同一层级党政部门间的联动，不同层级政府间的联动，相邻行政区域政府间的联动。可促成多方联动的微博群，在近年事件中，有不少都产生了良好的治

理效果。

（三）建立健全微博意见领袖培养机制

微博中的意见领袖：社会各个行业、领域的精英人物。他们在所处行业有一定的知名度，不少属于广为社会所熟知的公众人物；草根阶层的代表，粉丝数量众多，发言反映社会上一部分基层民众的意见，网络上有一呼百应的实力；微博上比较活跃的党政机构公务人员。他们掌握大量权威消息和独家资源，容易成为突发舆论的信息策源地，充当意见领袖的角色。微博意见领袖的重要作用：主动发布、转发、评论信息，带动、激活沉默的多数，引导舆论走向。事件发生后，微博意见领袖仍能发挥这些作用。要在突发公共事件中发挥微博治理作用，领袖培养机制建设的重要性不言而喻。

微博意见领袖的培养可以将线下培养与线上培养结合起来。线下培养通过设置兼职的部门，通过咨询、联谊等方式进行。线上培养建立专门的微博群等方式进行，在微博群中培养意见领袖的微博。

（四）建立微博治理的专家咨询辅助决策机制

突发公共事件的微博治理工作要在领导之下展开。但突发公共事件的应对工作本身专业性较强。事件发生后，微博都较活跃，信息冗杂，微博舆情较复杂，对舆情的研判呈现出较强的专业性和技术性。对突发公共事件的微博治理工作，人民政府应充分借助"外脑"作用，建立专家库，组建专家咨询组织或机构，提高政府决策的科学性和准确性。

微博治理工作专家咨询组织职责：对突发公共事件进行分析研判；对有关部门微博信息的发布工作提供指导；协助有关部门对微博舆情进行分析、研判；参与有关部门的微博治理绩效考核工作等。微博治理工作专家队伍由两个方面的人员组成：现有的突发公共事件应急管理咨询专家队伍。这一类专家队伍已组建；舆论、舆情研究专家。人员可从社会科学研究机构、高等院校中的政治素养较高的专家学者中选聘，具有网络舆情管理丰富实践经验者可担任此类专家。专业组可细分为地质气象组、交通运输组等，加强微博治理工作的明确性。

第六章 多元话语视角下的"后真相"

第一节 新媒体舆论场中后真相的特点

一、技术赋权：舆论场域上的反相共生性

随着网络技术的发展，网络空间越来越大，人们在网上可以自由表达的公共舆论场域的样态更加多样纷呈，舆论涉及的内容与信息更加丰富多元，微信、微博等为民众提供了更多的舆论平台和场域。网络空间成为信息的集散地、舆情的发酵池与各种思想交锋的主阵地，呈现出鲜明的反相共生性。因舆论场域具有开放性与自由性，一个人可以随时随地拿起麦克风随意地在话语广场上说出自己的想法，看似喧嚣的信息闹市却是一个原子式的机械团结。网民是孤立的、封闭的个体，在话语广场上只管喊出自己的心声，而不顾及他者的感受，个体与个体之间缺乏真正的沟通、认同。人越是处在流动性强的、人员庞杂的公共场所中，他们内心的不安全感、不确定性就越强烈，就越需要归属感，不断寻找价值共同体、精神共同体等集体的依归。人类的这种心理特点与情结致使网络中各种"共同体"的出现，各种"圈群"应运而生，尤其在微信中表现得最为突出。舆论场域具有自囿性与排外性。这在微信、微博中体现得更加明显，人们基于血缘、文化、习俗、职业、爱好等因素构建了形色各异的"圈"与"群"，每个"圈"与"群"可以说都是一个或一类共同体，如血缘共同体、责任共同体、价值共同体、精神共同体、合作共同体等。"圈"与"群"中的"过滤气泡"与"回音壁"效应特别明显，同一种声音、价值观在圈内或群内不断地传播、强化、动员，促使圈内的成员对其产生依

附感、轻信感与认同感，他们的思想、价值观将更加自我封闭与固化，形成"信息茧房"，而拒绝与其他圈群进行沟通与交流，这就很容易导致极端思想的蔓延。不同的舆论场域是封闭的、孤立的甚至是对抗的，网民会根据自身的考虑进入不同的圈群。

二、利益驱动：内容上的真假同构性

网络空间是个万花筒，其中充斥着各种谣言、八卦、谎言等无稽之谈，并且通过夸张的标题、耸人的话语、煽动的词汇、戏谑的态度呈现于众。一些网民为了炒作、吸睛与谋取利益，不惜成为"标题党""戏精"，譬如在微信中打着各种幌子来营销自己的商品。尤其是有些别有用心的所谓的公知、"网络大V"打着还原"真相"的幌子，以研究的名义，有意歪曲事实真相，在网上肆意散布各类谣言。不管是普通的网民，还是所谓的公知，他们故意散播不实信息都是利益心在作祟，其中既有普通的经济利益纠缠，又有特殊的政治企图裹挟。总而言之，网络空间成为多元群体的利益角力场与争夺地。

各种利益的驱动下，"后真相"时代网上的舆论呈现出第三种事实：亦真亦假，抑或半真半假，"即信息内容介于真实与虚假之间，不完全客观也不完全虚构，是一种情绪化的现实"。第三种事实是主观有意地建构与制造出来的舆论假象，具有鲜明的真假同构性。在"后真相"时代，信息的发布者根据自身的利益、情绪擅自对客观事实进行消解、隐匿、重建，让信息似真似假、似有似无，以达到以假乱真的效果。真假互渗并融为一体，让信息的接收者"乱花渐欲迷人眼"。舆论内容上的真假同构采用的方式各不相同，第一种，以假幻真、形真意假，通过虚假的形式隐藏真实的意图。第二种，以假渗真，亦真亦假，真假并现，具有并列性。正是这些亦真亦假、真假同构的信息吸引网友的关注和点赞，并严重干扰他们的判断力，这是多元话语构建下的"后真相"时代的重要特征。

三、证实偏差：评判上的情理倒序性

"后真相"时代最鲜明的特点就是情感、个人信念优先，理智与事实真相相对滞后，在判断上呈现情理倒序性的特点。在网络空间中，在反智主义、民粹主义、犬儒主义、新自由主义等思潮的推波助澜下，使用"道德绑架""人肉搜索"等网络暴力的"键盘侠"时有耳闻，给客观事实"添油加醋""涂脂抹粉"，甚至是"改头换面"的"戏精"也屡见不绝。"后真相"现象俯拾即是、样态百生。网络中，情绪任性的宣泄者众多，理智的判断者较少，情感裹挟着理智作判断，理智被情感拖着走。

造成上述独特镜像的原因有以下几点：

其一，证实偏差的自囿。社会心理学研究指出，证实偏差是指当人确立了某一个信念或观念时，在收集信息和分析信息的过程中，产生的一种寻找支持这个信念的证据的倾向。人们会主动选择支持自身信念、爱好、偏见的信息，而主动忽略与自身信念相悖的信息。这样，个人的情感、信念、偏见致使理智迷昏地跟着前者走，思维定式与情感锚定的效应干预、干涉理智做出正确的判断与选择。这为网民在判断上的情理倒序性奠定了心理基础。

其二，网络上修辞术的泛起。修辞术是指一种能在任何一个问题上找出可能的说服方式。当前，一些深谙修辞术的网民利用人们的心理弱点，主动迎合并肆意在网上卖弄其修辞术，不讲逻辑，不讲事实，而诉诸感情的宣泄、煽情的话语与荒唐的谎言，特别是使用一些在情感上打动人或情绪上激动人的比喻、暗喻或者象征等手法，刻意制造能够激发人们的好奇心、同情感的舆论事件、舆论新闻，以便误导民众。网上诸多舆论信息就是修辞术衍生的产品，部分人利用它在网络空间中混淆视听、攫取不当利益，这是造成"后真相"现象出现的另一个重要原因。

第二节　多元话语共存背景下信息的后真相形成机制

新媒体时代的"用户贡献内容"已经使多元话语成为现实。然而多元话语的共存不仅开启了全新的信息共享图景，还为危机信息的产生开辟了新的渠道与模式。在全新的舆论流动背景中，"后真相"已经成为很多公共事件的呈现形式，即公共事件在多方舆论的撕扯中，不断发生剧情的转变，最终才能走近真相的过程。这使信息出版本身，乃至公共舆论空间都发生了颠覆性的变革。研究多元话语共存背景下危机信息的"后真相"形成机制，对于管理信息出版市场以及净化舆论空间均具有重要意义。

新媒体是"后真相"现象形成与传播的主要平台，其产生与新媒体受众的心理特征及其运作方式等有着极其紧密的联系。那么危机信息的"后真相"究竟是如何在新媒体环境中滋长并形成的呢？本文认为，其最初来源于刻板印象的联动反应，而这种刻板印象又得益于快餐信息的生产模式，这种生产模式又必然产生舆论标签战，而这一切的联动本质上又是各个媒体在市场与真相之间的艰难选择过程。本文试从以上几个方面阐述危机信息"后真相"的形成机制，以期寻找治理之本。

一、刻板印象的联动效应

美国著名传播学者克劳德·M.斯蒂尔在其著作中将"刻板印象"称为"定型化效应"，它是指个人受社会影响而对某些人或事产生稳定不变的看法。这种稳定不变的看法虽然具有简化认知的效果，但是其消极作用依然显著。如果人们在有限信息的基础上做出普遍性的判断，那么必然会忽视事件的个体差异，从而导致知觉上的误判，这将极大妨碍人们做出正确的评价。而这种刻板印象在危机信息"后真相"的形成过程中则起到了至关重要的作用。

　　事件的本质往往隐藏于表面之下，且由于新媒体长期高频、高速的信息流动，使公众与新媒体人更加无暇深挖事件本质，极易迅速对其表面化进行判断，并以自身经验作为支撑，形成对不同本质事件的同一态度。可见，新媒体传播机制下，"刻板印象"具有极大的发生概率。由于新媒体受众更加强盛的猎奇心理与批判意识，这些"刻板印象"大多是负面的、批判性的，这便使受众态度具有了"天然"的认知偏差。当事件形成较大的舆论风潮时，人们更不愿追究事件的本质，而是借此机会宣泄自己的不满情绪，极易造成恶劣的舆论氛围。

　　"刻板印象"促成"后真相"还需一个重要条件，即"联动"。多元话语主体由于"意义与价值"的不同趋向，形成的"刻板印象"必然不同，甚至是截然相反的态度。这种对事件有失偏颇的多方"意见"在多元话语共存的公共舆论空间中又进行着激烈的博弈与互动，在跌宕起伏的多方撕扯与较量中，危机事件的"价值与意义"也在不断反转。可以说，"刻板印象"使公共事件未能归于本质，其飘忽的"外表"使其成为多元话语"意义与价值"博弈的焦点，"后真相的反转"便由此上演。

　　"中国游客泰国铲虾"事件的不断反转，就是"刻板印象"联动造成的。事件之初，中国游客在泰国自助餐厅"用盘子铲虾""快速大盘吃虾"的现象使中国游客不文明行为再次被推上风口浪尖，这种"刻板印象"并未追究原因而直击现象；而后"旅行团催促""吃虾是最快的选择"使部分公众因现实生活的不愉快旅游经历，开始了对旅行团安排不当的声讨，舆论开始反转；而后，"该泰国自助餐没有什么其他菜品""没有餐夹，大家都用盘子铲虾"的现象又被部分公众关注，再次"反转"，开始对泰国餐厅的管理与媒体的乱贴标签进行了新一轮的质疑与批评。至此，危机事件的"真相"终于浮出水面。统观整个过程，该事件因"刻板印象"的联动使其"意义与价值"不断变化，"后真相"使危机多触角展开且蔓延期加长。

　　由此可见，危机信息的"后真相"最初大多形成于"刻板印象"，是不同"刻板印象"间的"意义与价值"的"反转"。

二、快餐信息生产模式的不期产物

"刻板印象"来源于对事件本质信息的忽略，这是造成"刻板印象"的基础条件，只有少部分人会在全面、多方位了解事件的原委后依然保持偏激固化的态度。心理学认为，人的适应性也充分体现在对信息环境的适应上。人类会根据信息的变化及时调整行动和态度，而新媒体大环境下的信息生产模式则不断验证着人类的这种"优秀的适应性"。

新媒体技术的高速发展以及人们对新媒体依赖程度的提升，使信息的及时性达到了前所未有的水平，甚至与事件同步。那么，随之而来的便是各媒体间时效性的残酷竞争。这使现下的媒体人还无暇深挖事件本质，便要即刻形成报道，才有可能在众多新型媒体以及自媒体中脱颖而出。因此，"快"成了信息首发的重要组成要素，"快捷式"信息已经成为信息生产的新模式之一。

那么，如果一家媒体迅速发出了报道，其他媒体如不紧跟其后，将被这次"信息潮"淘汰。于是，"拿来主义式"的新闻信息又大肆出现。更多媒体希望快速拿来其他媒介的未经核实的信息内容、未经斟酌的标题以及未经沉淀的"事实真相"来作为追赶"潮流"的资本。这种"惰性"同样来源于对时效性的盲目追求。论述至此，我们发现，"快捷式信息"与"拿来式信息"已经成为当今信息快餐的典型模式，而这种模式带来的最大弊端，就是极大可能性的"事实"与"真相"脱节，"表面"与"本质"剥离，这是"逐快"诉求的最典型缺陷。

接下来，人类的信息环境适应性开始发挥作用，当信息快餐到达公众视野，人们便开始对其进行判断与评论。这种浮于表面的信息往往带来上述的"刻板印象"，从而形成未必正确的"意见流"。然而，随着媒体的深入调查与事实的自然沉淀，更加丰满的"事实真相"通过后期的深度报道再次进入视线。人类的信息环境适应性使他们迅速接收新的信息，并调整之前片面的认知，以使"信息"与"意见"开始"反转"，这种"反转"实则是人类对信息的一种重新判断与认知。这种认知随着事件的全面铺开而不断变化。

由此可见，信息的"反转剧"是当下信息快餐的产物，是"快餐信息"

与"深度信息"之间的"反转"。

三、信息标签战的战果

信息数量在新媒体的快速运转中成倍增长，如何在数以万计的信息中爬上热搜榜成了媒体关注的焦点。而在这场关注量的战争中，信息用标签赋予含义的同时，可以让内容更加容易被找到、被关注，因此，"标签"以其鲜明个性的修辞特征成了重要的竞争手段之一，也成了现代信息的典型模式。当然，这种信息标签的赋予实则是一种"意义与价值"的添加，人们在看到信息的同时，也受到了来自标签赋予者——媒体的"意见"。为了赢得更多公众的关注，标签也愈发"精彩"。不得不说，标签由于其短小精炼的修辞形式，必然造成"意义空间"的狭窄与"释义空间"的庞大。也就是说，信息的意义将被限制在短小的、并不全面的标签意义范围内，而信息的外延含义则无限扩大在公众的思想观念之中，"刻板印象"极易在此基础上滋生并蔓延。信息标签战正在上演，其客观性与科学性不言而喻。

其次，公众也正在不断接受着这种标签战给自己带来的快乐。英国学者L.S斯泰宾在其著作《有效思维》中认为：在复杂、多有变化的事情面前，人们在简单、现成的语言中找到了方便的解答，感觉到了把握形势的力量与快乐。也就是说，信息标签的赋予不仅成了媒体吸引受众的手段，同时也成了受众迅速把握事件的一种习惯。另外，由于各类标签的设置以吸引公众目光为原则，因此，公众总会在某个标签中找到情感上的共鸣，并成为该标签的"信徒"，并使其继续发扬光大。因此，信息标签战实则是一场"关注点"的博弈，"关注点"在不同的"意义与价值"体系中形成不同的对事件的看法与态度。在博弈战中，事件变得更加扑朔迷离，形成波浪式的"反转"图景。

正如2016年5月7日晚的那场"雷洋之死"。整个舆论场因其"信息包装"上的几个重要标签进行了多次反转。"雷洋之死"是一场信息标签战引发的"价值观"之争，是一场舆论偏见的反转剧。

由此可见，信息的"反转剧"是标签战的结果，是被赋予不同"意义与价值"的信息标签之间的博弈与"反转"。

四、市场与真相的选择

信息的"后真相"大多源于"刻板印象",而"刻板印象"产生于"快餐式"的信息生产模式,在求快之路中,信息标签战继而打响,然而以上问题均植根于市场与真相的选择。

传播事实真相是媒体的最基本职责,也是自媒体应遵循的基本道德。基于追求真相的目标,事件必然会在深入调查与自然沉淀后由新闻形式浮出水面,客观且公正。然而新媒体传播技术的发展与变革,使"如此新闻"的竞争力急转直下,它们看起来缺乏时效性、缺乏新奇性、缺乏批判性,甚至看起来缺乏话题性。如果说公众热衷于时效性、新奇性与批判性,不如说公众最在乎的是信息的话题性。参与意识逐渐增强的新媒体用户不断靠评论、留言、转载与点赞机制实现自我价值,实现人际交往的目标。因此,"话题性"已经成为"新闻要素"而存在。新闻市场的要求非常明确,消费者强烈渴求"话题":最近发生的话题、最有趣的话题、最具有批判性的话题。这些话题似乎可以保持更加长久的吸引力。那么,眼球时代的媒体人必然将面临这样的一个艰难选择,市场还是真相?消费者还是职业底线?

当媒体人选择了市场,那么必然要求所生产的新闻信息具有市场竞争力,时效性、新奇性、批判性、话题性随之而来,"刻板印象"、快餐信息、话题噱头亦伴随其中。"反转剧"将成为市场主导型信息出版环境下的主要形式与图景。

当然,市场与真相的选择未必是单选题。如果一味执着于真相,必将使自身丧失竞争力而成为毫无舆论引导力的过剩信息;相反,如果无条件追逐市场需求,则会使新闻信息成为献媚消费者的工具,上演无穷无尽的"反转剧"。那么,如何才能兼顾市场与真相将是多元话语共存背景下信息生产的重要命题。

综上所述,不难得知,信息的"后真相"现象在追求时效性的新媒体环境下产生,是一场不同"刻板印象"间的"意义与价值"的"反转";是一场"快餐信息"与"深度信息"之间的"反转";是被赋予不同"意义与价值"的信息标签之间的"反转",而所有反转最终植根于"市场"与"真相"之间的选择。信息的"后真相"现象与其说是一种新媒体革新带来的客观产物,不如说是媒介革命进程中媒体责任感的滞后与晃神。多元话语共存背景下,媒体责任感与信息出版规范的研究应该成为信息"后真相"终结的关键所在。

第三节 后真相时代舆情反转的社会影响

一、舆情反转引发的社会影响分析

(一) 新闻当事者形象被破坏

舆情反转事件最先遭受冲击的便是新闻当事者,当事件未明之时,被报道的过错方不仅遭受着莫名的谩骂谴责,还承担着巨大的舆论压力,大量的新闻曝光和"人肉搜索"使得事件的波及范围越发扩大,又因为网络传播所具有的"蝴蝶效应",不仅当事者形象被破坏,还衍生出一系列隐私被各种侵犯的问题。这些舆论暴力是无形的道德绑架,不仅影响新闻当事者的生活,也给其形象造成严重破坏。

网络上有一个词语最近十分火爆,叫"被去世",意思就是最近几年网络上时常有人杜撰明星去世的传言,并且将新闻信息描绘得有模有样,无论是时间还是地点都十分具体,而网民以及媒体大多都没有辨明真相而疯狂转载,因此造成了明星"被死亡"的乌龙事件。

(二) 颠覆公众心理认知,舆情暴力被诱发的涟漪效应

在舆情反转事件中,首发新闻如同投入湖中的石子在舆论场中呈圆心扩散传播趋势。随着首发者、各种"知情人士"的不断加料,事件一波波被推高并在互动中形成层层涟漪,而公众在此事件中扮演着舆论主体角色,他们往往通过媒介获取各种信息,并根据自己的理解认知阐发议论,可当舆情发生急剧逆转时,便会在一瞬间颠覆其对某一新闻事件或人物在善恶、是非间的认知,

产生强烈的心理冲击与落差，这种涟漪效应随着多次反转不断蔓延甚至加剧了他们的不信任感，对良知、道德等都产生了质疑。与此同时，这种负面情绪的宣泄，再伴随一定的非理性因素、猎奇心驱使，一经媒体传播放大，急速演变为舆情暴力，顷刻间，公众情绪、事件焦点和社会矛盾一触即发，更严重的还会出现极端行为，危害社会安全与稳定。

（三）媒体公信力下降，新闻专业主义遭质疑的断绳效应

后真相时代给社会带来了许多的负面影响，其中很重要的一点是削弱了媒体的公信力。媒体是为公众呈现真实事件的望远镜与显微镜，媒体报道的内容以及报道的方式，直接影响了受众对于新闻事件的理解程度以及对此媒体的印象。而媒体通过传播真实的新闻事件而赢得公众的认可，提升其公信力，而且无论对于传统媒体还是新兴的社交媒体，其职责都是报道事实。"真实是新闻的生命"这句话永远不过时，真实性原则也永远是新闻工作者应该坚守的根本、新闻业立足的基石。

近几年，舆情反转上演，破坏了新闻的生命力，也给千辛万苦累积起来的媒体口碑和公信力带来了重创，这种"断绳效应"使媒体同仁受到了职业操守的严厉谴责，新闻专业主义也频频遭受质疑。当前大多数的新闻反转事件，很多媒体充当着制造混乱的帮凶，他们无视新闻理性，在发布新闻时求时效求卖点，片面化报道，运用舆论的"固定成见"暗示新闻内容，不经核实而仓促发声，既是对新闻自由的滥用，也是对公众信任的亵渎。

如，2017年5月一名网友发布了一则在蛋糕店买的肉松蛋糕洗出来棉花的视频，引起了网民极大的热议和关注，"棉花肉松"便成了热门词语在网络上广泛流传并且引起了极大的反响，食品安全问题与百姓的联系十分密切。随后记者调查走访，并经由专家鉴定后表示肉松蛋糕中并未检查出棉花，此次事件为谣言。不仅如此，朋友圈等平台还出现过"塑料大米""捆扎蔬菜的胶带有毒"等虚假新闻信息曾经疯传，还有许多国内主流媒体争相报道，引起民众极大的恐慌但是最后都被辟谣了。事件几经反转，受众的情绪多次被调动，并且报道与反转的媒体都是国内主流媒体，受众多抱着"宁可信其有不可信其无"的心理，新闻事件可以因为辟谣而平息，但是媒体多次反转新闻事件，不禁让受众对媒体多了质疑与不信任，媒体是人民的喉舌，是负责报道新闻事件并且

传递给民众的，媒体如此摇摆不定不能给民众一个准确的报道，将会大大地削弱媒体的公信力，同时影响媒体的形象，还会对媒体的利益造成一定的损害。

（四）遮蔽重大公共议题，影响精神文明建设有序进行

舆情发生反转极大地转移了社会的关注点，无论是媒体还是公众，在一定时间里所关注与探讨的议题是有一定区域范围的，当反转舆情事件过多占据新闻资源和社会关注度时，一些应被注意审视的重大公共事务却被遮盖或忽视了，这实际是对社会资源的一种浪费和消耗。

（五）舆情反转倒逼真相被深入还原

在各种社交媒体平台快速发展的今天，人人手里都有一支麦克风，都可以在网络上发出自己的观点意见，当这些意见中出现理性的声音质疑或石锤爆料时，会引发媒体或网民的进一步追踪，这产生的积极效果不仅是扩大了新闻传播的自由度，也加强了对媒体的舆论监督作用。无论首发者是某个人还是某一媒体，在质疑—调查—再质疑—再追查的舆情反转或多次反转中，新闻事实被深入调查追踪，直至真相被彻底还原，舆情反转的过程从某种程度上来说就是新闻事实不断被纠正的过程，因为质疑，经过媒体调查、网友爆料等发生舆情反转，而后使新闻事实被理清，事件真相水落石出。

二、舆情反转现象的反思与启示

后真相时代下的"舆情反转"现象是新闻失实的一种特殊表现。不难看出，当下时代信息传播的即时性、互动性有利有弊，有时还会弊大于利。当碎片化的缺乏客观性的信息与公众的社会情绪发生交错时，"意见自由市场"下的"观点自我修正"总显得有些滞后。随着新闻事件各要素信息的逐渐完善，最终被呈现出来的真相与最初的报道"事实"相背离时，必然会导致反转现象的发生。新闻报道不再是事实真相的呈现者，而是引发多幕反转剧的开端，媒介公信力遭受到严重的威胁。

（一）传统主流媒体担当权威信源

传统主流媒体在理论和实践方面都经历了较为漫长的历史发展过程，有其独特的媒介优势和权威话语权。但是，在新兴网络社交媒体平台发展日新月异的时代背景下，传统媒体有时应对无力，总是顾此失彼，未能坚守好自身的权威角色，在事件各个信息要素尚未明晰的情况下，就已经对事件进行了带有明显倾向性的预判，这也是导致随后事件发生反转的一个主要原因。

因此，要让舆情不再反转，对传统媒体而言，需避免过度迎合新媒体特性，保持自身专业理性，树立传统媒体的公信力以及权威信息的发布力、传播力、影响力。不论媒介生态环境如何变化，传统主流媒体机构应该深刻地认识到，要把及时与准确、速度与深度放在同等重要的位置上。主流权威媒体有责任为受众核实事件信息的真实性以及准确性，进行事件全面的事实呈现，而非一味迎合新兴媒体即时、迅速的特性。

（二）媒体从业者坚守新闻专业主义

当下时代，博客、微博以及新型网络社交媒体的发展，使得网络传播进入了一个全新时代，每一个网民都能够成为独立的发文发声平台，因此使得各媒体间的竞争变得愈发激烈。在这样的新形势下，媒体从业者更应该发挥自身专业素养，坚持真实、客观的报道原则，坚守新闻专业主义精神。

因此，在具体业务实践中，媒体从业者要切忌为了第一时间抢发新闻而忽视对事件每一个事实要素的核实，要坚持用全面、真实、客观、公正的内容来提升受众对媒体信息的信任度。作为社会的守望者，或者负有这方面责任的研究者，一定要为社会信号的解读提供正确的方法，不要被表面的舆情话语牵着鼻子走，不要用简单的逻辑进行肤浅的图解。坚守新闻专业主义，切实担当好社会"瞭望者"的角色，正确引导社会舆论。

（三）提高网民媒介素养

媒介素养是指人们面对媒介所传播的各种信息的选择能力、理解能力、质疑能力、评估能力、创作和制作能力以及思辨的反应能力。在后现代社会里，在文化的浅层化、碎片化以及去中心化等特征表现得日益明显的媒介情景下，受众的阅读能力不应当减弱，而应该加强，只有增强受众的信息批判与鉴别能力，才能够增强受众对信息的全方位理解。所以，提高受众的媒介素养是十分重要且紧迫的。

中国网民数量已超过七亿人，而网民中占比最大的为青年人群，这一群体受年龄、阅历等条件的限制，难免缺乏足够的理性，容易凭借个人喜好和直接感受对事件作出判断，从而使得网络舆论常常存在一定的情绪化。直观现象一旦发生变化，公众情绪便会迅速转向，从而促使舆情表现出反复无常的特征。

因此，网民切实提高自身的媒介素养是十分必要的。面对争议，多一分冷静，尊重事实、理性思考，切勿盲从与情绪化表达，要做新媒体信息时代的理性公民。

第四节 后真相时代的舆论引导策略

一、"后真相"时代给网络舆论引导带来的挑战

（一）加剧民众的心态失衡，恶化网络舆论生态

"后真相"现象不是在单一思潮与主义的影响下产生的，而是在网民自身利益的驱动下受到民粹主义、犬儒主义、反智主义等思潮的诱导催生而成的。在网络空间，犬儒主义者怀疑一切的他者，用各种冷嘲热讽的话语来戏谑、嘲讽主流价值观；民粹主义者打着维护草根民众利益的幌子，煽动网民反权威反精英，鼓动网民"仇富仇官仇专家"；反智主义者否定追求客观性与真相的可能性。在"后真相"现象的不断强化和影响下，网民的心态极易受到扭曲与失衡。情绪躁动和任性宣泄是其首要的表现。"后真相"强调的是"情感优先，事实滞后"，所以，"后真相"的制造者抓住网民的"痒点""痛点""泪点"，运用煽动技术。网民的情绪极易被他们煽动与激起而"利令智昏"与"情令智昏"，甚至会成为"网络暴民""网络群氓"。此外，"后真相"现象容易促使网

民产生信任心理的异化，"信任不应该信任的，即无原则信任，结果将造成信任的功能性失调；不信任应该信任的，即强迫性不信任，结果将阻碍信任关系的互动"。信任的错位、越位和乱位是网民心态失衡的重要表现，如有些网民"不信事实，信谣言"。在网络空间，当情感被毫无节制地煽动，情绪被任性地宣泄，信任对象与内容被不断地异化，那么，诸多充满暴虐、丑恶和失态等负能量的语言与行为就会在网络空间甚嚣尘上，势必会破坏网络舆论生态。

（二）网络舆情治理的难度提高，舆情安全漏洞可能频出

当前，随着"后真相"浪潮来袭，网络舆论信息中的假新闻不断增多，它们掺杂于海量的信息之中，短时间内难以核实它的真实性。同时，舆论背后的观念更加具有多元性，民粹主义、反智主义、新自由主义等思潮在网络中共生，而每种思潮背后代表的都是部分群体的利益，可以说这也是多元利益的交锋与碰撞。

虚拟与现实的界限愈益模糊，线上与线下更加交织重叠，谎言与真相更加真假难辨，舆论场越来越大，也越来越复杂。概而言之，当前网络舆情治理的难度体现在：舆情变化速度更快。在"后真相"时代，人人手握麦克风，网民争相在网络中发表意见，网络舆论被不停地更替与迭新，这给网络舆情的监管带来巨大的挑战；舆论监管的宽度更大。网络空间是一个自由而辽阔的信息广场，进入这个信息广场的道路有很多，进入网络的端口也非常之多，因此舆情监管非常不易；舆论信息的真假辨识度更难。

二、"后真相"时代的舆论引导策略

（一）发挥主流媒体的舆论引领责任，及时传播权威新闻事实

当前传播背景下，社交媒体的兴起促进公众的多元化表达，尤其针对特定敏感的新闻话题会引发公众的自发传播，互联网为公众"赋权"后，公众对社会公共事务的参与主体意识增强，在网络虚拟"公共领域"内对公共事务进行信息分析、讨论和评判，形成多个潜在的民间舆论场。在这种背景下，结合"后真相"的特征，社会要实现意见整合，需要充分发挥主流媒体的舆论引导

作用，及时正视听，防止针对敏感话题的公众情绪化传播。在网络上，每个人都是没有执照的电视台，个人的信息传播渠道比以往任何时代都发达。随着多种媒体技术的发展，网络自媒体直播等平台的出现，为个人发布新闻提供了便利，进一步吸引个人加入对信息的传播中。个体往往成为网络舆情的形成和扩散中心，尤其是负面消息经过个人的网曝光后，会迅速在新闻网站、社交圈、论坛等传播开来，形成网络舆情。政府若无视"后真相"时代的情绪化话语表达，对反映出的问题不闻不问，会使公众产生抵触叛逆心理，民间舆论的积聚会形成网络群体极化现象，甚至演变成线下群体性事件。

这种传播状态下，需要发挥主流媒体的舆论引导作用，发挥其"铁肩担道义"的社会责任，将事实真相告知给公众，及时、准确地将权威信息发布给公众。"后真相"时代，公众对信息的分辨能力有限，很容易在情绪影响下认知信息，在信息解码过程中理性判断缺失。主流媒体拥有新闻专业化的成熟操作能力，其公信力和严肃性高于新兴互联网新媒体。在各类新媒体形式迅速发展的今天，主流媒体必须承担起社会公器的角色，成为社会责任的守望者和严肃权威新闻的"领头羊"，通过协调处理政府、公众与媒介信息资源之间的关系来促进社会和谐。

（二）把握公众信息认知规律，注重公众情绪的理性引导

"后真相"时代，公众参与公共事务讨论的积极性提高，尤其是在社会化媒体迅速发展与情绪主导事件认知的趋势下，公众对事件的认知偏差会迅速在网络上进行传播，一些误导性信息甚至虚假信息会误导舆论，造成负面社会影响，甚至影响社会稳定。"后真相"时代，尤其要把握公众信息解码规律，在公众信息解码中受"框架—启动效应""晕轮效应""刻板印象"等心理的影响。"框架效应"是指人们对事物的认知受先前经验框架的影响，以一定的框架来认知事物和产生判断。"启动效应"是指由于之前受某一刺激的影响而使得之后对同一刺激的知觉和加工变得容易的心理现象。在"启动—框架效应"下，组织在进行传播时，要考虑组织传递的信息对公众先前经验的情感、记忆和框架唤起，这种唤起会影响公众的网络信息解码心理。"晕轮效应"又称"光环效应"等，是社会认知偏差，指当认知者对一个人的某种特征形成好或坏的印象后，还倾向于据此推论该人其他方面的特征，本质上是一种以偏概全

认知上的偏误。"晕轮效应"被用在组织形象传播的情况非常普遍，这一效应对形象传播有重要启示。如果公众对组织的某一方面认知是正面的，那么这种正面印象很容易扩展到组织的其他方面，如果公众对组织某一方面的认知是负面的，那么这种负面印象也会迅速扩展至其他方面。"刻板效应"亦称为"刻板印象"，是指公众对社会事物的某种固定的、笼统的、模式化的印象。在组织进行形象传播时，也要破除这种"刻板效应"的作用。由于"后真相"时代敏感信息的鼓动性和网民的情绪化，网民仅从某一角度或通过不准确的信息了解和判断事实，加上群体的情绪相互感染，一种自定义的"正义"形成极化趋势，这种群体极化可能会蔓延到现实中来，群体进行线下集结，共同为某一目的进行非理性的行为，爆发群体性事件，群体性事件的影响使得网络事件的热度蔓延到线下，对事件涉事主体来说，这一时期再进行危机处理将更加困难，而且负面舆论的影响范围已经扩大，造成社会意见整合的难度增大。

如果官方对民间舆情采取忽视或逃避态度，会造成民间情绪的积压甚至爆发，形成群体极化现象，社会问题得不到有效解决。要实现社会意见的有效整合，需要把握公众信息解码规律，了解公众信息解码心理，有针对性地进行公众情绪的疏导，以实现信息的有序、通畅传递。在公众的信息解码中，存在三种类型的解码情绪，即顺从式解读、协商式解读和对抗式解读。而"后真相"时代的信息解码呈现鲜明的对抗式情绪特征，尤其是在涉及某些话题的新闻报道，网民会自动形成对事件属性的判断和认知，在不了解事实全部真相的前提下做出判断，舆论倒向一边。这就需要及时向公众公布权威的事实真相，与公众进行平等、双向、互动对话和沟通，将公众情绪引向理性。

第七章 多元话语视角下的突发事件

第一节 突发事件网络舆情的媒介要素

一、新媒体及其传播的特征

（一）即时通信工具"百花齐放"

早在2005年，腾讯QQ同时最高在线人数已经突破1000万；至2014年即时通信是互联网第一大应用，网民人数高达5.88亿，使用率高达90.6%。随着移动互联网的发展，微信、遇见等众多即时通信工具出现，可谓百花齐放。

目前使用者最多的即时通信工具是微信。微信是腾讯公司推出的为智能手机提供即时通信服务的免费应用程序。微信基于跨通信运营商，通过网络快速发送免费语音短信、视频、图片和文字，是支持多人群聊的手机聊天软件。功能涵盖了手机QQ的功能；能搜索物理范围内的微信使用者；界面简单易操作，对话式的聊天窗口清晰环保。语音聊天和拍照、视频功能也是微信的新特征。

（二）微博另辟新锐意见广场

近两年来对虚拟社会及现实社会影响较大的网络谣言，大部分源自微博平台。2012年上半年，我国微博用户数量达到2.74亿，使用率超过50%。

微博可用手机上网，发布一次不超过140个字符的信息，手机在手，就跟电视现场实况直播一样。"意见领袖"在微博上的言论，对网民的感召力或煽动性极强。

（三）轻博客与微博客相得益彰

轻博客是介于博客与微博之间的网络服务；微博倾向于社交和传播，轻博客吸收了双方的优势。轻博客的出现源自于微博客及其丰富的应用程序。

（四）自媒体传播自主化、个性化

自媒体是学者们分析博客发展时引入的一个概念，特点就是进入门槛低，可以自由选择；是普通市民经过数字科技与全球知识体系相联。自媒体改变了以往的新闻传播模式，由传者传播新闻给受者的"广播"模式——"互播"。自媒体的核心是基于普通民众对信息的自主提供与分享。

自媒体的兴起降低了公开发表意见的门槛，打破了传统媒体时代"公开发表意见需要经济实力、社会地位或个人水平"的局限。与缺乏不同意见的传统媒体相比，从自媒体中能够倾听到更多真实的民意，随之出现的是自媒体传播的个性化和网络舆情的泛化。

（五）移动性、泛在性和即时性突出

移动性随着移动互联网的产生和发展而存在，用户采用移动终端连接互联网。移动性是泛在性和即时性的重要根源。泛在是指"无时不在、无处不在、无人不在"的网络环境。移动性使进入互联网社会的硬件条件由一部电脑变成了成本更小的一部手机，使用户能够随时随地接入互联网。泛在性和即时性使应用形式和传播途径更加多样，信息传播更加灵活，手机微博"随手拍解救剩男剩女"即是典型的事例。

二、膨胀性网络的发展态势及舆情特征

（一）膨胀性网络的发展态势

1.网络技术膨胀和网络应用扩展

自媒体等网络应用快速扩展。博客、播客、SNS和微博等典型用户生成内容的应用类型，得到了网民的热情回应和充分利用，形式还在不断提升和拓展；社交网站和微博等基于用户关系的网络应用，使网络空间发挥了更多的社交功能，加速了网络社会与现实社会的相互渗透。

移动互联网快速发展和普及，让世界上每个角落的人们连接起来，实现了网络"无处不在、无时不在"的"泛在化"，信息传播扩散和社会动员发动的范围更广，网络的社会影响力日益强大。

2.网络信息膨胀和网民规模扩大

膨胀性网络表现为信息源激增，信息内容种类多样化，网络诉求井喷等。网民数量的激增。低年龄、低学历、低收入的草根网民的规模扩大，进一步引发网络信息的膨胀和网络影响力的膨胀。

3.网络影响膨胀和网络渗透深化

膨胀性网络对人类生活习惯、思维方式和行为方式的改变。在网络阅读时代，人们检索式、跳跃式的网络阅读影响着个人知识体系的构成和完整性；人们的学习、工作和娱乐大多通过互联网来实现。

膨胀性网络对集体行动模式的改变。膨胀性网络背景下的集体行动跨越网络空间与现实空间，在表现形式、动员模式、现实影响等方面产生了新特征，对网络社会和现实社会带来较大的冲击和挑战。

膨胀性网络对网民政治参与模式的改变。网络社会的发展影响着公民政治参与热情与程度，互联网的发展普及，使得公民参与群体扩大、参与方法多渠道化，互联网对公共参与和社会政治产生多方面深刻的影响。

(二) 膨胀性网络的舆情特征

1.网络舆情年轻化、情绪化

随着膨胀性网络的发展，大专和本科及以上学历网民均有下降态势，学生、企业一般职员、个体户/自由职业者三大群体在网民中占比进一步增大，网民结构扁平化、草根化明显。

学生群体在网民中非常活跃，使网络舆情随之年轻化。高校热点事件的网络舆情和其他热点事件的负向性网络舆情中，具有重要的研究意义。

2.网络舆情碎片化、庞杂化、泛化

网络信息碎片化是指信息来源越来越广泛、网民接受信息片面化，导致网络信息的庞杂化，使网络舆情或网络信息的影响力不断增强。

网络舆情的泛化是指随着热点事件网络舆情的演化，舆情议题、舆情表达等在内容、深度上的扩散。网络舆情议题的泛化是由于网络载体的即时性和联动性强，导致初始议题的关注度不断下降；舆情指向的泛化主要是由于网民意见的倾向性强烈，导致舆情初始指向关注度不断下降；舆情表达的泛化是因为参与主体以年轻化的学生和年轻人居多，舆情表达不断分散化。

3.网络舆情娱乐化、泛政治化、泛道德化

"打酱油""被某某"等社会流行语和各种文字、视频等形式的网络创作，体现了网络舆情的娱乐化、无厘头化，且背后都折射出当下重要的社会心态。通过观察热点事件的网络文本可以发现，与政治有关的事务往往更容易触发网友的娱乐神经。网络舆情逐渐呈现泛道德化、泛政治化趋势。

4.网络舆情负面化、情绪化、偏激化

网络群体性事件及其负面的网络舆情、反向政治认知的外在表现、网络推手、人肉搜索、网络恶搞等都包含有大量的负向性网络舆情。在涉及政府和官员时，网民评判向负面评判"一边倒"。舆情负面化、定势化现象的动因包括网络拟态环境对负面信息的传播，网络载体多元化导致的拼图效应失效，网民的"刻板印象"被激活等。

三、舆论场的分化趋势

（一）舆论场的概念界定与发展进程

舆论场的界定有两种：一种是时空环境观。即将舆论场认定为舆论得以形成的外在要素。

关于舆论场的区分较为多元。以载体为视角，将舆论场分为传统媒体舆论场和网络舆论场；或以支撑群体为视角，将舆论场分为官方舆论场和民间舆论场；或以时序为视角，将舆论场分为旧舆论场和新舆论场。

历史地看，自有人类社会并有话语交流后，舆论即诞生。在生产、生活或交往中，个体或群体会在某些问题、事件、现象中形成某种观点等，这种舆论倾向将形成社会氛围，成为更多人发表观点或态度的基础，舆论场形成。随着文字发明和记录载体出现，舆论具有了新载体，这些文字或话语载体逐渐发育成人们交流的直接媒介并专业化，成为大众媒体的一种形式，媒体舆论的发达促成了媒体舆论场。

在舆论及舆论场的发展过程中，舆论载体或场域在增加和变化。随着人的群居或分化及人类组织化，不同群体的舆论出现了分离。造成了基于不同群体的舆论场出现。民间舆论场处在公共舆论边缘地带，处于分散、初始状态，常为主流舆论所忽视。在社会发展过程中，舆论不仅具有了更大的传播可能，出现了"造舆论"现象。政府或精英等为彰显合法性和良好形象，刻意制造舆论并以"宣传"方式凸显。

（二）舆论场的分化趋势

1.社会口头舆论场

社会口头舆论场作为舆论孕育和传播形式自古即有，且舆论传播具有交互性、反馈性及敏锐性等特征。早期口头舆论场以民众为主，民众从自身感受出发，在口口相传之中形成了"口头舆论场"。

从政治角度观察，社会口头舆论场包括基层民众口头舆论场和知识分子口头舆论场。以政治议题而言，民众舆论场议论对象包括村社和国家层面领导人，呈现出"关注两头、忽视中间"。民众议论事项包括国家惠农、惠民政策和民生问题等。民众舆论场中，舆论指向基层政府不作为、腐败等，表现出反官情绪。从民众舆论场发育看，由于民众信息获取渠道有限，言论经过了自我想象和加工，导致舆论场品质较差。

以官员舆论场而言，较高层级官员通常相互间交流有限，基层官员可通过聚餐等方式进行交流。基层官员舆论场中，舆论指向民众；舆论对工作消极评价或感到升迁无望。基层官员对工作表现出无奈、制度的批评和不满。指向民众的舆论表现出官员和民众的认知分化，形成了双向的反向政治认知。

知识分子舆论场是较为特殊的舆论场。知识分子具有"评论时政"的积极性，塑造和影响舆论。知识分子群体通过学校、讲座等方式形成交流圈层。在知识分子舆论场中，舆论是"评议时政"，试图表述各自的思想和主张。知识分子内部形成了话语和政治取向的分化。舆论往往存在对学术圈或学校不满。

2.传统媒体舆论场

大众媒介所营造的舆论场比其他意识形态更直接地影响政府的活动、群众情绪和社会舆论。传统媒体舆论场在引导社会言论、影响民众观点、拉近官民距离等方面发挥着很大作用。

但在中国，由于传统媒体舆论场的官方性，由此导致：个别舆论话语脱离社会。有的传统媒体政治色彩浓厚，个别媒体没有体现出关怀社会的温度和深度，形成了自上而下的"盛气凌人"之势。在指出社会问题时，缺乏温情的话语；部分传统媒体舆论娱乐化。

3.网络舆论场

互联网构成了个人表达和公共讨论的崭新平台，网络舆论的影响力和威力达到新的高度。靠着信息传播，聚合起社会的巨大群体性舆论，使得新媒体言论成为影响巨大的舆论场。网络舆论场是由"新媒介场""心理场""社会场"交汇而成。自发、独立的网络舆论及时地反映了民声。网络舆论场是意见的集散地，是形成社会舆论的源头和最初推动力。

网络舆论场随着网络影响力扩大而成熟。早期网络空间属于"网络游民"领地，网络舆论表现出脱离管控的取向，在其他传统媒体场中无法表达的娱乐性、政治性舆论都可在网络舆论场表达。中国网民作为具有舆论能量的"新意见阶层"，正在形成有现实影响力的"压力集团"。在网络成为政治诉求空间的同时，网络成为网民的言说天地，网络舆论表现出嬉皮士的反抗、沉默式煽情、看似平淡的嘲讽等特征。

随着权力、知识等强势群体对网络场域的发掘，网络舆论场表现出超越草根话语空间的态势。官方力量通过网络管理员、网络评论员及新闻网站等加大了话语量，官方舆论得以呈现；一些政治群体通过建网站、写博客、转微信等方式"推销"某种政治言论，导致冲突性舆论凸显。利益上的灰色网络力量加强了对网络舆论的操控，如公关者、网络推手等组织力量干扰或制造舆论，成为舆论场中的新兴异常力量。国外势力为抢占互联网高地，通过网络水军加强对网络舆论的影响甚至操控。网络舆论场话语权争夺日趋激烈，网络舆论场从民间话语平台演化成为分化的舆论竞技场。

微博等新媒体的快速发展增强了网络舆论场的威力。微博用户规模大且增长迅速，给公众带来新的话语空间。微博的裂变式传播方式加快了舆论传播的速度。微博的传播是裂变式传播，一个人的微博可以被其"粉丝"转发，使信息的关注数量呈裂变式增长。微博所呈现出的公共性，赋予网民公共话语权。公共话语权在裂变式传播方式下，微博平台影响力加强而扩大。在移动互联网时代，微博、微信等移动性强的网络载体，具有联动力和高凝聚力，构成了网络舆论场的潜在风险。

四、网络在群体性突发事件中的作用

（一）网络本身的属性及特征

网络从构成上来说，由信息与网络共同构成的信息传播渠道，信息与网络的属性及特征的综合是信息网络的特征。网络传播充分利用多媒体技术，内容形式多样；与受众之间能够比较充分实现互动。由于参与网络传播的人众多，传播者素质良莠不齐，网络上信息的可靠性、准确性相对较低。信息可传递、可利用等特征及网络快速等特点，使信息网络在群体性事件过程中可成功实现信号，实现资源共享与情报互传，营造有利于群体性事件发生的舆论场。

（二）网络在群体性事件发动中的作用

群体性事件爆发的原因：

1.国内矛盾：经济转型引起的分配问题扩大，社会管理方式与民主意识进步不协调等；

2.国外势力：是因国外势力借助中国民族问题进行煽动而爆发；

3.国际矛盾：集中在中日关系、中美关系上等，沉淀的历史问题和民族感情被敏感事件激发出来，引发群体性事件。

（三）网络在群体性事件发展中的作用

由于微博等新媒体的出现，网络信息的及时性和信息交互的快速成为可能。2010年中日撞船事件发生后，网络关于此事的报道全面展开，反日游行的倡议出现在各大论坛、贴吧以及校园BBS上。网络在反日游行中发挥了助推作用。

（四）网络在群体性事件消弭中的作用

所有群体行为具有政治危险，群体性事件容易被政治化。网络、手机将建构出全新的社会关系网，瞬间集聚的陌生人，由集体意识做了串有意义的抉择。网络可促进信息传播，但网络如果处于某种控制之中，信息传播也将出现问题。通过对事件形象的再塑造，可使群众情绪逐渐转移，使瞬间集聚的陌生人所构成的组织瓦解，群体性事件最后消失。

网络可成为群体性事件孵化器，可成为政府舆论监控的帮手。诸多群体性事件的处理表明，在民众情绪得到宣泄的情况下，采取有效网络监控，最终使事件消弭。

在消弭阶段，配合正面信息的网络传播，进行新的议程设置，转移民众舆论焦点。

第二节　突发事件网络舆情的内容要素

一、从政治传播学视角看网络舆论的结构性缺陷

（一）大众媒介的政治传播功能

1.设定议题

"议题设定"的概念起源于1963年，大部分的时候报纸的力量是极成功地告诉读者可以想些什么。论断被认为是议题设置理论的标志性开端。后来，议题设置理论得到了麦克姆斯和唐纳德·肖的证实和发展。议题设置理论作为20世纪70年代传播学的研究热点而迅速流行开来。它彰显了这样大众媒体通过议题设定，决定报道什么和不报道什么，并引导公众和政府关注某些问题。

2.信息的"把关""过滤"和"强化"

"把关人"是社会心理学者卢因提出的。他认为："信息传播网络中布满了'把关人'"。在传播学中，"把关人"是普遍存在的现象，它可以是个人，

也可以是集体。传播媒介从整个社会的角度来看，是全社会信息流通的"把关人"；从传媒内部来看，不同的媒介具有不同的"把关人"。

"把关人"在传播者与受众间起着至关重要的作用，信息的处理手段：过滤不当信息；抑制有害信息；强化有用信息。前两种针对的是信息的加工和抑制，树立社会规范；后一种是针对受众的心理特点强化传播效果。大众传播媒体的强化特点：综合性强化，运用不同信息手段和方式强化，围绕同一内容或观点，形成综合影响效应；持续性强化，利用即时性特点，对同一内容或观念反复传播；潜移默化方式，利用大众传播媒体生动、形象的特点，进行潜移默化的影响。

3.传递规范化、标准化的群体价值

与人际传播、组织传播等相对应，大众媒介是点对面的扩散式的传播过程。如果说人际传播的传播对象比较明确，大众传播的对象具有不确定性。尽管大众媒介因为传播的单向性、迟缓性常遭到诟病，但由于大众传播的群体化传播特性，有标准化、集中化、专业化特征。

（二）网络传播的困境及网络舆论的结构性缺陷

1.从网络的"自媒体"性质看，个性化传播将带来价值的碎片化

作为个体化传播工具，网络提供了个性化的传播服务。网络被人们形象地称为"自媒体"，还有参与性媒体及协同媒体等。相比而言，以电视为代表的大众媒体，虽然在个性方面无法与网络媲美，但大众媒体的标准化、群体化和规范化利于社会价值的整合。到了网络空间，由于网民随时可以"用脚投票"，加大了信息流通的自由，也增加了信息聚焦的难度。网民在网络时代，可以根据自身偏好选择和接受信息，以自己的兴趣来选择交流互动，结果是出现有高度自主性的由分化而类聚的小团体，导致价值的碎片化。

2.从传播主体的结构特征看，网络舆论具有理想化、娱乐化和负面化特征。网络参与的特征势必影响网络舆论的方式和内容。年轻化和娱乐化密不可分，在网络空间，没有什么事情不能拿来调侃，那些新奇的和煽动性的信息更能吸引年轻人，很多娱乐事件被上升到群体性事件，导致"公共领域私人化和私人领域公共化"的恶果。

知识化提高了参与的效能，导致参与目标的理想性和虚幻性特点。

3.从传播内容来看，网络传播具有夸张、戏剧和偏激的特点

网络的隐蔽性特点使得网民能以"隐形人"的身份在网上参与政治活动，减少现实政治参与的不安全感。网络的隐蔽性导致的后果是道德约束感的下降及非理性行为的盛行。在网络空间，由于网民具有高度的自主性，往往"语不惊人死不休"才能引发兴趣，理性温和的观点容易被淹没。

网络传播难以避免"群体极化"的影响，造就"极端的人群"。群体极化是指群体成员中已存在的倾向性通过群体得到加强，加强到具有支配性地位的现象。由于网络具有无限链接和"协同过滤"的功能，即每打开一个网站就会有大量的相似链接，会加速偏见形成。网民具有高度的自主性，是由分化而类聚的，表现出群体内部同质、异质的特性，容易在互联网上分成几个鲜明的派别。

二、网络群体性事件的概念辨析及指标设定

（一）网络群体性事件概念的界定及辨析

1.网络群体性事件包括网络与现实相互交织型事件、网络转化现实型事件，体现了虚拟与现实相互作用原理

从虚拟现实理论来看，网络的虚拟空间和现实间是无法分开的，网络是现实生活的折射，纯粹的网络群体性事件其实并不存在。网络空间与现实世界是相互联系的。网络传播的内容是来自现实世界而又服务于现实世界的，它绝不可能脱离人类的物质交往活动。即使是网上聊天，甚至网络宣泄、恶搞，所聊的内容是现实生活的折射，聊完后参加者必然带着聊天中获得的印象和观念回到现实生活中去。纯粹的网络空间发生的群体性事件并不多见，网络不可能不影响现实。网络群体性事件是网络空间引发的集群事件。

2.网络群体性事件的客体可以是由非公共事件引发的社会矛盾导致，取决于事件的社会影响力，由于公私界限的模糊，会出现"公共领域的私人化和私人领域的公共化"的后果。网络事件的社会影响力指数包括网络点击率、官方反应度、时间的持久度，指标是衡量网络群体性事件的底线和标准。

3.网络群体性事件是非制度化参与，功能具有两面性

关于网络群体性事件的功能，有学者把它确定为有破坏性的负面事件，也有建设性。争议虽然在某种程度上触及网络群体性的特征，但是没有涉及真正本质。

政治参与是参与主体通过直接或间接试图影响和参与政治生活的行为。从行为方式上看，表现为口头参与，也可以是书面参与，还可以表现为以实际行动参与。从政治参与动机来看——积极参与、被动员参与和消极参与。从政治参与的角度来看，网络群体性事件的产生具有复杂的缘由，是由于相关制度缺位所致，和缺乏执政者的包容和理解所致。由于现实政治参与渠道不畅通，公民通过正常的表达途径无法得到回应，选择了网络进行表达和参与，互联网条件下，网民采取较为极端的方式进行表达，这样才能引起广泛关注。这种特性注定了网络群体性事件的多重特性，有时是纯破坏行为，有时又是维权行为，有时还是政治监督和纠错行为。

（二）网络群体性事件的指标设定

1.网络群体性事件的衡量指标的设定

我国目前对群体性事件衡量指标的规定比较明确，但对网络群体性事件的指标设定仍然处于空白。在我国，认定群体性事件，具有四个方面的辨识标准——五个人以上；有一个共同的行为指向；程序上缺乏法定依据；影响秩序。

这些指标如直接套用在网络群体性事件上是不合适的。网络空间的政治参与是虚拟身份，它的影响力也包括隐形影响力。必须设定新的指标体系，来衡量网络群体性事件。国内的网络舆情研究者试图对网络事件实现量化，为政府提供研判和预警机制。人民网舆情频道研究中心尝试通过量化手段测量地方政府对事件的反应灵敏度，指标设定包括事件的社会影响力指数、政府应对能力指数等，为我们精确设定网络群体性事件奠定了基础。

2.网络群体性事件的诱因敏感度的等级设定

网络群体性事件纷繁复杂的背后，是有章可循的。公众的焦虑和主要矛盾是网络群体性事件引发的主要诱因。目前，对网络群体性事件的诱因研究是建立在直观和经验的基础上的，研究方法停留在定性分析。未来的研究方向应把引发网络群体性事件的诱因进行量化。

3.网络群体性事件中舆情演化数据及模型的建立

网络群体性事件舆情数据汇集和数据库建立。数据汇集：网络群体性事件舆情数据采集、舆情态势监测所需信息的汇总等。要研究确定定义明确、语义语境无歧义的基本数据集标准，实现网络舆情信息在收集、存储等应用中的可比性，保证网络群体性事件舆情信息的有效交换。建立网络群体性事件的舆情趋势演化数据库。

网络群体性事件舆情状态分析。研究如何获取网络舆情的状态信息，包括群体性事件舆情要素的属性分析、情感倾向性分析、舆情话题敏感性分析、事件关联关系分析和事件因果关系分析。

网络群体性事件舆情趋势预测。在获得网络群体性事件舆情的状态信息后，研究如何结合群体性事件舆情演化模型预测网络群体性事件舆情发展趋势。

网络群体性事件的治理是一个复杂的系统工程，犹如复杂社会的一面镜子，在一定程度上折射了所处社会的政治生态。对于网络群体性事件的治理，应深入到社会心理以及公众焦虑中去，更新话语体系，这才是网络群体性事件治理应对的治本之道。

三、突发舆情危机事件的衍生效应

（一）舆情聚焦带来的衍生效应

由于网络传播参与成本低，传播规模和影响可迅速扩大，网络舆情发展的集聚效应十分明显。网民在舆情聚焦态势下，发挥各种显能或潜能，上演"群体围观"，形成"共景监狱"。

（二）舆情发散带来的衍生效应

在全民"麦克风时代"，每个人都可成为信息渠道和意见表达主体。在舆情发散过程中，更多人注意到事件舆情功能，会制造类似事件以实现利益诉求；有些网民或媒体会借助舆情热点，爆出更多类似问题；尤其当某个事件作为一种现象被热议，网民或媒体会将类似现象暴露。

（三）舆情动员带来的衍生效应

政治动员的主体在网络时代，不再被以往权威性国家和政党所垄断，已跻身政治动员主体行列。突发舆情危机事件发生后，各主体成为衍生效应触发因素。动员型舆情作用下，朝着规模更大、危害更严重的方向发生变异。

四、网络热点突发事件中的舆情关联现象

（一）网络热点突发事件舆情关联的内涵

学界已广泛关注网络热点事件方面的研究，关于心理效应、"新闻标签"等的学术成果颇丰，消费社会理论、流变学原理的运用有利于认知网络热点事件的多发。

舆情衍生、舆情连环事件、舆情共振均强调了热点事件舆情的联系、变化，从时间序列的角度对舆情在事件演化进程之中的形态加以探索。但网络热点事件间的联系存在去中心化的趋势，无绝对中心存在。已有概念在此方面简单涉及，未对舆情间的联系形成宏观格局上的认识，未能专门探讨舆情间联系的类型等，概念之间缺乏较好的继承和整合。

（二）网络热点突发事件舆情关联的类型及表现

主体型关联关注的是网络热点事件的涉事主体。网络热点事件舆情由于显见或潜在的主体因素而产生关联。由于涉事主体会被"标签化"处理，网友根据主体身份可将其划归到官、腐、富、警等群体中，不突出的主体可能使舆情关联起来。

主题型关联是指诸多网络热点事件因存在相似或者相同主题而产生的舆情关联。

情绪型关联是指相同或相似的情绪、意见和态度。

舆情簇存在于单个热点事件之中，在本体事件的基础上产生相应的主体及情绪。网民围观和媒体报道的共同作用会"牵扯"出相关主体以及次生话题。次生话题对当事人负面新闻的挖掘为主；网民和媒体还对当事人的相关者

"曝光"，进行负面新闻的追踪。

舆情集存在于多个热点事件之间，是多个舆情簇的集合。舆情集的形成会促使网民和媒体聚焦于某个主体或某种情绪之下的诸多热点事件，形成共同关注。

（三）网络突发事件舆情关联的成因

从网络信息角度看：一网络社区为网民进行信息互动与交流创造了条件。新媒体的发展促进了信息传播在数量和速度上几何级数的增长，为事件关联讨论奠定了基础。网络热点事件信息具有"眼球效应"。

从网络媒介角度看：网络媒介具有推动舆情关联的动力。网络媒介通过对网络热点事件的追踪，将不同地点、时间的热点事件进行关联呈现，增加网媒访问量，创造经济效益；网络媒介具有协同过滤功能。信息时代造成信息过载，大量无用的冗余信息严重干扰了网民对有用信息的精准选择；网络媒介可进行议程设置。

从网民角度看：网民与媒体间存在信息不对称；网民的结构化趋势较明显；网民存在群体记忆。不同地点、时间发生的事件被媒体报道后，促使网民产生关联，抽取事件中的主体或情绪，形成规律性认识，在事件平息后对其形成特定记忆；网民的属性与诉求类似；特殊网民群体的存在。网络推手、网络黑客、舆论领袖等特殊网民借助热点事件赚取人气或达到商业目的，使得舆情放大和延伸。

五、网络谣言的发展态势与传导过程

（一）网络谣言的发展态势

近年来的网络谣言大体有以下两种类型。

特定现象诱发的谣言，典型的是各种地震谣言。在汶川地震后，由于对地震灾难的记忆和地震征兆的认知，一些自然或人为现象引发的地震猜测不断发生。

突发事件诱发的谣言。从诸多突发事件看，如果信息缺乏或真相不明，就会引发大量谣言。

（二）网络谣言的传导过程

网络谣言传导过程可从谣言传导路径和载体等角度分析。从网络谣言传导路径看——谣言形成与传播。谣言传播可分谣言变异、扩散和转化等；谣言扩散指在多元主体多样行为推动下，谣言通过血缘、业缘、地缘等"圈层结构"而呈现"波纹式"扩散和蔓延。

从网络谣言传导主体看，传导主体是各类网民，在网络谣言向现实延伸中，非网民也会参与到谣言传导中。

从网络谣言传导载体看，以网民可直接参与自媒体和交互媒体为主，在谣言传播中没有发挥明显作用。这些媒介可将谣言事件作为新闻"广而告之"，并发挥"辟谣"功能。在谣言形成阶段，自媒体在扩散等方面发挥巨大作用，当谣言发生时，网民会通过手机等媒介快速向关系群体传递谣言。

第三节　突发事件网络舆情的演化机理

一、突发事件网络舆情的孕育

（一）突发事件网络舆情孕育的主体要素

1.网民层面

网络舆情的主体是网民。现在的网民正像30年前的农民、20年前的乡镇企业家那样，自发地、每日每时地释放着非体制的力量。他们经常性地以互联网为传播和交流媒介，通过上网获取信息并参与网络互动，通过发表个人见解表达情绪和态度。随着网络日渐社会化，网民内部分化、分层态势逐渐呈现，即在互联网发展初期还可将网民看作"铁板一块"的群体，但现在的网民群体是一个多样化的复合群体。这个群体内部包括没有知识、技术和权力优势的网络草根阶层，具有一定知识和分析能力且能够影响、作用甚至引导事件舆情的网络意见领袖，具有较强的技术能力且利用技术优势影响、干扰甚至操纵舆情的网络推客，还有大量以营利为目的的网络公司，他们有意编撰虚假信息，以吸引眼球，增加点击量。宽泛地讲，为媒介、政府服务及参与事件的人员只要在网络上发布言论，也属于网民。不过，为了能细致呈现特定事件舆情的作用要素，此处将网民界定为与事件本身没有直接关系，并且不是为媒介、政府和当事人代言的上网群体。

如果严格地将网络舆情界定为网民的评论，则网民是舆情孕育的基本主体。在突发事件相关新闻或信息呈现后，草根网民会点击、浏览、评论等，上演"草根的围观"。而知识分子网民则基于自己的阅历、知识、理论等分析、研判或解读事件及事件要素，从而形成具有一定影响力的主导型舆情。网络推手出于技术能力的彰显或自我诉求的表达而上演"海平面下的话语争夺战"。没有诸多网民各具特色的行为，网络上便不会呈现事件舆情。

2.媒介层面

突发事件不仅被媒介书写和记录，而且事件发生、发展与消亡的整个过程，媒介都贯穿始终。当代媒介是一个分化的、多元的甚至竞争的媒介体系。媒介包括传统媒介及其电子化呈现，如报纸、期刊及其电子版。电视、广播及其网络版，也包括网络媒介，如新闻网站、网络论坛、博客、即时通信工具、社交网站、游戏平台等。目前，网络媒介越来越多元化，网络媒介在呈现事件信息及孕育舆情方面的作用也越来越突出。网络无论是在传播的速度和规模、影响的地域范围还是媒体的表现形式等诸多方面都远远超出了以往的大众传播媒体，在社会和政治动员中充分展现了混沌学所言的"蝴蝶效应"。从现实看，互联网已成为当今民意表达最汹涌的平台，是民间舆论最大的集散地。互联网独有的功能可使网民的意见迅速形成舆论声势。

从当前态势看，传统媒介的记者和编辑会成为某些突发事件舆情的第一生产者，其所撰写或编发的新闻不仅包含着事件舆情，也会促生舆情。一旦传统媒介的新闻或评论被网络媒介转载，则会造成网络空间中的舆情孕育。各种网络媒介也都有孕育舆情的先例。一方面，这些媒介由于率先发布某个信息，形成了原发性舆情，有些则是网民在其他媒介看到信息后，将信息转载或重新编写发布到新媒介，从而造成了舆情在多个媒介上孕育的现象。另外，媒介不仅充当舆情的第一发布者和诱发者，在某些事件中，媒介内部的具体人员也会作为意见领袖或网民一分子来参与舆情制造、引导等，即媒介也会深度介入舆情生产的全过程，并成为影响或引导舆情的中坚力量。

3.政府层面

政府不是舆情的制造者，但是政府对舆情能否孕育却具有显著的影响。有些地方政府在一些特殊事件发生后，通过采取措施，也会影响舆情的孕育。

此外，政府的任何行动往往是舆情热议或热评的焦点或对象，大量事件孕育的舆情不是指向特定的突发事件，而是指向事件中政府的应对或响应行为。因此，政府及时或迟缓、有效或无效的应对都可能成为舆情的源发因素。

4.当事人层面

不少舆情信息是当事人发布的。当事人中的受害方为了能够获得同情以及对施害的一方施加压力，会将事件的信息或舆情发布到网络媒介，从而促使了舆情的孕育。另外，当事人由于能力、知识或网络技能的限制而不会制造舆情，这时可能出现持有不同动机的代言者，这些代言者成为舆情的制造者。有时当事人无法自己在网络上发言，会借助媒体来发出声音，形成了与媒介的联合或结盟态势。

而事件的参与者或旁观者在看到事件舆情后，也会根据自我的观察或耳闻目睹的场景而制造新舆情，如纠正某些信息、补充某个观点或看法等。有时一些非直接型的参与网民为了增强自我话语的可信度，会有意借用参与者或目睹者的身份来发言，从而造成了"身份借用型网民"。

（二）突发事件网络典情孕育的载体

1.新闻/资讯网站

新闻生产的方式，过去是"过滤然后发布"，现在借助简便易用的网络出版工具、永远在线的网络环境和功能强劲的移动设备，开始向"发布然后过滤"转移。在网络新闻不断增加、实时更新的情况下，网民的新闻阅读率和阅读量都处于较高水平。网民在上网浏览网页过程中，会阅读主要新闻网站的各种新闻信息。近年来，关于各种突发公共事件的新闻信息不断增多，有些网站甚至会在第一时间设立相应的专题性报道平台，供网民随时把握或了解事件发展动态和相关舆情倾向。在随机性或有意性阅读行为中，事件的相关信息或报道角度会引起网民的关注，或共鸣或不满。这时网民会对新闻进行评论，也有网民在察看其他网民评论或帖文时发布同意、反对意见，进行复制、转发等行为。一般而言，网民的评论性帖文简短、精炼，只从某个角度或层面表达自我看法，偶尔也会出现长篇大论的帖文，这些帖文是为了说清或辨明某个事件或问题而发布的。

某个突发事件处于新闻网站首页时，其跟帖量可达到万条以上，而没有文字内容的置顶帖或反对帖则更多。网民的话语或言论形式多样、指向多样，既有追问事件真相的话语，也有用反讽、幽默、讽刺语来表达一种无奈、不满或消极的态度，有的网民则对事件当事人的行为或事件本身进行评价或裁定。有时，新闻登载方式、新闻用语和报道角度都会成为网民评论的对象。从主要网站的新闻跟帖看，一般主要商业门户网站如新浪、网易、搜狐、腾讯、凤凰跟帖量较多，而政府主导的主流网站及地方新闻网站的新闻跟帖量较少。这一特征的出现，一方面是因为商业网站点击率较高；另一方面则是因为政府网站对跟帖有较多限制，且网民出于避而远之的态度而不愿意在政府主办的网站上发言。

2.网络论坛

每一个互联网公司、每一所高校、每一个地方，都有数量众多的个人活跃在BBS网络中。网络论坛已成为一个覆盖面极其广泛的资讯传播和公开讨论的独特平台，全国性的论坛如天涯社区、凯迪社区、西祠胡同、强国论坛、发展论坛等，以及各商业网站举办的各种论坛。另外，还有一些搜索引擎也设置了特定的论坛，如百度贴吧。除此之外，各大高校及地方网站也会开设各种形态的论坛，还有一些知识分子也会根据兴趣等聚集一起开设特定的论坛。另外还有各种地方性论坛。有研究者甚至总结出地方论坛舆论生产的双重循环、蒸汽和向日葵模式。中国的虚拟社区的发展速度和繁荣程度一直十分引人注目，它们大多发展成为全国性的多功能、立体化的社会交往空间。

目前，各大论坛一般由网民自我管理，论坛通常招聘一些知识或技术精英来担当论坛坛主、版主、吧主或管理员。这些管理者对网民发布的帖文进行管理，如编帖、封帖、删帖，也可对帖文进行编排，如对帖文标题进行加粗、帖文前置、帖文飘红等。论坛的新闻或信息一般都由网民发布，网民可就自我感兴趣的事件、新闻、议题、现象、问题，以及自我遭遇的挫折、奇事、怪事等发表感慨或感想。部分论坛为了避免杂乱化，在论坛内部设立了专门性或专题性板块，论坛版主对帖文进行筛选，不符合特定专题的贴文无法发表。很多事件的第一舆情或言论往往出现于各大论坛，然后引起了在线论坛网民的注意。一些网民也力求通过在特定的具有较高人气的论坛发帖来引发关注或热议。现实中许多焦点事件都是由网民在现场察看了相关信息，或者通过口传媒介获得了相关信息后而在论坛上发帖的。

3.网络自媒体

网络自媒体包括博客、微博、微信等。网络博客被称为"平民媒介"，是网民自我拥有的话语或言论空间，一般由网民从博客代管平台申请获得，由网民自我管理，网民可将自己写作的文章发布到博客上，也可转载他人博文，它是一种"个人编发、公众阅读"的新网络传播方式，是继电子邮件、BBS和即时通信工具之后出现的第四种网络交流方式。博客世界是一个众声喧哗的评论场，来自各方的信息在这里被品评分析、质疑校正，其言论声浪常常反馈到现实空间，以此来影响舆论风向。目前，网络博客类型十分多样，根据博主的兴趣而决定博客的总体倾向，如时政博客、新闻博客、美食博客等。博文形式也可多样，博文字数可长可短，还出现了限定字数且可与其他媒介相通的微博平台。微博凭借着用户之间重重叠叠的关系嵌套，造成了传播所具有的核裂变式的传播效应，发挥着越来越大的自媒体和舆情载体的作用。

4.网络社交平台

网络社交平台主要以即时通信工具、社交网站、聊天网等为主。即时通信解决了人们随时随地点对点沟通的需要。网民社交平台聚集了大量的网民，网民随时可在社交平台上交流、交友、沟通或组织活动。网络社交平台因其强大的聚合性、交互性、对等性、互动性等功能而日益凸显其影响。与开放式的网络舆论载体不同，网络社群是由部分具有相关性的网民构建的相对封闭的交流空间。目前，大量的信息尤其是网民自我接触、感知或思考的信息、观点等通过社交平台得以产生、传播或扩散。而一些网民也愿意将社交平台作为发布事件新闻的工具，很多网民热衷于加人一些QQ群，形成自己的"圈子"。从QQ群里得到的信息，要比从其他媒体得到信息早，并可通过语音、文字、视频等方式交流对某一事件的看法。

随着社交平台参与人数的增多，在线人数增多，其人气指数不断上升，即时通信是中国互联网的第一大应用。一些网民将社交平台作为动员网民参与统一行动、签署意见书、发表公开信的基本组织渠道，即让网民通过参与、签名等组织化行为来表达对某个事件的态度、观点或认知。随着网络社交平台的扩展，未来的即时通信工具等社交平台都有可能成为某个事件的信息媒介或评论的发源地。

二、突发事件网络舆情的扩散

（一）突发事件网络舆情扩散的动力源

1.舆情扩散的外在动力分析

（1）基于事件当事人的视角

从一些突发事件看，事件都会有一系列的当事人，这些当事人可能是事件的受害者，也可能是事件的施害者，或是事件的参与者、组织者。这些不同类型、不同功能的个人或群体是突发事件的当事人。目前，不少突发事件的网络舆情由相关当事人诱发，如事件受害者为了维护自我的利益或权利，在各种常规救济通道无法发挥作用的情况下，会通过自己的行为或代理人的帮助而诉诸网络表达通道。受害者或其代理人会将各种形式的帖文在论坛、博客、即时通信工具等进行高频次、重复性发表，以引发关注或热议。有些人在帖文没有产生预期影响的情况下，还会在内容、标题等方面进行更大改进，以求通过奇怪的内容和怪异的标题引发网民的关注。事件施害者为了避免舆情朝着不利于自己的方向发展，会有意识地通过自己或代理人的辩论、引导等行动来影响甚至误导舆情，这时事件施害者也成了某种特异性舆情的扩散者。

事件的参与者或为了表达自己的看法，或为了寻求更多的参与者而在网络上发帖、跟帖，以期扩大影响。参与者具有多元性、复杂性和群体性，单个参与者的舆情发布或转载行为可能无法产生预期影响，但众多参与者的自发性或同一性行为会产生巨大影响。还有一类当事人是事件的谋划者，他们最有动力发布并推动舆情扩散，以推动舆情风暴的方式来获得组织或动员的快感，或获得推动事件大众化或公共化的成就感。事件当事人最有可能是网络舆情的诱发者，也最有动力成为舆情的扩散者，并成为舆情的受益者。事件当事人在网络舆情扩散中扮演的角色相当明显和重要。

（2）基于非直接网民的视角

"无所不在"的网民往往会在特定事件中扮演各种具有影响力或引导力的角色。非直接性网民有多种。

第一种是网络精英，包括网络舆论推手或领袖。尽管网络信息发言权平等，无所谓权威和精英，但是网络信息发布者中存在意见领袖，人人能说并不代表人人所说的都会产生影响。在网络的虚拟世界中，个人见解以一种从未有过的大胆和表达欲望在不断碰撞和扩散。网络舆论推手为了表现自我或彰显力量，会积极介入特定事件，将特定事件的内容或信息进行包装、转化或异化，让事件吸引更多眼球，一些推手会编造各种具有流行元素的流行语或顺口溜，以增强舆情或舆论可传性。而网络舆论领袖通常是网络公共知识分子，是网络"意见箱"，他们以一双锐利的眼睛关注着网络热点、爆点和敏感点，以言论发布者或引导者的角色积极发表各种言论。一些经常发言并发布具有较强说服力言论的舆论领袖，也确实获得了网民的关注和认可。这些舆论领袖的言论或行为会引来一系列网民的关注，而一些关注特定舆论领袖言论的网民也会从舆论领袖的言论中获知该事件，并因而形成自己的认知和见解。

第二种是利益相关者网民，包括利益攸关者和"趁火打劫者"。利益攸关者是指那些虽然与某个特定突发事件没有直接关联，但是突发事件所反映的问题、所涉及的利益是社会中的共性问题，与某些网民密切相关。有些网民虽然不是特定事件所牵涉的主体，也不是直接或间接的利益攸关者，但捕捉到事件中可能有利于实现自我利益的机会或方式，于是会通过舆情的生产甚至引导来获得利益，向施害者施压以获取施害者的关注或贿赂交易，而一些被雇的"网络写手"则根据资助方需要，撰写各类文章，轰炸式地陈述某种观点，引导网民的讨论。公众舆论的背后纠葛了诸多利益群体的诉求。

第三种是普通网民。这些网民没有特定的角色扮演，但有正义感、同情心，具有表达意识、发言意识，他们会在没有特定目的的情况下对事件、事件当事人以及事件发展等做出系列评判。也有网民结合自身的经历或社会认知等而发表对社会或现象的主观性评价，这些评价具有零碎性，但有时某些评价也有社会共识性基础。通常而言，普通网民在舆情形成、发展中没有特定的功能，只是由于数量庞大而具有较强的影响力。还有一类是不发言的潜水网民，这些网民或由于时间限制，或由于认知技术所限而不会主动发言，但有时看到特定言论帖后会进行点击，有时也会在非网络场合进行传播或评论，这些不特定的传播或现实扩散会诱发关注行为。

（3）基于网络媒体的视角

网络媒体作为网络舆情的表达平台，其本身也可能会成为舆情扩散的重要力量。网络信息的可复制性、可储存性、可重组性，为网民提供了一个信息扩散和再传播的材料。而信息网络的开放性、离散性打破了传统的分层次、分阶段的信息传递方式，创造了一种全新的公共空间和信息扩散途径。

对于新闻网站而言，其新闻发布行为对舆情量和舆情扩散的影响非常明显，这从显示于首页的新闻与非首页新闻跟帖量、点击量的差异即可看出。而新闻网站出于点击率考虑，也会有意识地将一些预期能够引发海量舆情的新闻置于首页，有些网站还会将新闻标题加粗显示。媒体为了方便网民的查阅以及关注事件进展，会将突发事件设置成某个专题页面，这些专题化的平台为集合事件信息、网民跟帖及网民注意力提供了载体，这种专题化平台有利于集合各类网民，从而造成了舆情广泛告知或传播。

从宏观角度观察网络媒介，会发现以互联网为核心的新媒体结构形成了社会性网络信息传播的基础，大量媒体融合产生，将信息从互联网媒体传向移动通信、有线电视、IPTV、广播电视、杂志等，从而在最广泛程度上实现传播信息的覆盖和议题的扩散。

2.内在动力分析

（1）网络时代的信息不对称

信息不对称始终是社会中存在的一种现象。随着网络信息承载和发布能力的增强，信息获取成本不断降低。因此，从某种意义上讲，网络弱化了信息不对称问题。网络的这种异步传输与交互式沟通，使得个人能够更加从容地选择和吸纳信息。在互联网环境下，公民获取信息的成本大大降低，所获得信息的丰裕度和即时度也有了较大提高。然而，网络也在强化信息不对称问题，这种不对称不是因为信息缺乏或有限造成的，而是海量信息或信息超载造成的。在网络瓦解了统一舆论从而导致信息发布权威的缺失后，网络空间有可能被真伪难辨的信息垃圾所充斥。互联网在增强人类收集和利用信息能力的同时，也使任意编辑、传播虚假信息有了更为先进的工具。海量的信息使得信息消费者核实信息的真伪成本太大，这使得网络信息的"燃点"比较低。任何信息，不管真假，只要达到引爆点，就可能以燎原野火之势迅速在网络中蔓延。

在海量信息面前，网民不知道什么信息有价值，也不知道信息的真实性和可信度，网民在海量信息面前产生了信息饥渴症和焦虑症。对任何信息，都希望吸纳，并希望尽可能确认信息真实性，即网民希望通过无数人提供的资讯、意见所组成的总体在结构上形成一种"无影灯"效应，以发挥互相纠偏、复合印证以及结构性的信息提纯能力，使真相毕露。

（2）意见市场的发育与运行

网络的飞速发展和广大网民的积极参与，使得网络成了民声民意的集散地，成为民主政治的前沿窗。互联网是完全开放的虚拟公共空间，每个网民都可成为网络信息的发布者，每个网民都有选择网络信息的自由。网络提供了网民发言或发声的广阔空间，从理论上讲，在网络中，任何人可就任何事情在任何网络媒体上发表看法、见解与认识。网络造就了无数意见交流、碰撞的市场。如同现实中的产品市场一样，网民也希望在意见市场中占领一席之地，并努力成为意见市场的"卖家"。在意见需求刺激下，网民个体积极形成个人的意见并主动发布和传播，力求在意见市场中获得更大"份额"或"空间"，而一些意见的接受者或吸纳者也会力求成为意见的产生者和传播者，通过生产或传播行为获得更高的网络地位与更大的网络影响力。同时，网络空间的匿名性、自由性、交互性色彩为意见的发出与扩散提供了足够的空间和机会，几乎所有的意见都可找到传达或接纳的对象，而几乎所有的意见也都可发布出来。在这样相对自由的环境下，意见市场越发壮大。

（3）注意力资源的争夺战

随着互联网的发展，注意力的有限性与信息资源的无限性之间的矛盾日显突出，即"注意力短缺"。在信息海量化、个人自主化和行为少约束的空间里，网民是一个个"游离"的个体，网民会超越各种限制、控制，而按照自己的兴趣、习惯来点击、发言或行动。就目前态势看，网络载体无限增多，网络内容无限丰富，网络话题层出不穷，然而网民注意力有限，网民兴趣点或关注点也有限。为了获得网民的"眼球"和"注意力"，为网站带来声誉、名气、利益，网络媒体需想方设法吸纳网民有限的注意力资源。为了争夺网民的注意力，一方面，网络媒体积极迎合网民的需求和特点。如网民的某种共性情绪或需求，积极发布迎合网民的信息或言论；另一方面，网络媒体则不断地制造某个热点议题、词语或现象，以不断刺激网民逐渐麻木的"神经"。这样，网络媒体在热点事件舆情扩散方面扮演了积极行为者的角色。

（4）舆论施压的抗争策略

一般而言，突发事件有时会涉及政府，而政府在突发事件处置上有时不妥当。一些基层政府在突发事件发生后，希望缩小事件影响范围，以删除网络信息的方式被动应对舆情事件。为了让政府积极公开某个方面的事件信息，或让政府采取公正的立场与积极的行为，网民会通过置顶、增加或传播某个事件的各种舆情信息，从而迫使政府有所注意以及积极采取行动。此外，事件中的施害者或强势群体也需要舆情的施压才会妥协、退让、道歉或放低姿态，这也需要舆情扩散所形成的包围效应和压力效应来促成强势者的行为转变。网络舆论内容的一大共性在于其对舆论客体的批判性与否定性。而在这种弱势对强势的抗争中，网络舆论则呈现了相反的特征，社会上的弱势群体占据了网络舆论的强势地位。

（二）突发事件网络舆情扩散的渠道

1.网络媒介

网络载体在网络舆情扩散中扮演的角色最为重要和突出。一是新闻网站，包括新闻频道、聚合新闻，网站发布事件新闻后，相关跟帖型舆情就会出现；二是网络自媒体平台，包括论坛、社区、博客、播客，网民的浏览、跟帖、转帖、编帖等行为会导致舆情在自媒体上的传播与感知；三是网络社交平台，包括QQ群、MSN、校友录、聊天室等，事件新闻及其舆情能够在其中得到广泛传播，在社交平台上，舆情传播是多向的、广播式的，很难发现扩散的起点和终点。

2.手机媒介

手机网民已成为网络舆论的重要参与者和表达主体，并且随着4G、5G时代的来临，这一比例还会增加，且影响和作用也会越来越显著。以手机短信、手机报、新闻客户端为标志的手机网络已成为继电视、报纸、广播和互联网之后的"第五媒体"。由于手机的便捷性和随时随地性，手机所收发的信息内容可在极短时间内迅速蔓延。随着手机用户的增长及手机媒介与其他媒介的融合，手机在舆情扩散中扮演的角色日渐突出，并表现出及时、广泛、多向等特点。而手机运营商积极完善和拓展手机使用范围或使用功能的努力与行为，会进一步促使手机媒介发挥更大的作用。

3.口传媒介

口头传播是最为简单最为快捷的传播形式，突发事件的网络舆情有时是由当事人或感知者通过口传媒介的形式在圈层中或熟人社会中传播的。

4.传统大众媒介

传统大众媒介包括报纸、广播、电视等。随着报纸、广播、电视与网络的日益交互，两种类型的媒介相互进行议程设置或话语交融的现象日益明显。一个事件的新闻由报纸等纸质媒介发出，由网络媒介转载引发热议；而网上热议的事件也会通过记者、编辑等"信息搬运工"传递到报纸、广播、电视等进行报道或播放，形成更广的舆情告知。

5.其他媒介

最主要的是具体行为和行动。网民行为如抵制、游行等会引起其他网民甚至社会大众的注意，社会大众也会注意到这些民众的诉求、言论，从而实现舆情的散播。

随着多种传播媒介的"无缝连接"，各种媒介功能的扩散和延伸，以及媒介间的相互学习和交流，各种媒介的界线日益消解，媒介的话题边界也日益模糊。目前，事件及其舆情从一种媒介扩散到另一种媒介非常迅速，热点事件舆情能在2小时内传遍网络，在12小时内从网络媒介延伸到其他媒介，从而在较短时间内实现舆情的"大众化"和"普及化"。

三、突发事件网络舆情的衰减

（一）突发事件网络舆情衰减的发生条件

1.舆情源的减少或消失

舆情源的减少发生在多个层面:一是事件源的减少，指舆情的原发性事件的相关要素，如事件的发生诱因、发生过程、参与主体、处置、应对等信息得到充分的披露，网民已掌握了整个事件的动态，事件已无法诱致新舆情的产生；二是报道源的减少，指舆情的生产主体，如记者、编辑及网民精英或意见领袖等，或考虑到事件已明朗而不再发布相关新闻，或考虑到舆情影响力的弱化而不愿意再发布诱导性舆情，或精英意见领袖的注意力已发生了转移，这些舆情的主要或直接生产者的缺席或不作为导致了舆情源的减少；三是衍生源的减少，指事件的相关性事项或主体，如事件的政府处置、事件的外在性参与者等衍生性或配套性要素已无法获得网民的注意力或事件逐渐明朗而不再具有诱发舆情的功能。一般而言，事件源的减少是舆情源减少的最主要、最根本的原因。

2.舆情渠道的窄化或堵塞

舆情渠道不畅是产生舆情的根本原因，舆情渠道的堵塞一是表现为传统媒介通道在政府或各种舆论压力的影响下，不愿意或不敢再发布事件信息或相关评论性意见，这实际上也表明了传统媒介受到较强的外部控制，而传统媒介的渠道堵塞后，依赖传统媒介的网络媒介或网络评论者不再具有能力；二是网络媒介渠道的堵塞，如政府施加压力，要求不报道或控制或删除某个事件的新闻与舆情，或网络媒介发现了更有价值或吸引力的舆情热源而不再关注这些只能吸引少量注意力资源的旧的舆情要素或事件；三是舆情的传播者行为或话语受到限制或监控，无法将新的信息及舆情传播出来；四是一些舆情传载通道被政府关闭或限制。

3.舆情传导动力的丧失

一方面，大众化的网民有自己关注的特定事件，而一旦特定事件的信息比较充分，或特定事件没有了爆点或热点，一般网民就不愿意将自己的注意力放在这些事件上；另一方面，网络精英或舆情发布者是因为网民的关注才有制造舆情以及发布、传播舆情的动力，一旦发现自己发布的舆情信息得不到关注或热议，这些精英网民就不再有动力发布信息或新的舆情；再者就是网络媒介也会根据自己的兴趣和网民的偏好来寻找或发掘某类舆情，一旦网络媒介注意到网民注意力、关注点或兴奋点的变化，网络媒介也不再有动力从事该类舆情的生产与传播。虽然传导动力具体表现为网民、精英、媒体等多个层面，但最重要、最根本的传导动力是网民。

4.舆情标的物的消失或变化

舆情都是有特定指向的，舆情因为指向性才有生命力。而一旦某个舆情的指向性要素不存在或消失，舆情就丧失了存在的必要。如某个舆情是对网民进行动员的，一旦网民被动员起来，这些动员型舆情就不再必要。如有些舆情是某个谣言，而一旦真相发布，谣言就不再具有吸引力，也就不再成为有生命力的舆情。舆情的某个指向，如要求政府制裁官员，要求政府积极处置事件，要求政府公布真相，或要求相关当事人道歉或采取行动等，一旦这些目的达到，这些诉求型舆情也就没有存在的必要。

5.舆情自身的软弱无力

虽然有时候某种舆情希望能产生影响，而在开始阶段也确实得到了网民的注意，但政府或相关当事主体却有意漠视、回避某种向度的舆情，这时舆情因为没有得到回应或反馈而只好"自弹自唱"，这种没有对抗要素的单边舆情因为缺少对话或回应的主体而逐渐丧失了注意力优势，即这些舆情因为预期影响力或作用力无法发挥而"无可奈何"地自我消解。如某个事件中有大量的舆情要求制裁某个当事人，但是政府却对网民的舆情诉求采取不回应、不处理、不表态的"三不"策略，这时的舆情因为政府的"消极作为"而失去影响力。另外有些舆情是指向体制性、制度性、社会性问题，舆情的诉求无法"兑现"，这些舆情也往往成为网民的"自说自话"，经过一定时间而自动消解。

（二）突发事件网络舆情衰减的表现

1.不再有新的舆情出现

这表现为多个维度。第一个维度是不再有新的新闻报道出现，即传统媒介不再关注某个事件而导致网络媒介没有新闻源，或网络媒介自身不再将稀缺的注意力资源聚焦于某个事件，或有更新、更热的事件取代了对原有事件的关注。如果在某一时期，新的议程、议题或问题不是很多，则某个事件的新闻量可能不会被替代，从而其新闻量的减少也会放缓。第二个维度是不再有新的议程设置型帖文，即网络精英或意见领袖由于兴趣、精力或其他原因而不再热炒或推动某一事件的舆情，导致论坛上的主帖文数量减少，而博客上也不再有某个事件的最新动向或评论话语，第三个维度是点击、跟帖或回复量的减少。即虽然仍然有新闻和主帖或主博文，但一般网民已不再关注这一事件，导致点击率、回复量急剧减少，这一现象实际上表明了媒介或精英网民有时没有很好地追踪到一般网民的兴趣点或敏感点，出现了在舆情引导方面的滞后或失效。

2.既有的舆情内容被删除、封存或访问受限

由于网络媒介是一种具有信息存储和编辑功能的介质或传媒形式，网络媒介的信息可被编辑或被技术控制，这是传统的媒介形式如报纸所不具备的，报纸一般印刷出来发给读者后，报纸的信息则无法更改。而网络媒介一般被各种网络管理者所控制，如网站编辑、论坛版主、博客博主，甚至一些技术精英也可以操控未被授权的网络平台。有些主体会自己删帖或要求网络媒介管理者甚至聘请或雇佣专门的删帖公司或人员来进行帖文的删减工作。这种删帖行为往往导致某个方面或取向的舆情不再存在于网络，网民也就无法感知；或是这些主体控制了网络，一般网民甚至一些意见领袖等无法将自己的信息或舆情发布到特定平台上，即舆情无法产生。另外，有些网络媒介或管理人员没有采取直接的删帖措施，而是将相关的帖文、博文、新闻等封存，导致网民无法查阅、转载或传播；某些情况下则是只对特定的网民开放，其他的网民因没有访问的权限而无法获知或发表针对某个事件的舆情信息。舆情被删除、封存或受限制也反映了舆情的衰减，不过这种衰减是一种控制性的衰减，不具有自发性和自然性。

3.舆情的威力、能量和影响力等弱化

当舆情已度过了激烈期或情绪期，随着信息的增加、网民情绪的平和或各种主体的引导，网民不再对某一事件或当事人发表激烈的舆情，网民的帖文情绪逐渐缓和，网络舆情的新议题不再具有超强的爆发力和感召力。舆情虽然仍然缓慢地增长，新的舆情仍然会出现，但是舆情不再具有强大的能量和影响力，政府以及涉及人员不再感受到舆情所带来的巨大压力或不确定性。这时的舆情通常表现为一些"无所事事"的网民或个别试图有所作为的网民的个人行为，而一般网民的关注度、热议度、抗议度等都显著弱化，舆情中内含的情绪、诉求、要求、态度等逐渐隐退或含糊化。也就是说，这一层面的舆情衰减不是简单的舆情量的衰减，而主要是舆情影响力的衰减，这种衰减虽然不是以帖文减少、点击量减少的方式发生，但这种衰减的意义往往超过了量的衰减的意义，也往往更能表征舆情衰减的价值或效果。

具体到某个事件，不同层面的舆情衰减有时同时出现，有时渐次出现，其内部并没有一个明确的渐次作用的过程。需要指出的是，舆情衰减不能简单

地从舆情的增加量或"边际增加量"的角度来度量，在某些情况下，虽然新的舆情仍然在增加，但新舆情得不到传播、转载，没有很高的点击率、回复率，热议度、影响力等较小，这也是舆情衰减的表现。对舆情衰减的理解要超越单一维度，而需从复合的、多元的角度来观察和分析。

第四节　完善突发事件网络舆情政府治理的对策建议

一、提高地方领导网络舆情应对能力的主要对策

（一）从构建体制和机制角度着手

1.以政府管理的网络为基本平台，及时发布新闻、消息并设置专题网页聚合各方面舆情、评论等

目前，大多数突发事件通常发生在城镇、村庄等局部性范围和场域，通常以县域或镇（乡）域为范围。为掌控突发事件消息和新闻的发布权，从而有效掌握网络舆情应对的主动权，政府及官方媒体、记者应在突发事件发生后若干小时内及时设置专题网站，并在尽可能短的时间内派出大量记者深入突发事件发生现场，及时采写并发布关于突发事件的各种消息及最新新闻等，及时在专题网页发布，从而避免网民、事件当事人散播各种流言、谣言、小道消息等，有效掌握舆论主导权，避免网络舆情失控。实际上，当网上有大量政府宣传和新闻部门发布的权威消息时，网民质疑、困惑及网络谣言、流言等会大大减少，这样政府须回应的网络舆情也就会相应减少。

2.由政府网络舆情部门聚合各方力量形成网络舆情汇集、分析、研判和预警团队或小组

在突发事件发生后，网络舆情管理部门应在尽可能短的时间内行动起来，迅速召集突发事件所在地区市、县相关网络舆情搜集、分析人员，组成网络舆情分析与应对行动小组，由舆情部门领导担任组长或负责人。网络舆情分析与应对行动小组具有两个方面的功能：一是舆情小组可实行内部分工，以关注各

网站、BBS、博客、论坛等关于突发事件所形成的各种舆情，并及时汇总、聚集，以舆情专报方式报送到相关政府部门领导人或负责人，使上级领导充分掌握关于某个突发事件的网络舆情；二是网络舆情小组积极提出网络舆情应对策略。由于舆情小组成员是舆情分析和应对方面的专家型人物，可凭借自己的专业知识，通过在线聊天、电话或碰头等形式召开会议，分析网络舆情形势、特点、指向、诉求、变化等，并提出可能的应对网络舆情策略，在广泛探讨基础上，形成网络舆情应对方案，及时报送相关部门领导，为领导决策或下一步行动提供指导和参照。网络舆情小组及其从事的网络舆情研判分析工作，是网络舆情回应的必要基础，也是政府部门充分把握网络舆情状况、提供可行的回应措施的有效机制。

3.以宣传、新闻部门为主导或载体，形成一支兼职的资深网民队伍，深度参与网络舆情的形成、演化和发展过程

为避免网络舆情"片面化""一边倒"或"反向化"，避免突发事件网络舆情被某些网民、媒体、强势集团所操控或主导，政府需通过各种方式深度介入网络及舆情形成过程；而吸纳一批懂得网络并熟悉舆情传播、演化、发展规律和网络话语方式的网民为政府服务，是非常有效的方式。政府的宣传、新闻等部门可通过招聘方式吸纳一批资深网民，并通过一定奖励措施激励网民为政府服务。当某个地方发生突发事件造成网络舆情喷涌或舆论"一边倒"局面后，政府宣传和新闻部门可通过资深网民来引导网络舆情指向，避免网络舆情"一边倒"或"指向政府"。

4.由政府的宣传和新闻为主导，与非本地的主流网站，包括中央级网站、各大著名商业网站及一些富有影响力的论坛、博客、专题网站、学术平台等构建交流、沟通和合作机制

一些地方政府由于没有与主流网站构建交流、沟通、通报或反馈等机制，当一些主要网站发布了某个突发事件消息后，这些网站上却没有当地政府的声音，导致政府回应及政府作为等无法有效传递。为减少各种非正式的公关活动，政府应力求与主要网络媒体形成正式交流通道和沟通机制。当突发事件发生后，由省级政府的宣传或新闻部门主导，与各大网站沟通或互通消息、新闻。为避免突发事件网络舆情失控，使政府回应能够及时传播给关注事件的网民，政府需将突发事件相关消息、处理过程及对各种舆情的回应等传送给各大

媒体，并力求让各大网站给予报道。构建了有效沟通、交流机制，可避免基层或地方政府的回应无处传递、发布的问题，或避免回应、发布的信息无人关注的问题。

（二）从领导干部自身着手

1.转变观念和态度，主动认知和接触网络媒体

党政领导干部如果无视或轻视网络，等于自断了解社情民意的捷径，自阻整合民意人心的通道，自毁正面引导舆论的平台。领导干部应主动接近网络媒体，抽出一定时间了解、认知网络媒体，学习一些网络方面知识。为避免领导干部对网络认知的忽视，应从制度层面做出必要的规定或约束。地方领导可借鉴中央政治局集体学习制度，通过专门课程学习，使各领导干部增加网络知识，提升网络应对能力。

2.转变心理和行为

领导干部在面对突发事件时，要主动掌握和积极公开突发事件相关信息；要认识到基层政府和干部在应对突发事件及舆情方面的经验、能力低于较高层级政府，且较高层级政府和干部有更多资源、工具和组织支持来应对突发事件网络舆情。从行为角度看，在召开新闻发布会进行舆情回应时，领导干部要有一种坦诚、客观、冷静、积极的心态来应对。

3.建立领导干部应对网络媒体的"专家库"

领导干部为有效应对网络突发事件及其网络舆情，寻求外部指导或帮助，利用高校或科研单位的专家是一个非常有效的方式。为避免出现突发事件或网络舆情时不知所措，政府和领导干部可聘请若干具有丰富的网络知识和管理技能的专家作为专门网络顾问。当出现不利于某个地方的网络事件或话题时，领导干部可与专家展开交流以寻找可能的应对策略。实际上，这是一件具有极强可行性的机制。

4.掌握主动权，以我为主，用权威信息堵塞小道消息

在一些突发事件中，政府对媒体如果采取开放的姿态，往往能把"危机"变成"机会"，从而澄清误解，并赢得公众信任。如果媒体记者获取信息的渠道受阻，媒体记者就会各尽所能、挖空心思从侧面搜集信息并拼凑真相，使本来简单的情形复杂化。领导干部首先要以正面方式面对媒体，通过媒体向大众解释政府政策或行为的理由、过程、结果等，通过解释达成社会理解和共识。

5.不要与媒体结怨，而应该主动邀请媒体和网民参与事件调查

即使媒体和网民对本地方的负面事件穷追不舍，反复报道，也不要认为媒体和网民是想让本地方出丑，而应认为媒体和网民是想了解真相，想把问题解决好。一旦发生负面事件，尤其是关注度非常高的事件，应积极主动邀请媒体记者和网民、专家等参与到事件讨论和处理中，以形成良好的政府与媒体关系。

二、网络社会国家与社会关系失衡的治理

（一）网络社会国家与社会关系失衡产生的条件

1.社会矛盾集聚

我国已进入改革发展的关键时期，贫富差距、就业形势、分配不均等都可能是激发社会矛盾、引发社会冲突的导火索。弱势群体将对自身处境的不满归于社会的不公，也容易引发人们对社会的仇视和愤恨。这些如果不及时在现实社会加以疏导，极容易成为网络群体性事件产生的土壤。现实社会的种种规制也使人们逐渐转向影响力日益增大的网络社会，以期借助网络表达自己的诉求，使自己的利益受到相关部门的关注。而相关政府对于来自网络社会的利益诉求的被动回应，将降低政府威信。

2.社会信任度降低

公民社会的形成有利于实现国家与社会的良性互动，而社会信任是公民社会形成的重要条件之一。一方面，公民对政府的社会信任度降低。民众对政府的信任集中体现了政府存在的合法性。多元价值观和多元利益观的出现，以及经济社会结构变动带来的强流动性，都对社会资本产生了巨大的冲击。个别政府官员为自己谋取利益，不仅阻碍制度信任的发展，而且损害了人与人之间的信任。另一方面，公民对新闻媒体的信任度降低。由于权力对公共领域的不当侵蚀和控制，造成公共生活假面化的盛行，导致了一种"公开的谎言"与"私下的真实"并行不悖的怪诞现象，使得信息过滤和失真严重。

3.网络管理能力弱

我国个别地方政府存在网络管理能力不足的问题，主要表现在以下几个方面。一是政府网络管理观念和思维落后。一些官员对网络社会的管制多于引导。二是一些基层政府缺乏处理网络舆论的能力。三是网络舆情信息的汇集、处理和分析机制滞后。网络舆情信息反映的一般是现实生活中人们关心的问题和事件，如果对这些信息的处理和分析不到位，将难以对现实社会中即将出现的突发事件及时进行预警和防治。

（二）网络社会国家与社会关系的均衡治理方略

1.改善现实中国家与社会的关系

网络社会的治理不再单纯是一种网上或网下的治理。网络已经成为人们日常生活不可或缺的传播工具，因此现实中的信息不可避免地会出现在网上，但网上负面信息的数量和人们对负面信息的反应则与现实中的国家与社会关系的疏密程度密切相关。改善现实社会中国家与社会的关系可以从以下几个方面着手:一是完善社会回应机制。社会回应对于满足公众的需求、增强公众对政府的信任、实现政府与公众的良性互动都具有重要的意义。二是维护政府形象。积极推进服务型、阳光型和责任型政府建设，在制定和执行公共政策的过程中以人民的根本利益为重，做好平时的维稳工作。三是传统媒体要明确自己的角色定位，在新闻报道时要时刻保证自身的公共性，努力塑造具有公信力的形象，承担起应有的社会责任。四是积极促进和推动公民社会的发展，塑造和培养民主、自由、平等的价值观。

2.从网络管制走向网络治理

治理是一种互动，强调的是参与和回应。信息技术的进步极大地促进了网络环境的变化，政府若想加强自身在网络互动中的地位，必须努力参与到网络互动中，积极给予网民回应。一是建立网络回应机制，如考虑建立网络新闻发言人制度，此外还可以建立紧急状态政府回应和介入的应急预案等。二是建立网络舆情反应中心，提高对网络舆情信息的汇集、分析技术，尤其是要注重利用信息技术对网络舆情突发事件进行分析与预警等。三是进一步加强互联网立法，建立互联网舆论法制的基本框架，在法制的框架下实现对网络的引导和治理，注重发挥网络论坛的自我纠错机制的作用。四是积极开展网络治理的研究，分群体、分阶段对网民的心理和行为进行研究，探索网络论坛舆论的形成机制及其扩散规律，共同解决网络发展所面临的问题。

3.网络舆情治理的制度与技术

我国对网络媒介和网络舆情的管理采用"双轨统一分级管理制"，即党委部门和政府部门同时参与，中共中央宣传部、信息产业部、国务院新闻办公室、教育部、文化部、国家工商行政管理总局、国家食品药品监督管理总局、中国科学院、总参谋部通信部等多部门参与、多头负责的局面。需要对部门职责和业务流程进行优化重组，实现统一领导、资源共享、反应迅速、治理有效的新局面。

对网络媒介的管理，目前技术上主要采取国家间出入口网关物理隔断、域名和IP地址过滤以及安装服务器、客户端、网吧监控软件等措施；对于网络内容的管理，主要采取互联网关键词阻断、敏感内容自动过滤、网管员人工排查等措施；对于网络舆情的采集和研判，目前已有较为成熟的内容分析法、数据挖掘法等技术，并陆续开发出了许多网络舆情分析系统。

互联网治理并不是一种单纯的管制。事实上，网络在公民政治参与和利益诉求方面做出了突出贡献，党和政府也深刻地认识到了这一点。从国家领导人到各级政府官员，都开始积极"触网"，注意听取网络民意，网络舆情已经成为政府决策中的关键一环，网络社会中国家与社会开始呈现良性的互动。

第八章 多元话语视角下的公共危机

第一节 多元话语舆论中公众的"心理
对抗"机制与消解

现代社会已经进入了风险社会。美国社会学学者乌尔里希·贝克认为这种风险是"自然终结和传统终结的概念"。现代文明虽然取得了比传统社会更好的生存环境，但是却又不得不面对新环境所带来的前所未有的不确定性风险。然而，将这种风险推到风口浪尖的强大助力则来源于媒介化社会的到来。以微信、微博为代表的新媒体使社会大众对媒介的依赖越来越深，同时也使更多危机被带入到"公共领域"，从而加剧了大众对风险的感知。近年来，我国公共危机事件频发，引发了社会、政府以及学术界的广泛关注。其中，对于公共危机新媒体受众的研究变得至关重要。心理学认为，人的主观能动性非常强大，如果对抗心理形成壁垒，很难对外在信息进行正确的内化。在公共危机传播的"编码解码"模式中，公众的"解码"过程存在着大量噪音，很大程度与公众心理有关。研究传播过程中公众的"心理对抗"机制，对于新媒体语境中的公共危机传播效果具有重要作用和现实意义。

一、基于"事实—价值"模式下的解码态度问题

我国传播学著名学者胡百精从哲学的角度对危机和危机传播进行了解读。"从本体论上看，危机是事实损害与价值异化的聚合体；从方法论上看，危机

传播管理的实践路径存在两个基本导向：事实导向与价值导向"。可见，在"事实-价值"二分法的传播模式中，危机传播的根本任务就是通过一系列有效的传播手段，使危机中的公众能够正确内化事实真相、重建信任。

基于以上理解，"事实-价值"传播模型中必然应该包含：事实导向与价值导向两大传播内容。首先，只有充分地进行事实导向的传播才能使公众更加接近真相，才可能使公众将其解码后内化为对事实的认知，从而采取正确的态度和行为。其次，只有充分地进行价值导向的传播才能使公众重新拾回与危机主体之间的信任之匙，重构意义空间，从而获取谅解与携手共进的信仰基础。

然而，经过精心无误编码后的两大传播内容，是否能够被公众正确解码呢？这期中包含太多不确定因素，我们称之为"噪音"，而这种"噪音"则首先体现在公众是否"想要"接收到正确的信息。这就好比一座心理的壁垒，公众是否愿意卸掉壁垒，从而用端正的态度去思考积极的事实与价值。

因此认为，公众对传播内容的解码态度是成功传播的重要前提。在新媒体成为主要信道的媒介环境下，公众的参与意识和叛逆精神得到加强，在对待事实导向和价值导向信息时产生"心理对抗"的程度也将发生变化。这些"心理对抗"有些是公众自己能意识到的，有些则来自于潜意识，不管是意识与非意识的对抗，都会使两大信息内容的解码变得不确定，造成公共危机传播效果的减弱。

二、影响公众解码的心理对抗因素

上述"事实-价值"传播模型中提出，公共危机传播主体会输送两大内容：事实导向与价值导向。但公众的心理对抗则会对两大传播内容产生减弱效果，以下从两个方面阐述其心理对抗的因素。

（一）影响事实导向传播的心理对抗因素

事实导向的传播是对事实真相的传播过程。对事实导向传播形成心理对抗，则无法正确认识事实，难以达成利益互惠。

因素一：塔西佗陷阱被放大。塔西佗陷阱得名于古罗马历史学家塔西佗，是指在缺乏公信力时，无论真话还是假话，做了好事还是坏事，都会被认为是说假话，做坏事。虽然并非塔西佗本人提出，但其效果却在新媒体语境下强势凸显。新媒体舆论模式下的公信力建设不再简单单向，而需要在主流媒体舆论场、网络舆论场以及民间舆论场三大舆论场中摸爬滚打，受到来自四面八方"噪音"的干扰；再加上新媒体受众的批判性集体性格也在逐渐强势，造成了公共危机事件可能远远超出事件本身的传播力和影响力。舆论在信与不信之间强烈激荡，潜移默化中影响着公众的判断趋向。塔西佗陷阱的舆论土壤滋养着越来越多个性、叛逆、怀疑的公众，形成了事实导向传播的第一道心理对抗屏障，直接影响着公众对事实真相的解码与内化。

因素二：侦探心理的诱惑。法国学者卡普费雷认为，公众有一种"伟大解释的乐趣"，"在一个简单的解释和一个复杂的解释之间，人们宁可接受后者"。每个人心理都有一个沉睡的福尔摩斯，喜欢新奇、复杂、逻辑性强的信息内容，因为这样的信息可以给人一种成功"破译"的快感。当一个简单的事实真相和一个复杂离奇而又自圆其说的谣言摆在公众面前时，公众往往自诩聪明，选择那些想象力丰富的说法。情况越是错综复杂，沉睡的福尔摩斯便越显得伟大。这是人类无法抑制的一种心理暗示，是一种检验"智慧"的强大诱惑。事实导向的真实信息往往简单明确，却常常败于人们心理上的"最优选择"。

因素三：首因效应促成情感基调。首因效应认为人们在对事物印象的形成过程中，最初获得的信息比后来获得的信息影响更大。在公共危机发生初期，公众接收到的信息质量参差不齐。在危机传播主体的主流信息未接触某些公众之前，一些带有主观感情色彩的不确定信息可能会率先找到这部分公众。新媒体中的信息流通常是带有价值观的信息流。这些不确定的价值观可能包含愤怒、质疑、漠视等负面情绪，而这种情绪极可能会被公众无意识地作为"首因"，促成自己对危机事件的情感基调。这种情感基调在主流信息到达后便会产生心理壁垒，形成心理对抗。

因素四：墨菲定律扩展出的寻暗效应。墨菲定律是一种心理学效应，它启示任何事都没有表面看起来那么简单，会出错的事总会出错。这种源于对错误真理式的存在观和形成观，使公众的潜意识往往倾向于相信坏的结果，相信事件的背后一定有其阴暗的一面。这种"寻暗"的心理在网络公众中非常普遍，尤其在一些涉及切身利益或社会失衡的公共危机事件中，更加明显。而这种寻暗一旦处于非理性的边缘，则可能引发群体极化现象，出现舆论暴力，对于事实真相的渗透具有强大的排斥力。

以上四种心理对抗因素均可能造成公共危机公众对事实认知上的偏差。

（二）影响价值导向传播的心理对抗因素

价值导向的传播是对危机事件整体价值观的输出过程。对价值导向形成心理对抗，则无法使公众得到情感抚慰并重建信任，这将毁灭性地打击危机主体的生存和发展。对价值导向传播的心理对抗也有四个重要因素。

因素一："我执"心理的执着。《唯识述记》云："烦恼障品类众多，我执为根，生诸烦恼，若不执我，无烦恼故"。"我执"是一种心理壁垒，是一种对自我的过渡贪恋和执着。这种执着强调自我的贪欲与骄傲，表现在自我意识太强，集体意识缺乏，过于关注自己而忽略他人。而价值导向传播中的"价值"，往往是公益的、社会的、集体的，这与部分人心中执着的"我执"存在意义空间上的差集。因此"我执"过强，则容易造成价值导向传播的延滞。从沟通的角度来看，适度放下自我，才能与他者相互接纳，进而实现由对抗到对话。

因素二：破窗效应的无畏。破窗效应是犯罪心理学上的一个重要概念。"是指一个房子如果窗户破了，没有人去修补，其他的窗户也会莫名其妙地被人打破"。这种心理效应促使了一种关于价值观念的"狂欢"。人们本应该被危机传播主体价值导向中的观念所折服，但由于新媒体的匿名性，总会有人跳出来充当第一个向价值导向扔砖头的人，其他公众将非常容易被这种"颠覆价值观的狂欢"所激起，丢出自己的第二块、第三块砖。这种破窗的无畏使新媒体中的价值观传播变得艰难，价值导向的传播极可能引发一场互联网上的狂欢盛宴。

因素三："共同意义空间"的压缩。人类是唯一一种知道自己必然死亡还会继续努力生活的物种。因此，人类必须要寻找支撑自己走向死亡的信仰与意义，于是"共同的意义空间"逐渐形成，包括在情感、道德、审美与信念层面的意义体系。这个意义体系使人类凝聚力加强并形成共同体。随着社会的发展，新媒体力量的强盛，多元的价值观和意义体系正在瓦解着"共同意义空间"，而形成数个多元价值的小集体空间。当危机主体的价值导向传播内容与相关公众的"意义空间"没有或者只有很少交集时，将很难引起这部分公众的肯定、支持与信任。"共同意义空间"的压缩将形成价值传播效果的严重障碍。

因素四：联动效应的标签。目前来看，很多公共危机事件往往都带有着联动的效应。"某事被贴上类型化的标签，并且引起较大的舆论反响后，一旦其他地方再发生类似事件，也就难逃被归类、被思维定式的规律"。也就是说，人们往往将看上去类似的事件贴上一样的价值观标签，并做出一致的价值判断。即便危机传播主体将其价值导向信息进行精准的传播，也会使部分公众因上述的首因效应很难改变自己的价值判断，造成潜意识中的心理对抗。

以上四种心理对抗因素主要是基于价值导向解码的壁垒，它使公众在价值观上无法和危机传播主体达成一致，价值观的异化必然导致利益共同体的土崩瓦解。

新媒体繁盛的风险社会，公共危机传播变得更加纷繁复杂。基于以上阐述，图8-1将更好地展现新媒体语意下公共危机传播过程中的心理对抗机制。

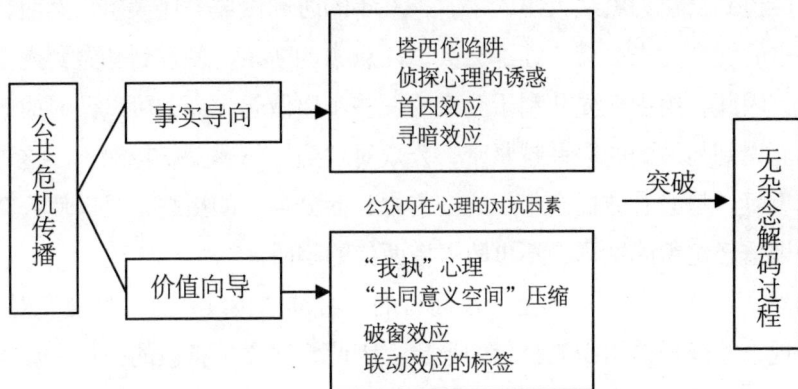

图8-1：公共危机传播中的心理对抗机制图

根据"事实-价值"模式，公共危机传播应包含两大内容，即事实导向与价值导向的传播，然而部分公众内在心理的执着则会妨碍两大传播内容的解码与内化。危机传播者只有充分重视，并将这些心理对抗因素有效消解，才能使这种心理对抗得以突破，带来公众无杂念的解码过程，使事实真相与价值传输得到真正有意义的内化。

三、对抗心理的消解策略

公众对传播内容的解码态度是成功传播的重要前提。在新媒体成为主要信道的媒介环境下，公众的参与意识和叛逆精神得到加强，在对待事实导向和价值导向信息时产生"心理对抗"的程度也发生了变化。这些"心理对抗"有些是公众自己能意识到的，有些则来自于潜意识，不管是意识与非意识的对抗，都会使两大信息内容的解码变得不确定，造成公共危机传播效果的减弱。以下从四个方面对这种壁垒的消解进行对策分析。

第一，消解塔西佗陷阱的壁垒，提升组织的公信力是核心观念。

组织公信力的塑造不是一时之策，而是长久之计。公信力的建立重在一个"信"字，何之为信？说到做到！立信强调行动，而未必强调内容。因此，组织不应提到公信力就从大事入手，三五年的时间做成一件大事。然而，公众对这件事的注意力未必会持续那么久，注意力的断条，使说到和做到无法连接在一起。因此，组织应先从利于公众的一些小事做起，立刻可以凸显成效的方面做起。说到与做到的联系越紧密，公众对"信"的感受就越深刻。这种感受的不断重复，势必有效提高组织的公信力。而公信力的提高，可以使公众条件反射般地信任组织的话语，不再坠入塔西佗的陷阱。

当然，公信力的提升不是一蹴而就的，必须"持续"且"反复"对"信"加以展现，才能塑造组织的公信力形象。因此，建立可持续的公信力形象是重中之重，也就是长期如一地"说到做到"。相反，一次疏忽或侥幸的逃避都会造成组织公信力的骤然坍塌，形成无法治愈的伤疤，使塔西佗陷阱重新出现，并使公众越想越深。

第二，消解侦探心理的诱惑，善用修辞。

上文提出，每个人心中都有一个沉睡的福尔摩斯，体现在多元化话语的舆论空间中便是更愿意相信那些推理复杂和扑朔迷离的信息，而部分谣言则正具备此种特征。那么如何使正确的、简单的事头战胜谣言的诱惑？这是一个相对复杂的论题。而最直接的解决方式则是以其人之道还治其人之身。善用修辞和语言技巧，"装饰"真相，让其表达更加具有推理感与逻辑演绎色彩。

目前，更多的观点认为，事实真相就是事实真相，推出真相是组织的责任，然而，从商品竞争的角度来看，真相与谣言在多元话语舆论空间的市场中又何尝不是二选一的竞争关系？让真相具有商品竞争力，是多元话语舆论空间的市场中的又一个新的要求。

如何善用修辞"装饰"真相呢？本文认为，真相是事实存在的一种体现，而真相必然由符号构成才能传播出去，组织传播者必须善于运用符号学与修辞学的理论，让真相成为公众推理的结果，成为具有逻辑演绎色彩的符号，使公众利用自己的聪明才智发现真相，只有自己发现的真相才能成为最可信赖的真相，由公众传递出去的真相，才能成为全民的真相。政府话语与组织话语必须充分调动创新性思维，在真相的传播行为中将公众侦探心理的思维定式加以运用，使其化被动为主动，真正做到有技巧地传递事实真相与主流价值观。

第三，消解首因效应的负面情感基调，成为"首因"是关键。

既然人们非常容易受到首因效应的影响，那么我们何不成为"首因"？这应该是政府话语与组织话语应该考虑的问题。

让正面的情绪率先到达公众的视野，这是利用首因效应获得积极情绪的直接做法。让正面的、积极的、主流的信息率先到达公众视野，这就需要信息强烈的时效性。不可否认新媒体是当下时效性最强的媒体。因此，组织的新媒体传播平台的建立越完善，吸粉数越多，就越能尽快将"首因"情绪带给更多的公众，使公众率先被组织界定的情绪基调所感染。因此，新媒体传播体系与平台的建立、完善，是应对多元话语视角下公共危机舆论传播的基础措施与政策。

另外，政府话语与组织话语的时效性还体现在对危机公关的意识和危机预控的管理。危机公关的强烈意识会形成瞬间的正确选择，而危机预控体系的建立与完善则对危机形成快速的决断与策略制定，这都将对政府话语与组织话语的迅速传播提供了先决条件。

第四，消解"我执"的本我执着，扩大"超我"的公共意义空间。

心理学认为每个人都有三个我，即："本我""自我"和"超我"。"本我"是最原始的下意识部分，体现着人的本能和欲望，它以快乐和满足为原则，不管时间、地点、条件、伦理道德，迫切要求自己的欲望被满足。而"超我"是一个由社会规范、道德伦理、公共意识等作用下形成的规范性人格，以外部规范为原则，常常与"本我"欲望相矛盾。在公共危机事件中，由于新媒体信道中公众的社会属性消失，因此公众将会无限放大"本我"的需求，与组织所强调"超我"的社会规范相异，因而产生心理对抗。这种对抗的根本原因是，新媒体"本我"空间的强盛与"超我"空间的压缩。因此，扩大"超我"的公共意义空间，是根治这种心理对抗的途径。

然而，"超我"公共意义空间的扩大并非易事，这需要网下教化与网上技术的统一配合。提高公民素质，培育公民的大我精神是长久之策，而网上研发加强公民社会属性的技术手段则是目前短期的努力方向。本文的观点认为，要使公民很好的控制"本我"，新媒体便应成为社会的副本，而不再是超然的存在。只有社会属性的规范，才能从根本上使公众自愿地将"超我"唤出，将"本我"的"我执"压抑。

第二节　新媒体拟态环境对公共危机舆情的重构机制

关于风险社会，以美国社会学学者乌尔里希·贝克为代表的观点认为，现代文明虽然取得了比传统社会更好的生存环境，但是却又不得不面对新环境所带来的前所未有的不确定性风险。而瑞典学者斯万·欧维·汉森则认为，风险只是表面上增加了，"主要是因为我们更关注那些风险增加的情况，而不关注那些风险降低的情况"。也就是说，风险也许本就是公众的一种"关注"偏向。那么，在这个观点中，究竟是谁来引导公众去"关注"的呢？不言而喻，"媒介"起到了至关重要的作用。

一、新媒体信道中的"风险社会"

以微信、微博为代表的新媒体使社会公众对媒介的依赖越来越深，公众的观念与价值观也受到了深刻的影响。"媒介化社会"成为现代生活的真实写照，现代媒介已经成为构建社会环境的主要力量。我国学者杨魁认为，"现代媒介所构建的拟态环境日益取代由事实所构建的现实环境，成为人们所感知和遭遇的主要社会环境"。

其一，新媒体成为公共危机传播的重要渠道。在海容性的光电信道中，每时每刻都充斥着来自各方面的危机信息。我们熟知的大部分公共危机事件都在网络舆论场中发酵并升级、蔓延并衰退。另外，基于新媒体的无界性，有些地方性公共危机也会被带入到"公共领域"，而转化成为全国性危机。可以说新媒体确实加剧了社会大众对这种风险的感知。

其二，新媒体成为公共危机事件的源发地。2016年的《社会蓝皮书》表示，新媒体中的两微一端，即微信、微博、客户端"成为社会热点事件曝光和发酵的主要信源"。人民网舆情监测室对500件社会热点事件的统计数据显示，有44.4%的事件是由互联网披露而引发公众关注的。可见，新媒体公众也从一开始的"感知"危机，演化为"分享"危机。

新媒体信道中的"风险社会"已然成型，并且不断地为公众设置着各种危机议题。其"拟态环境"相比于传统媒体时代，变得更加强势，也更加真实。这不得不归功于新媒体的信息表达方式，或者我们叫它新媒体的信息编码模式，这种全新的信息编码模式带来了公共危机舆情的"重构"。

二、新媒体拟态环境对公共危机舆情的"重构"

（一）"流行语"中的缺陷性修辞

网络社区带来了网络语言的兴盛，其中"流行语"成为目前网络语言的典型表达方式。从符号学的角度来看，流行语是一种携带意义的符号，是基于网络语义下对事件经过自主解读后所创造的句子。从霍尔的解码理论来看，流行语所产生的意义并不是事件本身传递的，而是网民经过自己的理解产生的。因此，流行语的语义并不等同于事件的意义。而这种意义的不等正是由流行语的缺陷性修辞体现出来的。

其一，对源性意义表达的缺陷。如上所述，"流行语"带有极强的主观色彩，因此，意义并不全面。如"我爸是李刚"，这句"流行语"忽视了事实，忽视了主角，而强化了"我爸是领导"这样的一个语义。用强烈的意义预设来表达网友的愤怒、不满与嘲讽。把关注点从一起交通事故变成了"官二代"事件，网民所面对的"环境"变成了一种官民关系的感知，形成了典型的"重构"感知的过程。

其二，对"意义"控制的缺陷。"流行语"往往短小精悍，而这种精炼的修辞方式极易带来庞大的释义空间。也就是说，它的"附加意义"是完全不可控制的。如"躲猫猫"三个字，表面上看只是截取了事件中的一个词，然而它所表达的意义则不止于此。事件本身不再单纯是怎样的，而变得更加符合读者的想象。"拟态"再一次被完成。另外，由于新媒体中病毒式的扩散方式，使其"意义"变得更加无法掌控。每个人心中都有一个"事实真相"，而这种"事实真相"一定带有流行语语义上的缺失，造成公共危机舆论的扭曲则是必然的。

（二）微博营销的娱乐化干扰

微博营销是新媒体中一种重要的信息传播方式，是指品牌或企业借助社会上的热点事件进行自身品牌的宣传与推广。这种营销现象有越来越热的趋势，主要通过官方微博进行，以文案或图片的形式出现。基于吸引公众注意力的目的，这种微博营销一般采用调侃、夸大、恶搞的方式进行，致使娱乐化的倾向越来越重。

如，2015年沙尘暴直逼北京，这场外源性公共危机事件因企业的微博营销变得更加"危情"。58同城亮出文案："你要吸多少沙尘暴才肯换一个离公司更近的家"。夸张的文案唤起了公众对家与公司距离的"危机感"，潜意识进入了一个危情的拟态环境之中：不想呼吸沙尘暴，我要搬家！同时，很多企业也在自己的微博中大叫"危机"。凡客的文案："在这个如同沙漠般的城市，挺住意味着一切。"爱奇艺的文案："沙（杀）手来了，快回家！"

这些微博营销文案用调侃的方式，夸张了公共危机的声势，以求得危机中的公众对自己品牌的需求。人们在乐此不疲分享和转载的同时，也不自觉地步入了新媒体娱乐化营销所构建的"拟态环境"之中。

（三）"共景监狱"下的围观

所谓"共景监狱"是与"全景监狱"相对的一个概念。"全景监狱"在中央监视塔的监控下，不管其职能是否缺位，犯人都会认为受到监视而自觉遵守规则且少有沟通。而"共景监狱"则去除了中央监视塔职能，犯人们自由在操场活动，互相沟通，管理者在信息方面已不具备任何优势。

这种"共景监狱"的理论模式非常有利于描绘新媒体环境下公众的状态。这种自由的状态，带来了"围观"心理的强盛。"围观"拥有强烈的个人化特征，人们选择围观的话题必然是自己感兴趣的。而这种自由化的"围观"则形成了一种网民的议程设置功能。也就是说，大多数网民感兴趣的话题，被"围观"后，会变成了某一时期的重要议题。

而这种自由的"围观议程"将进一步造就网民自设的"拟态环境"。根据2016年人民网舆情检测室发表的《互联网舆情分析报告》数据显示，公共管理依然是舆情事件最多发的领域，且舆情压力指数已经位列第一。其中，在566件热点事件中，公共管理与公共安全两项就占了292件，达到51.6%。可以看出，网民的这种"围观"，使公共危机事件始终处在议程设置的顶端。"拟态环境"中也随之变得危机四伏。而网民对这种"危机环境"的正能量指数则显得非常低，对于公共安全问题的平均正能量才仅达到了0.23（满值为1），对于社会矛盾问题的平均正能量为0.38。从上述数据可以看出，由公民"围观"而"拟态"出的环境中，公共危机事件被强势凸显，并带有明显的负能量情绪。新媒体的"拟态环境"中充满公共危机舆情。

（四）"强联系"模式下的点赞

在新媒体信道中，微信与微博是最具代表性的两大即时通信工具，对舆论热点的形成和发展也起到了至关重要的作用。其中，微信在近几年异军突起，用户量远超微博，成为当仁不让的新媒体第一社交工具。

与微博相比，微信最重要的特点在于它的"强联系"。微信中一般都是自己熟悉的人，是真正的"朋友圈"。信息的到达率与互动性更强。其中，微信的点赞机制，是"拟态"的核心要素。它通过表达意识认同的方式，来营造一种共同价值观下的"环境"，而这个环境的真实程度与赞的数量存在一定的正比关系。这种"拟态"是通过两个方面实现的。

首先，"强联系"模式下对于事件价值观的"普遍认同"。这种普遍认同表现在，"强联系"下的朋友们本身就是一群价值观相似的人，他们很容易就一种价值观或观念达成共识，并且用点赞的方式来表达自己的态度。这种普遍认同还表现在，"强联系"下的朋友们拥有着效果更强烈的"沉默螺旋"。即便自我不够认可的观点，也会为了避免被朋友圈嘲笑而变得温顺，亦通过点赞的方式迎合观点。一个小小的"赞"便简化了关于公共危机的大部分讨论过程，而快速在朋友圈中形成定论，"拟态"观念迅速达成。

其次，习惯性点赞带来的"拟态环境"。习惯性点赞，即点赞行为并不表达自身态度，而是仅仅习惯性地支持朋友本人。这是一种对人不对事的赞，在朋友圈中非常常见。但是他人则无法分辨这个"赞"是否带有态度，而会习惯性的都当作态度，这就造成了"原来朋友们都认同这个观念"的误导。从而"拟态"出朋友圈中的"观念环境"。

这种"拟态"可能会导致公共危机舆情过早在"强联系"模式下的人际交往圈中形成定论，对于事实真相的讨论起到减缓作用，使公共危机舆情迅速定调。

（五）"信息飞沫"中的谣言

新媒体成就了"去中心化"的公共领域，意味着人人都在传播。信息成了这个信道中最不缺乏的元素。新媒体的信息飞沫化现象非常严重。然而，为了使自己的信息冲破飞沫脱颖而出，更多传播者愿意把其加工为更能引人注目的信息。"我们正亲历这样的事实：所有信息都越来越不堪为值得关切的新闻，除非人神共愤的坏消息和人天欢喜的好消息，尤其是前者。"当你关切那些负面消息时，极有可能碰触到了一个将改变你"环境"的"拟态"元素——谣言。谣言把人们带入到一个充满危情的世界，在那里你不断汲取它的养分，也将越来越相信它的真实性，最终把这个危情世界当作自己的世界。谣言是新媒体中最强悍的"拟态"元素，也是公共危机舆情最常见的"重构"机制。

以上是新媒体"拟态环境"中影响公共危机舆情呈现的五大典型作用机制，它们能够使公共危机舆情变得更加扑朔迷离，也将使公众陷入一种危机迷情之中。"危机"已经成为新媒体信道中最流行的修辞。

第三节 多元话语视角下新媒体公共舆情的引导策略

多元话语的场域环境下，公共舆情的传播已然呈现出全新的图景。其一，在多元话语间的激烈博弈中，公众人物的引导力量突显；其二，多元话语主体的经验主义使公共舆论事件标签化；其三，新的舆论传播方式形成了新的"拟态"机制。这些关键点使公共事件的舆情引导充满新的机遇与挑战，利用并突破这些新的关键点将是进行公共事件舆论引导创新的核心所在。

一、打造官方话语主体的引导力

多元话语时代的到来，使精英和权威的传统表达优势被削弱，继而形成了"去中心化"的舆论场域；而权威合法性的消解，则使多元意见的激烈竞争形成全新局面。然而，这并不代表舆论领袖将失去其原有意义；相反，新媒体信道中的公众人物已经成为重要的舆论领袖，并带领其意见追随者进行着多元话语间的激烈博弈。

这些公众人物的观点和态度可以形成强渗透性"影响流"，并深深影响其"追随者"。由于"追随者"的情感偏向，必然使公共人物的"影响"能够异常顺利地融入他们的态度之中。因此，公众人物在多元话语视野下的引导力变得异常显著。那么，充分利用公众人物的影响力与说服力，则将成为官方话语主体进行公共事件舆论引导的有效助力。

想要利用公众人物进行舆论的引导，首先要"拥有"有利于己方的公众人物；其次，要全力打造他们的新媒体传播平台。有人有平台，官方话语才能顺利"影响"其目标公众。官方公众人物大致可以有三种成分。其一，官方的领导者；其二，偏向官方话语的外部公众人物；其三，官方自己打造出的"网红"。官方话语主体应着重培养这三种舆论引导力成分，使其具有引导性的

"观点"顺利流入目标公众的态度之中。

第一，打造官方领导者的新媒体传播力。

官方领导者是官方话语的权威引导力量。新媒体舆论引导要求他们应能够充分利用自媒体平台的同时，还应进行"偶像"的形塑，这样才能在极大程度上起到舆论领袖的作用。由于领导者们特殊的身份与地位，使他们在社会属性上高于普通公众，与公众在心理上拥有着"天然"距离。因此，他们的新媒体传播内容与传播姿态都应较大区别于传统传播形式，而是将其普通人的一面充分呈现在公众面前。说贴近公众的事；用贴近公众的语气；当倾听公众心里话的"邻居"；做公众指点迷津的"老大哥"，并不断强化自身的偶像力，以期用人格的魅力缩短与公众之间的心理距离。在此过程中，官方领导者或其发言人应成为流量王，甚至成为"网红"。如此，其舆论引导力才能实现最大化，使官方话语主体的观点与态度顺利地进驻公众视野，发挥主流引导力的巨大作用。当然，并非所有组织领导者都适合进行"偶像力"的打造，但该种策略依然不失为多元话语博弈中的一剂良方。

第二，寻找并扶持偏向官方话语的外部公众人物。

所谓"老王卖瓜，自卖自夸"。人类对于自说自话极易产生本能的不信任。因此，在出现危机时，部分公众会出现自动与官方话语保持距离，并产生对抗心理的现象。这时，组织外部公众人物的"影响"将产生关键性引导。可见，偏向官方话语的外部公众人物的"支援"是危机发生时的重要助力。这就需要组织在日常工作中，积极寻找并发现这类公众人物，使他们成为自己的舆论领袖。这些公众人物一般已经拥有自己的新媒体平台以及固定的粉丝结构，官方在与之进行沟通时，切忌过多干预他们的自媒体传播过程，也决不要采用"收买""教化"等手段，这些硬性的渗透极易产生质疑与叛逆情绪。相反，官方应着力采用软性的沟通手段，注重日常的信息共享与情感联络，使这些外部公众人物产生顺其自然的态度偏向与情感理解，并逐步内化为自身态度；一旦危机发生，他们的友好观点将由内而发，顺利影响其粉丝群体。

第三，塑造官方内部的"红人"争夺流量。

拥有"外援"的同时，组织内部也应树立属于自己的"网络红人"，他们属于组织内部，为组织发声。不断拓宽他们的粉丝结构与规模，对于组织而言，便拥有了更多的善意公众。这在公共危机发生时，将会起到极大的缓冲作用，甚至成为组织的依靠力量和坚强后盾。

《新闻正前方》是辽宁都市频道的一档新闻资讯类栏目，主持人李刚以一种诙谐幽默的方式说新闻，并传递自己的态度与观点，深受辽宁人民的喜爱，大家亲切地叫他刚子。目前，刚子已经开通自己的微博、微信公众号、百度贴吧"刚子家"，用自己的正能量解读新闻，解读人间百态。这种公众人物与新闻发言人、组织领导者不同，他们虽出自组织内部，但却拥有天然的亲民性，与公众之间的对抗壁垒薄之又薄，因此，影响流的到达与吸收将更有成效。

二、注重公众"经验"培育以遏制标签化的连锁反应

统观新媒体环境下的公共事件，无不以危机论断。新媒体浮躁的标签战，使每一个公共事件都会归类分档。新媒体受众眼中是一类类事件，而不是一件件危机。这种现象的产生，得益于经验主义心理的盛行。

人们一次次经历着的"弱势群体"的抗争，仿佛找到了弱势群体就找到了正义的一面，真理的一方。然而，在为弱势群体摇旗呐喊的同时，更多公众却并不知晓，"弱势群体"并非永远正确。然而，在新媒体信道中，公民有时将"民主"意识中"民"不断强化与扩大，使"民"成为有理有据有力的一方，而忽视了社会和谐与发展的民主目标。这种"经验主义"使公共事件被贴上一个又一个有时并不贴切的标签。因此，关注并培育公众的正确"经验"，对组织而言便显得尤为关键。

第一，使公众"体验"完整的正面的公共危机事件。

对于组织或官方面言，这并不简单。然而，一次成功的危机公关或一次精彩的舆论引导，对公众经验的改变都十分关键。已经成功的典型案例就是一本教科书，它可以教会公众如何重新看待固有经验，教会公众如何理性地进行思考与判断。因此，对于这些成功案例的普及与宣讲是组织对公众进行教化的一种重要手段。这将是一场正确"经验"的演讲，要牢牢把握机会，并运用适当的技巧。关于技巧，有以下几点思考。其一，注重舆论过程的体现。即使一个成功的案例，也可能经历一波三折，很多组织往往为了强化自身的正确性，

而一再突出事件的结果。然而，公众在了解结果后往往无法产生共鸣，使案例对其理性"经验"的培育毫无效果。如果组织将事件的整个舆论起伏像故事一样呈现给公众，公众会不自觉地对自己的观点变化对号入座，不免会想，"原来很多人和我一样，对事情的看法一再变化，看来很多事情一开始的判断未必都是准确的、客观的"，这种想法一旦产生，理智与理性的判断意识则开始在公众的心中萌发，这将是一个美好的开端。其二，强化舆论转变的原因。原因的强化，使公众更加明确自己一开始的判断为何出错？错在哪里？是何原因使自己没有产生理性判断？这个过程对于公众而言非常重要，是打破以往经验判断的关键阶段。在强化舆论转变的原因时，还应注意不可一味把责任推卸给公众，使公众产生负面情绪，负面情绪一旦产生，则会加固对旧"经验"的肯定。因此，在叙事过程中尽量用事实说话，并用适当的修辞方式进行说服。其三，不应忽视组织自身的责任。任何一件公共危机事件，组织或官方都无法回避所有责任。在此过程中，组织应找到自身问题，进行反思。而这种反思不仅可以提升组织的形象，还可以将这种反思的意识传递给公众，使他们也进入对自己"经验"的反思中，以达到"经验"的修正。

第二，用新的面貌抵抗旧"经验"。

"经验"的形成强调重复与不变。也就是说，不变的事实在不断重复的基础上可以使人对类似事件形成条件反射般的判断。那么，如果组织能够突破以往的行事作风与处事方式，表现出新的态度与风貌，公众的旧"经验"则无法形成条件反射，从而回避旧"经验"的影响，走向新的判断路线。在公共危机应对中的不断创"新"也是抵抗旧"经验"的一剂良药。"经验"对于公众而言是一种固化的思维与判断，然而打破"经验"则需要更多的革新与创想。

三、纠正新媒体"负面拟态"、规避非必要危机舆情

新媒体信道中的"风险社会"已然成型，并且不断为公众设置着各种危机议题。这种风险本就是一种"关注"的偏向。新媒体渠道的"拟态环境"中往往出现更多危情，还原真实环境，是降低危机情节的重要手段。

第一，适度的娱乐化营销。

当下娱乐化的微博营销文案常常用调侃的方式，夸张了危机的声势，以求得危机中的公众对自己品牌的需求。人们在乐此不疲地分享和转载的同时，也不自觉地步入了新媒体娱乐化营销所构建的"拟态环境"之中。因此，娱乐化的借机营销是时候该放慢前进的步伐，停止不负责任的夸大与调侃了。不否认这种营销非常吸引公众的眼球，并且极易受到好评与追捧，但是在此过程中必须强调适度与适时。在提高商家社会责任感的同时，加强法规的完善显得尤为关键。

第二，危机主体应深析并重新释义网络流行语。

网络流行语的传播已有不可回头的趋势，全盘否定网络流行语的传播功能是不客观的。然而由于流行语源性意义表达的缺陷以及对"意义"的不可控性缺陷，却成了"拟态"危机的一种重要形式。这就需要公共危机事件的主体一定要密切关注与自身危机有关的流行语的传播。组织相关专业人士对流行语进行符号学、修辞学以及传播学的分析，确定流行语中的情感基调、情绪色彩、意义偏向、价值观偏离，等等。在此基础上，及时开辟新媒体通道，向公众重新释义流行语，将流行语带来的情感、情绪、意义、价值观的偏差扶正。另外，还要积极从流行语的传播中敏锐地观测多方舆论的趋势，尽早做好舆论引导的对策。

第三，消解负能量围观。

公众天生偏好危机，"围观"不只在现实生活中常见，在新媒体信道中尤为强盛。新媒体公众的"围观议程"自发形成并携带负能量，这已经成为新媒体公众自己"拟态"危情环境的重要方式。然而，公众对危机的围观不可避免。根据马斯洛的需求五层次理论，对生理的需求、对安全的需求永远是公众的最低需求。因此，强迫公众不关注危机几乎是不可能发生的。然而，如何引导公众怀着积极的心态去围观危机，是危机事件主体应该考虑的关键问题。首先，我们认为负能量来源于公众的日常生活，不得不说，新媒体中的大部分情绪都与公众现实生活的状态和以往的经历有关。因此，将两者进行有效切分，使公众以"初见"的态度对待新的危机事件显得可行。这种切分需要危机管理者在危机发生时迅速反应，找到自身事件同其他事件的实质不同，并进行传播与说服。这应作为危机传播内容中一个很重要的部分。然而，这一观点在危机公关和危机传播研究中并未有所强调。本研究认为，有效切分新旧事件，进行"区别"的释义与传播，将是未来公共危机信息舆论引导的第一步，对于消除负能量围观将具有关键性作用。

第四，破除谣言的阴影。

谣言是最重要的"拟态"方式之一。谣言的治理也已经成为多年来社会学者以及传播学者关注的论题。在此，不再赘述已有观点，而提出新的设想。

谣言的传播有时并非是公众的愚昧，其娱乐性在今天的新媒体信道中已经凸显。关于世界末日的谣言全球传播，然而，并非所有传递谣言的公众都相信它，而传递的或许是一种乐趣、一种情节、一种戏谑或是一种参与感与存在感。那么，如果公共危机管理方开辟专门的空间，让大家发表猜测，互换谣言，并互辟谣言，使谣言在一个自己可控的范围内进行竞争，在各类谣言的互相厮杀中，剩余的顽固谣言，再来由官方的舆论领袖来进行幽默诙谐地点破。那么，在这个场域中，谣言的特性便被定义为一种娱乐，公众很难将娱乐当真，也许在文字游戏之后，公众将会更加相信和感谢为他们提供"娱乐场"与"存在感"的危机主体。换一种思维，不必将自己局限在正义、严肃、神圣不可侵犯的定位中，也许应对的策略会更加广阔。

第九章　新媒体时代主流话语的舆论引导力提升

第一节　新媒体时代主流话语的舆论引导力困境

一、制度建设缺乏创新

话语主体发展水平参差不齐，出现"数字鸿沟"，从客观上看这是由于地区发展不等下经济和技术发展状况、政治传统、网络普及的差异所带来的。但制度建设和人才培养的投入上相对于对于全国微博舆论场主流话语主体蓬勃发展情况的滞后也是重要的因素。

首先，随着党和国家对网络安全越来越重视，在整体的部署下，开通"官方微博"成了硬性任务，但开通后微博的运营存在诸多问题。有些制度建设上缺乏专门针对新媒体的设计，如未开设专门的微博运营部门和操作人员，很多人员往往是在"兼职"管理微博外还有自己本职的工作需要去处理，且普遍缺乏微博写作和微博管理的能力，甚至造成部分微博自开通后一两个月不更新一次，甚至自开通就完全不发出任何的信息都大有存在，成了"政绩工程"。

缺乏在微博运行、人员培训、工作管理及奖惩方面的具体指标，及面对紧急突发事故时进行舆论引导的相关制度，使得微博对很多传统媒体和政府部门来说仅仅当成了一个新信息的发布通道，似乎和报纸、网站通告没有区别。有些微博甚至成了管理该微博人员的个人微博，发布、评论和转载完全按个人喜好和个人情绪，没有反应出国家意志，失去了其作为"意识形态国家机器"的作用。但其使用官方微博来发布信息，极易导致公众误将个人的错误观点言论作为国家意志。加上一些传统官方宣传主体给大众留下的缺乏沟通、只会照本宣科的刻板印象，更加为主流话语影响力的提升起到了不良的效果。这些问题都反映了微博舆论场主流话语其主体建设，目前在制度建设和人才培养上的不足，这样的滞后对主流话语影响力的提升是一种限制。

二、互联网思维运用不足

很多主流话语在"如何说"中未能体现新媒体特征的一个重要原因是当下的部分媒体、政府部门、官员个人往往是因为被目前世界互联网发展的这一波潮流所裹挟着而进入微博舆论场的，并未认真对待和研究微博这一新媒体，互联网思维运用不足，没有去真正的理解微博的意义。

首先，在微博定位上，主流话语的微博首先应该是作为意识形态宣传的平台，此外还应该是与网民大众沟通联系的新渠道、舆论引导的新途径，当今的互联网思维是"开放、平等、协作、分享"，主流话语要有一个开放的思维来面对新媒体。但有些官员或是媒体没有意识到这点，仍然保留着传统媒体时代官方占据绝对传播优势的思维。然而互联网已经打破了这种垄断，开启了一个平民话语时代。但这些官员或媒体却害怕与网民交流对话，害怕受到别人的质疑，在面对网民的问题时，没有明确形成解决方案以及给出明确答复的流程。甚至有的干脆关闭微博评论功能或者不搭理不回应微博下的评论。这种漠视民意的官僚作风，拒绝交流的行为，不但不能及时有效地应对和解决遇到的问题，反而引起大众反感。

在进入新媒体时代后，在思维方式上依旧抱着传统追求稳定压倒一切的"维稳"思维。不能将自身的优势充分转化来做到能有效地对舆论进行引导，即微博舆论场中的主流话语其背后是官方的媒体、政府机关及官员学者，其不但拥有权威可信的消息来源，还拥有以官方为后盾的最广泛的媒体资源，这些优势本应该在舆论引导中发挥出来。目前很多微博忽视了其舆论引导的作用，尤其是无法适应微博瞬时而变的舆情发展，在面对突如其来的舆情事故时为了实现稳定，无视和掩盖事件真相和实际矛盾，不能做到协调各方面利益，不能把握互联网传播规律，不能将自身的优势充分转化来做到能有效地对舆论进行引导，忽视了微博在突发事故后进行舆论引导的作用，所以正是这些原因导致了微博舆论场主流话语在方式上没有体现出其该有的新媒体特征。

三、理论陈述不接地气

主流话语在微博的话语内容上是有时缺乏对网民吸引力，关键是意识形态理论陈述不接地气。意识形态得到人们的接受取决于针对社会中的人们关心的现实问题，它是否能够给出令人满意、信服的解释。而在任何一种意识形态中，语言都是极重要的承载，如何将意识形态理论转换为能接受、令人满意、信服的解释正是主流话语需要去做的，面对这种情况，主流话语关键是如何将主流意识形态的理论转换为大众能接受的话语并以此解惑。

第二节　提升传统媒体的舆论引导力策略

一、对内容进行加工生产

新型主流媒体的内容务必积极、充满正能量、减少负面情绪，以及扭曲社会事实的一些负面消息的传播，少受歪曲的事实和情绪的影响，运用新媒体的传播规律，进行言论传播和舆论引导。这就需要我们探索和完善新的"解释框架"，对主流价值观进行有效"再编码"，对网络内容进行筛选，传播正能量，亲近百姓，传递百姓之声。

二、加强两个舆论场的建设工作

社会转型和网络文化的多样性造成了网民的价值观的多元化和多样化，这就要求我们必须打破"民间舆论场"和"官方舆论场"之间的隔阂，充分运用互联网思维，创造一个平等的沟通与对话平台，增强民间与政府方的对话，实现意见平等。

三、积极拥抱互联网传媒新技术

在互联网时代，需要充分运用新媒体工具和平台，实现信息共享，信息互动，有效地运用各类社交网站、社交平台等，通过各种网站、社交工具和平台、微博、微信、QQ等作为最终输出终端，为党的舆论宣传工作保驾护航，真正融合发展，为党的舆论引导工作增添内生动力，构建开放的互动平台。

四、打造素质过硬的新闻舆论队伍

新闻舆论队伍需要有专业知识扎实的专家团队，对社会大众产生影响的舆论领军人物。他们能够为大众提供信息和信息的讲解，专家在新兴的主流媒体进行发声，传播一些正能量的观点，能够提高信息可信度和影响舆论的作用。

新媒体时代，各种思想充斥在网络平台和社区上，影响人们的价值观和行为，因此，主流媒体需要增强自身的舆论引导力，提升信息的可信度，创造生态的网络舆论环境，实现言论自由的同时，传播社会正能量，有助于共建和谐社会。

第三节　提升政府舆论引导力的策略

一、重视政府网站的建设

（一）认识政府网站建设的重要性

政府网站承担着各级党政机关履行社会管理和公共服务的职能，而且具有宣传党的路线方针政策和进行政府舆论传播的功能，尤其是随着新媒体技术的广泛应用，政府网站的作用日益彰显。很久以来，政府的舆论传播一直借助传统的主流媒体平台宣扬社会主义核心价值观，但随着新媒体技术的发展，政府网站也要勇敢地承担起社会责任，通过及时发布与更新信息、权威性解读政策法规、汇集舆情动态、回应社会热点问题、加强与公众的互动交流等，以翔实、理性的信息内容抢占新媒体传播阵地，充分发挥政府的公信力和权威性，形成立体化的舆论传播格局。

利用新媒体的传播平台壮大主流思想的舆论引导力，并不是简单地做"堵"和"疏"的工作，而是要全方位、系统性地进行信息的传播与疏导，在潜移默化中接受所传递的政治取向、价值观和道德责任，以此达到影响其意识形态、构建"中国梦"的目的。由于新媒体传播环境的多元化、复杂化，当某一个事件或话题出现时，也许会涌现无数观点，有积极的、有消极的，有正面的、有反面的，有理性的、也有非理性的，这些思想观点的出现并不受新媒体自身所控制，而政府网站就承担着信息公开、回应关切、提供服务的历史重任，引导受众在正确价值观的指导下理性地思考问题。

因此，只有深刻认识到政府网站建设在新媒体传播环境中的重要性，政府的相关管理部门才能围绕依法治国、建设法治型政府、创新型政府、廉洁型政府，重视和加强政府网站建设，加强政府网站信息内容建设，打造政府网站的亲民形象，提升政府网站引导舆论的能力，将政府网站打造成更加及时、准确、有效的政府信息发布、互动交流和公共服务平台，以此推进政府民主政治的进程。

（二）加强政府网站信息内容建设

政府网站不仅是信息化条件下政府密切联系群众的重要桥梁，而且是网络时代政府履行职责的重要平台，更是政府壮大主流思想舆论的主要阵地。但目前党政机关的政府网站在信息内容的发布方面暴露了一些问题，比如存在内容更新不及时、信息发布不准确、意见建议不回应、政策解读不到位、转载和链接内容的审核制度不严格等问题。这些问题的存在严重影响了政府网站的权威性，对政府网站的公信力和舆论影响力造成了一定的负面影响。因此，加强对政府网站信息内容发布的管理，可以从制度上缓解政府网站相关管理部门的不作为现象。

政府网站发布的信息主要是关乎本地区及本部门的政策规定、政务信息、办事指南、便民服务信息等，因此在网站的信息内容发布中，要有一定的严肃性，不要发布本地区、本部门之外的信息和广告等经营性信息，违反国家规定的信息更是政府网站严禁发布的内容。而且，对于政府网站转载、链接的信息内容更要严格审核，一方面转载、链接的信息应与本地区、木部门的政策法规、政务职能等内容相关，另一方面要检查链接的有效性和适用性，充分考虑知识产权。

（三）重视政府网站互动交流的设计

当前，我国正处于战略转型的机遇期，利益格局日趋多元化，各类社会矛盾突显，这对政府的执政能力提出了更高的要求。政府建成官方网站并不是根本目的，让政府网站发挥作用才是根本所在。"知屋漏者在宇下，知政失者在草野"，公众利用新媒体平台向政府部门表达诉求和意愿，是公众参政议政较为直接的方式，也是政府倾听民声、汇集民意的最佳途径。

政府网站是基于新媒体环境的传播平台，不仅可以架起政府与公众进行沟通互动的桥梁，而且也是政府掌握社情民意、解决群众疑问困惑的最佳途径。因此，各地区、各部门的政府网站管理部门要重视互动交流平台的设计与建设，多增加拓宽言路。具体措施包括：一是通过政府网站公开信箱、征集意见、进行网上调查等，广泛倾听公众的意见和建议；二是加强网络办公功能，搭建政府为人民服务的"直通车"；三是开设BBS论坛，直接加强政府与公众的互动交流，接受社会各界群众对政府管理服务的批评监督，认真倾听群众呼声，尤其要重视广大群众对政府工作的满意度调查。由于新媒体调查的匿名性，政府能充分了解广大民众对政府工作的满意程度，群众的意见和建议能够促进政府改进工作作风，提升政府的执政理念和执政能力。

国务院办公厅印发的《关于加强政府网站信息内容建设的意见》中提出，在加强政府网站与公众的互动交流、接受社会的批评监督时，要开办互动栏目。收到网民意见建议后，针对其中有价值、有意义的，应在7个工作日内反馈处理意见：情况复杂的，可延长至15个工作日：无法办理的，应予以解释说明。这些措施的制定都进一步完善了公众意见的收集、处理和反馈流程，但在具体实施过程中，对于政府网站互动交流版块的设计和建设，一定要配备相应的后台服务团队和受理系统，能够在第一时间了解民情，及时回答公众问题，只有这样才能保证政府与公众之间的互动交流。

（四）建立联动工作机制

1.各级政府网站之间加强协同联动

虽然政府网站发布信息内容主要基于本地区、本部门，但对于全局性的信息内容或重要的指示精神，地方各级政府网站也要积极转载和链接。对于国家全局工作的指导，以及需要社会民众广泛知晓的政策法规信息，从国务院、国家各部委、省和自治区政府到市、县等基层政府，都有责任和义务及时转载和链接，以保证国家的政策法规能够及时地呈现在地方政府的权威网站平台上。而对于政府面向公众公开的重要会议、行业政策、事件通报等信息，各级政府网站也要积极参与，做好联合传播工作，以便更好地发挥政府网站的集群效应。

2.加强政府网站与传统主流媒体之间的协作

在我国，传统主流媒体主要承担着宣传党和政府的各项政策方针、传播社会主义核心价值观的功能，它们传导着主流政治舆论和价值观，占据着对外宣传和舆论引导的主导地位。传统主流媒体以深度的新闻报道见长，是新闻事件的叙述者，是国家政策法规的解读者，也是社会主流舆论的引导者，其信息传播一直被认为是最权威和最具影响力的。因此，对于政府的政策法规的舆论传播，不仅要依靠政府网站，而且要与报刊、广播、电视等传统主流媒体合作，尤其是与主流新闻网站的合作更是不容忽视。

3.发挥新闻网站的优势

在我国，关于新媒体能否拥有采编权的争论由来已久，在以前只有传统的报纸、电视、广播等主流媒体才拥有采编权，而一些新闻性网站只能转载来自传统主流媒体的内容，自身没有对新闻的首发权。2014年国家互联网信息办公室和国家新闻出版广电总局联合下发了《关于在新闻网站核发新闻记者证的通知》。这个《通知》让新媒体的记者可以与主流媒体记者一起，取得在现场的采访权。因此，新闻网站在全面介入信息市场的背景下，不仅可以敏感捕捉到第一手的信息资源，而且可以对新闻事件进行采访和解读，借助大数据背景和互联网思维，及时有效地传递事件信息。

（五）加强政府网络的安全管理

党政机关的政府网站已经成为宣传党的路线方针政策、公开政务信息的重要窗口，并成为各级党政机关履行社会管理和公共服务职能、为民办事和了解社情民意的重要平台。但在作用日益突出的同时，政府网站的安全管理工作也面临着越来越多的挑战与威胁。

有些政府网站频频成为被攻击的对象，主要原因：有些政府网站缺乏足够的重视和维护，网络安全性差，容易成为被攻击的目标，而且有时还出现政府网站被攻击了，而作为当事者的政府部门却一无所知的情况；由于政府网站不同于其他网站，它是政府对外宣传的一个公共平台，有着不可替代的权威性和公信力，对政府网站进行攻击能够非法获利或达到险恶的目的，严重影响国家信息安全。这些问题的出现，也暴露了政府网站在快速发展背后的深层问题。因此，加强网站的安全管理，已成为建设政府网站，使其真正发挥作用的重点内容。

除可以在政策层面建立一个完善细致的安全防护体系，来保障政府网站平台安全稳定地运行之外，还要在制度层面将网站的安全管理落到实处，具体包括以下几方面。

1.提高领导责任意识

借鉴全国网络安全意识较强的省（市）的先进经验，将政府网站建设纳入政府和部门绩效考核体系，同时按照"谁主管谁负责、谁运行谁负责"的原则，强化领导的责任意识，明确管理责任，做到网站管理不缺位、信息安全有保障。只有提高领导的网络安全责任意识，才能从制度上重视起来，摆脱政府网站被攻击却需要外人提醒的窘境。

2.认真贯彻执行管理制度

制定完善的政府网站安全管理制度，建立具体负责人制度，对网站的安全管理建立日常巡检制度，每日检查网站的运行情况，一旦发现网络出现异常，一方面应快速向网站相关负责人反映，另一方面应及时妥善地进行处理，防止不良影响扩散。同时，还应加强对网站的网络管理、数据库服务维护、信息处理等，做到信息及时更新，保证网站不间断运行。

3.建立应急处理体系

只要网络存在，对网络的攻击就会一直存在，网络安全问题的弓弦就永远是绷着的。随着网络科技的不断发展，黑客的攻击技术也在不断跟进，而且近年来网络攻击呈现一种组织化、全球化的趋势，攻击源分布在世界各地，很难确定攻击方是什么人、什么组织，攻击也从原来的表面化逐渐转向隐蔽。政府网站对内容信息的维护是其强项，但对网站的技术维护确是其弱项，因此需要借助外部技术力量，对政府网站进行安全维护，强化技术支撑的保障工作，建立应急处理体系，以保证政府网站在事故发生时，政府信息部门和技术部门能协同合作，及时处理网站被攻击的情况。

4.加大安全技术防护建设的力度

首先应安装好网站防火墙、网站防篡改系统，利用入侵检测系统识别非法入侵的异常数据流量等，网站防篡改系统是网站最后一道防护屏障，当防护失效、网站被侵入时，一旦发现首页或内容被篡改，防篡改系统可立即恢复网站被篡改的内容，帮助网站维护人员及时修改、完善网站安全配置文件，确保网站能够安全稳定地运行，不至于造成恶劣影响。

其次应加强网站代码安全管理，由于网站代码不严密、安全性差引起的网络安全事件，在现阶段也屡见不鲜。因此，网站技术开发人员在开发应用系统的过程中，应尽量养成良好的代码编写习惯，及时更新漏洞补丁，从源头上遏制网站挂马、SQL注入和跨站点脚本攻击等行为。

最后应加强数据安全管理，应采用正版数据库系统，并对数据库的访问权限做最为严格的设定，以最大限定地保证数据库安全，确保关键数据安全，防止造成无法挽回的损失。

二、关注大数据背景下的舆情

随着云技术的发展，大数据吸引了越来越多的关注，人们用它来描述和定义信息爆炸产生的海量数据。大数据时代带来了海量数据，网络上的舆情信息可从侧面反映当代中国社会现状，而应用大数据挖掘和分析技术对互联网海量信息进行数据化整理加工、精准把握和科学利用网络舆情信息、帮助政府各部门发现存在的问题、改善舆论传播环境，就成为摆在各级党政机关面前不可回避的课题。近几年，各政府部门在大数据背景下的网络舆情监测和应对能力一直在稳步提升，从被动地对危机事件爆发后的应急处理，向主动监测热点舆情、防患于未然转变；从生硬、说教式的舆论宣传，向以理服人、智能化引导过渡。将互联网作为获取信息主要途径的是年轻一代，这些人思想意识活跃，言论表达积极性高，加之近年来，我国政府积极倡导、引导公众利用网络参政议政，可以通过互联网通道评论时事、反映民生、建言献策，新媒体的网络空间已经成为人们发布事件、发表言论的重要场所。这些事件很容易在网上迅速生成、发酵、扩散，形成社会舆情热点。

随着我国政治、经济和文化的发展，舆情热点多集中在国计民生、社会突出矛盾、群体利益诉求等方面，这些社会热点和焦点问题，使政府和传统媒体的舆论引导能力面临挑战，互联网已经成为舆论斗争的主战场。

（一）及时监控新媒体舆情动态

目前，大数据已经成为信息技术的新热点，政府部门可以借助大数据为民生"把脉"，可以通过舆情数据监控，及时了解民生问题。当一些社会热点问题，比如医患纠纷、教育热点、城管执法、暴恐事件等出现舆情苗头时，及时监控数据流量的变化，有利于及时采取有力措施。同时，对监测到的舆情动态进行研究和分析，可优化公共服务模式，提升社会安全保障能力与应急能力；对社会舆论进行引导，有利于及时将不利局面转变为对政府的正面宣传，突显政府柔性管理的社会效益。

（二）掌握热点舆情的形成和演变规律

1.建立舆情事件预警系统

在舆情事件发生初期，由于其变量微小，只是一条简单的信息，影响力并没有开始显现，此时政府介入舆情事件的解决过程，既可以防患于未然，同时又可以借力打力，因势利导，将舆情事件的发展变为对政府的正面宣传。应建立舆情事件的预警机制，对可能引起危机的各种要素、所呈现的危机信号和危机征兆，随时进行严密的动态监控；对舆情事件的发展趋势、可能发生的危机类型及其危害程度，做出科学合理的评估。

2.舆情事件发展中期以疏导为主

任何舆情事件，在其发展初期，都不能完全精确地预测下一步会发生什么，产生什么影响，什么时候能够达到高峰，什么时候这件事情才能结束。而且，这种不可预测性还会随着舆情事件类型的不同而有所不同。

如果在新媒体舆情事件的发展初期没有采取有效预警措施，各种不同的局部优势意见就会逐渐形成，开始显示一定的社会影响力，进入舆情事件发展的中期阶段。在此阶段，新媒体的舆论已经开始显现，传播进入一种无序的状态，此时采取舆论疏导的策略是处理舆情事件的上乘之策。这是因为当前信息传播高速发展，强行封锁消息有可能激起网民更大的好奇心，从而引发公众的不满情绪，引起民众公愤，因此，如果新媒体舆情事件发展到中期阶段，最好的策略是不回避，进行正面的疏导。

（三）做好对重大舆情事件的舆论引导

1.及时发布消息，避免次生舆论灾害

在重大舆情事件发生时，由于手机、网络等新媒体应用的广泛传播，公众的参与意识越来越强，来自微博、微信、微视等的信息铺天盖地，逐渐形成"民间舆论场"的传播模式和运行规律。在这种状况下，政府及早应对，政务新媒体和主流媒体及时准确发布消息，不仅履行了对公众的告知义务，而且可以迅速抓住化解危机的机会，抢占舆论引导的主战场，避免舆论次生灾害的发生。政务新媒体和主流媒体在信息的传播过程中，可以对报道内容进行客观取

舍，除了要保障党和国家利益以及当事者的权益，还要综合考虑广大受众的基本知情权，做到既有利于维护社会稳定和人心安定，又能保障人民群众的知情权。

2.加强官方用语的艺术性，有助于舆情事件的解决

我国各级政府部门在经过一些重大舆情事件的历练后，在对外发布消息、对舆情事件进行应急处理和对公众进行舆论引导方面，已经吸取了一些教训，积累了一定的实践经验。但普遍来讲，政府在舆论用语的艺术性方面尚存在不足。

对于重大舆情事件的发生，很多受众都会陷入惶恐和焦躁不安的情绪中，政府和媒体在进行事件平息、舆论引导的过程中，官方用语的不严谨和一点小失误，都有可能引起公众的反感和不良情绪的蔓延。政府在进行舆论引导的时候，需要改变以往那种简单的、强势的、惯性思维的官方态度，要注意官方用语的艺术性和人文性，以接地气的、亲民的语言与民众沟通，同时政府部门需要用积极谨慎的态度来面对媒体与公众，以平等又不失严谨的态度积极通报处理过程与进展，以缓解社会的恐慌情绪，消除公众误解，维护社会的稳定。

3.因势利导，避免社会矛盾激化

当重大舆情事件发生时，来自微博、微信等新媒体平台的各种信息泛滥，别有用心之人会利用这一时机推波助澜，使政府对事件的处理和舆论引导处于相对被动的状态，甚至有可能引发或激化社会矛盾。因此，当面对重大舆情事件时，政府要视自己为公众中的一员，积极利用政务新媒体和传统的主流媒体，顺势而为，因势利导，主动做好重要政策法规的解读，及时回应公众质疑，放大网络上充满正能量的声音，减少网络上的负面声音，打消公众对事件的质疑，以主流的声音来影响和引导舆论导向，避免激化社会矛盾。

在正面舆论引导中，政府陆续出台了有关延迟退休的政策法规。由中组部、人力资源社会保障部发布的《关于机关事业单位县处级女干部和具有高级职称的女性专业技术人员退休年龄问题的通知》要求，为充分发挥女领导干部和女性专业技术人员的作用，党政机关、人民团体和事业单位中的正、副处级女干部，以及具有高级职称的女性专业技术人员，将年满60周岁退休，该

通知自2015年3月1日起执行。备受关注的延迟退休年龄政策也渐渐明朗，关乎每个公民切身利益的退休养老重大舆情议题，在政府循序渐进的舆论宣传和引导过程中，避免了社会矛盾的激化。

4.人性化宣传，增强舆论引导的亲和力

重大舆情事件发生后，政府部门除了要考虑正面应对、积极解决之外，还要考虑对外创造良好的舆论环境。不论是政府的宣传部门还是传统的主流媒体，都要能够直面事件本身，勇于担当，主动承担起舆论引导的责任，而宣传和报道中的官样化文字、冷冰冰的数字，不但不能满足受众对突发事件信息的了解需求，还会引起公众反感，造成政府舆论引导的逆向传播。

在重大舆情事件的舆论引导中，及时公开信息是远远不够的，更多的是要关注重大舆情事件的进展、影响和善后处理等，增加信息发布的人文含量和情感力量，这样的舆论传播才有亲和力，才能真正从正面引导公众舆论，平息事件。积极的、具有建设性和人性化的信息汇集网络展现出的巨大传播力和引导力，有效地安抚了民众情绪，遏制了谣言传播，在一定程度上夺回了政府在互联网上的"麦克风"，稳固了政府在解决重大舆情事件中的社会地位，夺回了话语权。

三、新媒体参与政府议程设置

（一）新媒体与大众传媒的议程设置理论不同

"议程设置"理论是研究大众传播媒介对社会的影响的重要理论依据，从大众传播学的角度考虑，主要是主流媒体根据政府的指导进行议程设置，公众对其议程的认识和理解通常来源于主流媒体的大众传播，因此，大众传播既是信息源又是影响源。而新媒体的舆论传播与大众舆论的传播模式不同，其议程设置的模式也有区别。传统主流媒体通过新闻报道和评论文章来为读者设置议程，公众只是被动地接受传统媒体所设置的议程，而新媒体舆论的形成是在一个开放的互联网平台，公众可以自由发表言论，有选择地参与各种事件。对于绝大多数公众来讲，能够真正有意识地利用新媒体传播平台设置议程的并不多，很多议题的设置是公众无意识发布的信息内容，后来经过公众的转发、评论，使事件发酵放大，成为民众关注的焦点，形成强大的舆论影响力，并最终影响政府的议程设置。

（二）政府的议程设置内容

新媒体舆论关注的内容一方面是涉及公众工作和生活的民生问题，比如体制改革、物价房价、医疗改革、社会保险和就业等问题；另一方面是社会生活中的敏感问题，比如贪污腐败、环境污染等社会问题。这些问题中，民众和政府会根据自己的需求排列顺序、分清主次，制定议事日程表。因此，政府在议程设置中，首先要确立执政理念，围绕政府的中心工作，利用所掌握的部门和信息资源，运用现代传播技巧，精心设计和策划政府议程设置，同时通过新媒体和传统媒体的联动机制，引导媒体议程，有针对性地对事件和议题进行报道，实现政府议程、媒体议程、公众公共议程三者的统一。

这些政策法规和政府对治理雾霾采取的行动，以及国家领导人的决心和信心，都通过传统媒体和新媒体的联动传播传递给公众，实现了政府议程、媒体议程、公众公共议程的统一。虽然治理雾霾是一项漫长而又艰巨的系统工程，而且目前取得的成效和人们的期待还有很大差距，但政府议程设置的成功，还是缓解了社会矛盾，促使社会舆论向有利于化解社会矛盾、消除人们积怨和解决问题的方向发展，而且提升了政府的舆论引导能力，促使政府制定相关的政策法规以解决暴露的社会问题。

（三）重视网络意见领袖的作用

1.发挥传统意见领袖作用

传统的主流媒体是政府直接调控的舆论宣传领域，在社会公共话语体系中具有较强的议程设置功能，但随着网络意见领袖的兴起和影响力的扩大，也从侧面反映了传统媒体的影响力、吸引力存在一定的问题。博客、微博等新媒体最初出现时，确实为传统媒体的议程设置带来了一些干扰，但随着媒体融合的发展，传统媒体与新兴媒体的良性互动成为常态，尤其是媒体微博已经逐渐掌握舆论生态中的主导权。但是无论传统媒体以什么样的形式出现，其权威性和公信力仍然毋庸置疑，因此传统媒体在主导议程设置方面的优势依然存在。同时，主流媒体依托其强大的传播资源，借助新媒体的传播平台，通过网上网下的通力合作，可将社会议题置于舆论的中心位置，引导"沉默的大多数"关注社会舆论导向，使社会各阶层共同参与议题的讨论，最终形成全社会都关注的话题，形成舆论传播的合力之势。

2.培育支持自己的网络意见领袖

政府是政策法规的制定者，是社会事务的管理者，同时也是民生问题的服务者。而且政府本身以一种庄重的身份出现在民众面前，代表的是公平和公正，不能有随意性，因此，政府本身并不能直接担任网络意见领袖对设置的议程进行舆论宣传。政府的工作人员、人大代表、政协委员虽然有较强的公信力和写作能力，而且通过在个人博客、微博、评论上发表意见和建议，可以形成一定的影响力，但以其真实身份表达意见时仍要受到一定的限制，而且在成为网络意见领袖之前，需要花费大量的时间和精力培养资历。因此，虽然政务新媒体在这几年发展得如火如荼，开设博客、微博、论坛等发表意见和建议的政府工作人员不少，但真正能够承担起网络意见领袖的责任，直接对公众的态度有影响力的却很少。

因此，针对目前政府在新媒体传播中缺乏有传播力和引导力的意见领袖的现状，政府以及政府的工作人员在管理政务新媒体的时候，要重点提高政务新媒体账号的影响力。首先是勤于更新信息内容，发布高质量的信息，吸引公众积极转发、评论，提高活跃度；其次是发布的消息最好能引起公众互动，让更多的公众参与到议程话题的讨论中，以加强传播力；最后是注重与公众沟通互动，"重发布更重回复"，以增加公众的关注，提升账号的覆盖度。通过采取这些措施，合力打造一批有影响力的对话平台，培养政府体制内的意见领袖，可使其在关键时刻发挥影响力，在最短的时间内疏导公众情绪，避免不良信息的传播。

3.协调与既有网络意见领袖的关系

在诸多社会焦点事件或热点话题中，新媒体以其时效性、互动性和广泛性，吸引公众的积极参与，越来越多的人开始关注时事政治、关心社会事件发展、热心公共事务的管理。相对于政府的严肃性、严谨性和庄严性，网络意见领袖在倾听民意、聚拢民意方面，有着更大的自由度和亲民性，更容易引起公众的好感和共鸣，对民间舆论场的形成和引导有着不可低估的作用。因此，政府在进行议程设置、引导网络舆论时，处理好与既有网络意见领袖的关系是非常重要的。

政府应采取协调和宽容的态度。网络意见领袖分布在社会的各阶层中，他们的意见和观点在某种程度上反映了民众的需求，汇聚了社会各方面的意见，因此他们既是社会舆论的监督者和批评者，也是社会舆论的建设者和引领者。一个成熟的民主法治社会，对于不同的意见和声音，要有宽容的态度，而不是将一切反对之声都视为洪水猛兽，要团结一切可以团结的力量，调动一切可以调动的因素，为政府的社会建设服务。特别是对于网络意见领袖中能够代表大多数人利益、反映社会公正的批评之声，要能容纳他们，同时网络意见领袖多是个性比较突出的人，这更需要政府以宽容和耐心来对待他们。在壮大主流思想舆论的过程中，可以扶植或邀请新媒体中的"意见领袖"来引导舆论，通过采取积极参与讨论、即时沟通、释疑解惑等有益的新媒体沟通形式，强化主流意识，孤立非主流言论，发挥其对公众意见的正面引导作用，从而强化主流舆论引导。

应采取约束态度。没有规则不成方圆，无论是对传统媒体还是新媒体，都有其自身发展规律和对应的规则，网络意见领袖也不能游离在规则之外。政府通过法律规章，指导网站的新闻规则、论坛规则、微博微信规则等，约束包括意见领袖在内的全体网民。而对于那些利用新媒体传播平台兴风作浪的始作俑者，以及不负责任、不加核实转发负面消息的网络意见领袖，政府必须采用强而有力的手段进行约束和打击。

4.建立网络发言人制度

对于一些突发事件，任何人都无法预测，而对于新媒体环境中公众发表言论的自由，政府当然不能制止。因此，政府对突发事件及网络舆论的管理，应该采取相应的措施，以控制事件的发展和引导网络舆论方向。但政府在培育和扶持自己的意见领袖方面存在困难，而对于协调和既有网络意见领袖的关系又不好把握，因此政府的议程设置及舆论引导也需要网络代言人，而推出网络发言人制度，就是希望可以替代意见领袖对舆论发挥引导作用。网络发言人是我国电子政务发展到一定阶段的产物，不仅能有效地防止网络谣言的传播，同时也可以承担起引导主流舆论的作用。

网络新闻发言人由政府及其部门指定，通过网络对外发布政府新闻和政务信息，并就网络媒体和公众关心的相关问题进行答复。网络发言人作为政府服务的代言者，不仅仅是对传统新闻发言人的一种简单复制，而应该是对传统新闻发言人的有力补充。咨询、质疑，可以有更充分的时间去调查、印证，甚至执行处理，这有助于网络发言人缓解心理压力，而且在回答公众问题时，可以换位思考，认真措辞，能够真正解答公众的疑问。

参考文献

[1] 相德宝.中国新媒体研究的三个阶段[J].今传媒，2010（4）：53—56.

[2] 杨魁，刘晓程.危机传播研究新论[M].中国社会科学出版社，2011.

[3] 谢中立.走向多元话语分析：后现代思潮的社会学意涵[M].北京：中国人民大学出版社，2009.

[4] 哈拉兰博斯.社会学基础：观点、方法、学说 [M].孟还，译.上海：社会科学出版社，1986.

[5] 谢中立.后社会学[M].北京：社会科学文献出版社，2012.

[6] 加达默尔.真理与方法 [M].洪汉鼎，译.上海：上海译文出版社，1992

[7] 谢里登.求真意志：福柯的心路历程[M].尚志英，许林，译.上海：上海人民出版社，1997.

[8] 赵子忠.媒体融合与两个舆论场[N].光明日报，2014-11-8.

[9] 童兵.官方民间舆论场异同剖析[J].人民论坛，2012（13）.

[10] 漆亚林，陈思亦，赵金萍.微博空间的话语权博弈与舆情引导新机制——人民网舆情监测室秘书长祝华新访谈录[J].新闻界，2013（16）.

[11] 刘九洲.以媒体为支点的三个舆论场整合探讨[J].新闻界，2007（4）.

[12] 阿瑟·阿萨·伯格.通俗文化、媒介和日常生活中的叙事[M].南京：南京大学出版社，2000.

[13] 彭飞.打造健康有序的消费环境[N].人民日报，2019-4-19.

[14] 胡百精.危机传播管理[M].北京：中国人民大学出版社，2015.

[15] 德里达.论文字学 [M].汪堂家，译.上海：上海译文出版社，2000.

[16] 德乌尔里希·贝克.自由与资本主义[M].路国林，译.浙江：浙江人民出版社，2001.

[17] 让·诺埃尔·卡普费雷.谣言——世界最古老的传媒[M].郑若麟,译.上海:上海人民出版社,2008.

[18] 汤景泰.危机传播管理[M].北京:经济日报出版社,2015.

[19] 斯万·欧维·汉森.知识社会中的不确定性[J].刘北成,译.国际社会科学杂志(中文版),2003(1).

[20] 杨魁,刘晓程.危机传播研究新论[M].北京:中国社会科学出版社,2011.

[21] 赵鼎新.社会运动和"人民"登上历史舞台[N].东方早报,2013-08-07.

[22] 克劳德M.斯蒂尔.刻板印象[M].韦思遥,译.北京:机械工业出版社,2014.

[23] 李培林.社会蓝皮书:2018年中国社会形势分析与预测[M].北京:社会科学文献出版社,2017.

[24] L.S斯泰宾.有效思维[M].吕叔湘,李广荣,译.北京:商务印书馆,1997.

[25]赵艳.新媒介时代新型主流媒体的舆论引导力提升研究[J].农村经济与科技,2017,28(12):224.

[26] 席海莎.浅析后真相时代下的舆情反转[J].新闻知识,2017(9):22—25.

[27] 王松林."后真相"时代的舆论引导策略研究[J].传媒,2018(5):87—89.

[28] 杨丽娜,李娜.后真相时代舆情反转影响效果研究[J].齐齐哈尔大学学报(哲学社会科学版),2018(5):152—155.

[29] 程仕波.论"后真相"时代网络舆论的特点及其引导对策[J].思想理论教育,2018(9):77—81.

[30] 邬江.微博舆论场主流话语影响力提升研究[D].湖北工业大学,2016.

[31] 刘青.试论网络舆论引导的法律保障机制阀[J].行政与法,2012(6).

[32] 林修功.主动引导舆论,提升报道公信力[J].青年记者,2012(4).

[33] 张丹妮.论突发事件中新媒体的舆论引导[J].理论界,2011(1).

[34] 刘伯高.新媒体时代政府面临的舆论挑战及应对策略[J].苏州大学学报,2011(6).

[35] 李凌.浅析新媒体时代下电视媒体的舆论监督[J].今传媒,2014(3).

[36] 童兵，新媒体时代舆论表达和舆论引导新格局[J].新闻爱好者，2014（7）.

[37] 匡文波.论新媒体舆论的生命周期理论模型[J].杭州师范大学学报：社会科学版，2014（3）.

[38] 徐正，夏德元.突发公共事件与微博治理研究[M].杭州：浙江大学出版社，2014.

[39] 董天策.网络新闻传播学[M].福州：福建人民出版社，2004.

[40] 王国华.突发事件网络舆情的动力要素及其治理[M].武汉：华中科技大学出版社，2017.

[41] 匡文波.新媒体概论[M].北京：中国人民大学出版社，2012.

[42] 褚亚玲.新媒体舆论引导力研究[M].北京：团结出版社，2015.

[43] 李正良.传播学原理[M].北京：中国传媒大学出版社，2010.

[44] 李伟权，刘新业.新媒体与政府舆论传播[M].北京：清华大学出版社，2015.

[45] 李良荣.新闻学概论[[M].上海：复旦大学出版社，2004.

[46] 吴小君.舆论应对危机传播[M].北京：中国传媒大学出版社，2013.

[47] 彭兰.网络传播概论[M].北京：中国人民大学出版社，2012.